KB151053

그들은 왜 정답이
있어도 논쟁하는가

그들은 왜 정답이 있어도 논쟁하는가

김태효 지음

교과서가 알려주지 않는 한국외교정책의 쟁점과 과제

Why Do They Argue Over the Correct Answer?

Korean Foreign Policy Debate Untold by Textbooks

성균관대학교
출판부

강직하면서 소탈한 검사 김경회 안드레아,
베풀고 봉사하는 삶으로 일관한 배은영 이레나,

부모님께 이 책을 올립니다.

"Sung Kyun Kwan University is fortunate to have
Dr. Kim's insights and expertise, and I have no doubt
his contribution to Korea's interests will not be ending."

Henry A. Kissinger

단행본을 왜 내지 않느냐는 질문을 자주 받았다. 1997년부터 대학 교단에 섰으니 벌써 23년째다. 첫 5년은 시간강사 하면서 세미나와 학회에 발표하느라, 그다음 3년은 국책 연구기관에서 정책 보고서 쓰느라, 그다음 3년은 학교로 직장을 옮겨 승진에 필요한 논문 쓰느라, 그다음 5년은 청와대에서 일하느라, 그다음 5년은 제자들 논문 지도하느라, 또 그다음 지금까지 2년은 적폐세력으로 몰려 고생하느라… 여러 핑계가 많았다.

논문은 쉬지 않고 부지런히 썼다. 대학교에서는 책보다 논문을 권하기 때문이다. 앞으로는 책을 좀 쓰려고 한다. 우선 한국 외교의 주요 쟁점에 관한 중간정리가 필요하다고 봤다. 1차 자료를 새롭게 찾아 대작(大作)을 만들기보다는 한 땀 한 땀 정성 들여 썼던 과거의 신문기고 칼럼을 모아 정리하기로 했다.

2002년 8월부터 2017년 10월까지 15년 기간 동안 16개 국내 일간지에 160여 편의 칼럼[時評]을 집필했다. 정부에 봉직한 5년 동안은 쓰지 않았으니 나머지 10년 기간에 한 달에 한두 편씩은 꾸준히 집필한 셈이다. 정권으로 치면 김대중 정부 말기부터 노무현, 이명박, 박근혜 정부를 거쳐 문재인 정부 초기에 이르기까지 한국의 안보와 외교에 관한 시류(時流)의 흐름에서 중요한 현안과 사건들을 망라한 기록물이자 평론이라고 할 수 있다.

이 중 111개의 글을 골라 7개의 주제로 묶어 분류하고 재배치했다. 글로벌 코리아 외교, 대외전략, 한미동맹, 한중관계와 한일관계, 북핵 문제, 대북정책과 통일문제, 위정자의 리더십과 국민여론 이렇게 7가지 주제에 맞추어 꾸몄다. 각 장의 앞머리에 해당 주제를 포괄적으로 소개하고 쟁점사항을 정리하여 뒤따르는 각론의 이해를 돕고자 했다. 과거에 게재한 칼럼의 내용과 표현은 현재 시점에 어울리도록 새롭게 편집했다. 칼럼으로 직접 다루지 않은 이명박 정부의 외교는 각 장 첫머리의 논점해설을 통해 그 취지와 방향성이 드러나도록 했다.

이 책은 한국 외교와 대외관계에 관심을 둔 사람이라면 누구나 쉽게 읽을 수 있도록 꾸몄다. 국립외교원과 국가공무원직 시험에서 국제정치학 과목을 준비하는 사람들이 이론과 실제를 연결하는 연습을 하는 데 도움이 될 것이다. 대학교의 외교정책론 과목에서 한국 외교의 사례와 정책결정 문제를 공부하고 정리하는 데 참고자료가 될 것이다. 대외관계와 관련한 국정담당자들, 혹은 연구자들의 생각을 정리하는 데도 도움이 될 것이다.

모든 정책 논쟁은 곧 정치와 연결되기에 한국 외교정책에 관한 이 책이 완전히 정치성을 배제한다고는 단언할 수 없다. 그러나 정책의 결정과 수행 과정에 필연적으로 동반되는 정치적 고려사항 정도가 고려될 뿐, 정치적 입장을 앞세우고 이에 정책 논리를 꿰어 맞추는 접근에는 반대한다. 그것은 필연적으로 정책 실패로 귀결될 뿐이다. 어떤 사람에게는 사실관계가 복잡하고 방대하게 느껴질 수 있고, 필자가 도출하는 관점과 입장에 애초에 동조하지 않는 사람의 경우 독서의 과정에 편의적 취사선택이 이루어질 수도 있다.

하지만 외교정책에서 답은 하나다. 국가들 간에 서로 다른 입장과 해법이 충돌할 수 있어도 대한민국이라는 나라의 외교 목표와 이의 충족수단은 알고 보면 그리 복잡하지 않다. 오답을 믿는 이유는 그릇된 정보에 장기간 노출돼 있거나, 중요한 정보가 아닌 지엽적인 사실관계에 입각해 인식체계가 세워졌기 때문이다. 극단적으로는 국익과 상충하는 개인의 어떤 이익이 우선순위를 차지하기 때문이다.

필자가 평생 공부하고 다룬 분야이기에 집필한 사람은 쉽다고 느껴도 읽는 사람에게는 주제에 따라 생소할 수 있다. 다만 해당 주제를 처음 접하는 사람이라도 한 줄씩 읽어 내려가면서 줄거리와 논점을 쉽게 그려낼 수 있도록 집필했다.

이 책을 꾸미는 데 가까운 사람들의 노고가 컸다. 최인희, 정효심, 김희은, 윤용석, 엄수연, 강채연 씨가 오랜 기간에 걸쳐 언론 스크랩을 꼼꼼히 챙겨주었다. 책의 기획에서 구성에 이르기까지 성균관대학교 출판부의 세심한 배려가 있었다. 출판부 식구들께 고마움을 전한다. 분주한 작품 활동 중에 표지 디자인을 구상해준 동양화가 송근영 선생께 감사의 마음을 표한다. 늘 일에 쫓기는 필자를 이해해주고 성원하는 아내 주연, 아들 현서에게도 고맙다는 말을 전한다.

모쪼록 이 책이 한국 외교의 정도(正道)를 찾고 나라의 힘을 모으는 데 조그만 보탬이 되었으면 한다.

2019년 12월
명륜동 연구실에서
김태효

제3장

**미국의 세계전략과
한미동맹의
전략적 의미**

제6장

**대북정책이
곧 통일정책이다**

01

제1장
글로벌 코리아로 나아가야 하는 이유

"We got where we are because we questioned the conventional wisdom."

(우리가 지금 있는 곳에 도달할 수 있었던 것은 과거의 통념에 의문을 제기했기 때문이다)

- Paul E. Jacobs (1962~), Qualcomm, Inc. CEO

우리는 국내정치와 국제정치의 구분이 모호한 시대에 산다. 한국인의 생각과 일상생활의 많은 것이 외국의 누군가가 만들어놓은 규칙과 기술체계에 의해 영향을 받는다. 사람들은 무엇을 찾고 배우고 알리기 위해 다국적기업 구글(google)이 구축한 검색창과 유튜브(YouTube) 동영상을 활용한다. 한국의 안보는 물론, 통상(通商)·문화콘텐츠·스포츠에 이르기까지 국제사회가 합의하고 정해둔 규칙에 따라 교류하고 경쟁한다.

신자유주의자들(neo-liberalists)은 지구화·세계화의 시대에 국가의 영향력이 쇠퇴할 것이라고 주장했지만 국가의 힘은 오히려 커지고 있다. 인류의 과학기술 발전은 개별 인간에 의해 이루어지지만, 그 기술로 무엇을 만들어 어디에 쓸 것인지 정하는 것은 국가의 정치적 영역이다. 미국과 중국을 비롯한 소수 몇몇 국가는 서로 자신이 미래 세계질서를 재편하고 주도하려는 경쟁에 돌입했다.

이 책의 제1장은 대한민국이 가진 힘과 영향력 수준을 고려하여 국제사회에서 무엇을 대비해야 할지 논의한다.

'글로벌' 시대에 산다는 것은 생존과 번영의 열쇠가 글로벌 차원에서 주어진다는 뜻이다. 한국의 에너지정책, 노동정책, 교육정책, 안보

정책 등 모든 것이 바깥의 규칙과 시류를 철저하게 파악해야 살아남을 수 있다. 강대국은 한국의 입장을 미리 살피고 배려하지 않는다. 남북한 관계에 매몰돼 일희일비(一喜一悲)하거나 일본과 과거사 문제로 씨름하면서 그것을 외교라고 생각하면 오산이다. 세상의 돌아가는 판을 읽고 미래를 어떻게 대비할지 늘 깨어 있으면서 고민해야 한다.

기후변화 정치는 지구를 되살리자는 도덕적 구호의 차원을 넘어 경제패권의 각축장이 되었다. 저탄소청정에너지인 원자력을 먼저 안전하고[1] 풍부하게 확보하려는 경쟁이 치열하다. 중동의 산유국들조차 탈화석 에너지 시대에 대비하기 시작했다. 고효율에 경쟁력 있는 가격의 전기자동차를 먼저 상용화하는 기업과 나라가 세계 자동차 질서를 장악할 것이다. 인공지능(AI: artificial intelligence)과 빅데이터(big data)로 장착한 생활용품이 기존의 정치경제질서를 재편할 것이다.

중동은 냉전기에 구(舊)소련과 미국이 차례로 들어갔다가 낭패를 본 지역이다. 이제는 중국이 중동에 투자하고 교류를 확대하면서 미국의 네트워크를 잠식하려 한다. 중동의 종교정치와 이슬람 내 분파

---

[1] 1986년 구(舊)소련 체르노빌과 2011년 일본 후쿠시마에서 발생한 원자력발전소 방사능 누출 사고가 원자력발전의 안전에 대한 경각심을 불러일으켰다. 비등식(沸騰式) 경수로를 사용한 이들 원자력발전소와 달리 한국의 모든 원자력발전소는 가압식(加壓式) 경수로를 사용한다. 둘은 발전용 수증기를 만드는 방식이 서로 다르다. 비등식은 핵연료에 의해 직접 데워진 비등수(沸騰水)를 사용하고, 가압식은 열교환기를 거친 가압수(加壓水)를 사용한다. 가압식 경수로는 비등식 경수로와 달리 여러 겹의 방호벽이 설치돼 있고 발전소 부하 변동 시 압력 변화를 제한하는 기능을 갖추고 있어 원천적으로 수소폭발이 일어나지 않는다. 이제까지 전 세계의 가압식 경수로를 사용한 원자력발전소에서 방사능이 누출되거나 인명피해가 발생한 적은 한 번도 없다.

그들은 왜 정답이 있어도 논쟁하는가

갈등은 이 지역의 경제발전과 민주화를 더디게 한다. 주요 강대국의 중동 각축전에서 한국은 이 지역 나라들과 필요한 협력을 가꿀 공간이 얼마든지 있다. 한국 드라마를 좋아하고 한국에 호감을 갖는 중동 정서를 잘 활용해야 한다. 한국의 소프트파워(soft power) 외교는 중동에서 효과적으로 작동할 수 있다.

북한문제는 세상의 다른 문제와 동떨어진 한반도 안의 문제가 아니다. 북한 핵문제도 이란 핵문제도 국제 비확산 체제의 수호 문제다. 인도는 핵확산금지조약(NPT: non-proliferation treaty) 회원국이 아니지만 핵물질과 핵기술의 비확산 의무를 준수한다. 반대로 이란은 NPT 회원국이지만 핵무기 보유에 대한 미련을 버리지 못했다. 북한은 둘 다 이행하지 않는 경우다. 북한의 인권 문제는 세계 어떤 인권 문제보다도 심각하고 개선이 시급하다. 국제사회의 눈높이에 맞게 대북정책을 펴야 나중에 무슨 일을 마주하더라도 국제사회의 지지와 협력을 이끌어낼 수 있다.

1. 국가는 아직 건재하다

얼마 전까지만 해도 국가의 단단한 껍질은 이내 깨져버릴 것처럼 보였다. 냉전 종식과 함께 어떤 이념을 좇을까를 놓고 국가끼리 편을 가르고 반목하던 양극질서가 사라진 이후 그런 전망이 더욱 공감을 얻었다. 게다가 무역, 투자 등 국가 간 통상관계의 상호의존도가 심화되고 정보통신 혁명으로 지구촌 전체가 하나의 신경망처럼 연결되다 보니, 국경을 초월한 '세계시민'의 등장이 구태의연한 정부의 통제를 무색케 만들 것으로 여겨졌다. 경쟁과 갈등, 그리고 적대관계에서 비롯되는 국가 간 폭력과 전쟁은 이제 없어질 것이라는 희망과 함께.

하지만 지금 우리는 어떤 세상을 맞이하고 있는가? '테러의 시대'라 불릴 만큼, 알 수 없는 주체에 의한 다양한 종류의 위협이 도처에 깔려 있다. 2001년의 9/11테러 사태, 2004년 9월의 러시아 북(北)오세티야 학교 인질 사태,[2] 이라크에서 계속되는 폭력저항 사태들이 모두 국가 아닌 사조직 단체에 의해 벌어지는 테러들이다. 비정부 차원의 위협은 군사 문제에 머무르지 않는다. 탈북자 문제, 이스라엘-팔레스타인 갈등은 소속될 국가가 없는 난민을 만들어내고 있으며, 기업들의 공장 연기와 폐수가 빚어내는 환경오염은 이웃 나라 사람들마저 고통에 몰아넣곤 한다.

이렇게 볼 때, 혼란과 위협을 만들어내는 주체는 비(非)국가화되어가는데 이를 막아내고 대책을 세워야 하는 것은 여전히 국가들 아닌가. 또 한 번만 더 생각해보면 많은 비정부 행위자들 간 갈등의 원인이 국가로부터 기인함을 알 수 있다. 이라크의 장래와 중동 지역의 향후 밑그림을 놓고 강대국들이 신경전을 벌이고 이슬람 극단세력들은 이를 틈타 선량한 사람들을 선동하고 기득권을 방어하려 한다. 체첸인들은 따로 살림을 꾸려 독립해 나가기를 소원하지만 러시아 정부

---

2 러시아 남부 북(北)오세티야 공화국 소도시 베슬란(Beslan)의 제1공립학교에서 벌어진 인질극으로, 발생 3일 만인 2004년 9월 3일 러시아 특수부대가 진압작전을 벌인 끝에 어린 학생을 포함해 인질 200여 명이 숨지고 700여 명이 부상을 당했다. 테러범들은 러시아 군의 체첸(Chechen) 철수를 요구하는 급진 분리주의자로 추정된다.

그들은 왜 정답이 있어도 논쟁하는가

는 자신의 덩치가 더 이상 쪼개져 작아지는 것을 용납하려 하지 않는다. 세계 각 지역에서 독립을 갈망하는 작고 힘없는 집단들이 마지막 보루인 테러에 의지하여 그들의 의사를 표출하려 하면, 국가는 테러와의 전쟁을 명분으로 강력 대처한다.

민족국가(nation state)라는 울타리 안에서 우리는 우리의 생명, 재산, 행복을 추구할 권리를 보장받는다. 동시에 납세와 준법의 의무를 지켜야 하고 함부로 국가의 소속을 바꾸거나 이탈해서도 안 되는 '족쇄' 또한 받아들여야 한다. 정보 교류의 채널은 국가를 넘나들지만 우리의 소속과 운명은 여전히 단단한 국가 울타리에 의해 통제된다. 국가는 개개인의 합(合) 이상의 그 무엇이어서 스스로의 영향력과 권력을 탐한다. 이로부터 발생하는 억울한 피해와 희생을 최소화하려면 국가를 운영하는 사람들의 생각이 건전해야 한다. 둘로 나뉘어 쪼개진 한반도에서 살아가며 그 많은 국가들과 경쟁해야 하는 대한민국이야말로 분별 있고 포용력을 겸한 지도자를 더욱 절박하게 필요로 한다.

(국방일보 2004년 9월 16일자 칼럼원고를 수정함)

2. 미국이 이라크 공격하려면

2002년 8월 현재, 미국은 아프가니스탄 전쟁을 통한 반테러 캠페인 분위기를 대량살상 · 생화학무기 반대 캠페인과 연결시켜 보다 적극적으로 국제정세를 주도해 나가려는 의지를 드러내고 있다. 부시 행정부는 선제 군사공격에 중요성을 두는 안보전략으로 옮겨가는 추세에 있는데, 이는 상대방이 내가 원하지 않는 행동을 하려 할 경우 무력을 써서라도 그 행동의지와 능력을 사전에 좌절시키고자 하는 것이다. 이를 선제억지(preemptive deterrence) 전략이라 한다.

그 선례로서 이라크가 지목되고 있다. 미국은 '악의 축(axis of evil)'의 핵심세력에도, 핵 선제공격의 적용 대상에도 이라크를 모두 포함시키고 있다. 이라크는 왜 미국에 눈엣가시 같은 존재인가? (나중에는 이라크에 핵무기가 없는 것으로 확인되었지만) 이라크의 핵무기와 생화학무기 보유 의도에 대해 근본적인 의구심을 풀지 못하기 때문이다. 또 이러한 무기들이 테러행위에 사용될 것을 우려한다. 중동 지역질서로 볼 때는 이라크가 군사강국으로 성장하여 독보적인 지역패권국으로 등장할 경우 미국의 중동 개입정책이 차질을 빚게 될 것을 우려한다.

최근 미 국방부가 이라크 군사작전계획 수립과 훈련에 착수하고 국무부는 포스트(post) 후세인 체제 준비에 주력하고 있는 가운데 공격 시기와 공격 내용에 대한 추측이 무성하다. 미국으로서는 다음 세 가지 공격 방안을 놓고 저울질하게 될 것이다. 첫째로 25만 명 규모의 육·해·공군을 동원하여 대규모 공격을 가하는 전면전, 둘째로 지상군을 5만~7만 5,000명 정도만 동원하고 공군력으로 현지 반군(叛軍)을 지원하는 부분공습과 반군 활용 절충, 셋째로 정보기관 요원을 파견하여 반정부단체와 공조하여 후세인을 암살 또는 제거하는 내부쿠데타 유도 방안이 그것이다. 분쟁의 파장이나 성공 가능성에서 볼 때 부분공습 방안이 가장 유력할 것으로 본다.[3]

---

3   실제로 미국은 공중전을 중심으로 한 부분공습 방안을 택해 2003년 3월 20일 동

그들은 왜 정답이 있어도 논쟁하는가

성공 가능성 요인과 아울러 이라크 공격 여부를 좌우하는 중요한 척도로써 명분과 국제적 지지가 고려되어야 한다. 이라크의 후세인 대통령은 대국민 연설을 통해 대미항전 결의를 천명하였고, 쿠웨이트 등 주변국과의 관계 개선에 나서는가 하면, UN 및 유럽 측과 무기사찰 논의를 재개할 의사를 4년 만에 표명하는 등 미국의 외교적 고립을 유도하기 위해 강온 양면전략을 구사하고 있다. 중국과 러시아는 UN의 승인이 전제되지 않은 이라크 공격에 반대한다는 입장을 표명함으로써 사실상 미국의 공격 의지를 저지하고 나섰다. 사우디아라비아, 쿠웨이트, 요르단, 이집트 등 중동의 주요 국가들은 미국의 공격기지 역할을 담당하지 않을 것이라고 입장을 정리하고 있다. 심지어 우방인 독일, 프랑스마저도 신중한 접근을 주문하고 있다.

미국은 우선 이스라엘·팔레스타인 분쟁을 어느 정도 진정시켜 중동 국가들의 적대감을 누그러뜨리는 것이 급선무이다. 그리고 모든 평화적인 협상수단을 소진시킨 뒤에도 여전히 이라크가 미국과 세계 안보질서에 현재적(顯在的) 위협의 존재라는 것이 입증되어야 '미국의 일방주의'에 대한 비판을 최소화하며 군사행동을 취할 수 있을 것이다. 만일 제2의 9/11과 같은 치명적인 테러가 미국에 가해지고 혹시라도 이라크가 이에 직간접적으로 개입한 사실이 밝혀진다면 미국의 결단은 손쉬워질 것이다. 그러한 결정적인 계기가 아니고서는 현재의

맹국인 영국, 오스트레일리아 등과 함께 이라크 공격을 개시했다. 미국은 첨단 정보능력과 원거리 타격무기를 동원해 이라크의 군사시설과 정보통신망을 마비시킨 뒤 지상군을 투입하는 수순으로 발발 26일 만인 2003년 4월 14일 전쟁을 종결했다.

국제정세로 보아 2002년 11월 중간선거 이전에 미국이 이라크를 공격할 가능성은 크지 않아 보인다. 그럼에도 불구하고 미국이 강경조치에 대한 의지를 불태운다면, UN 무기사찰의 실질적이고도 전면적인 수용을 이라크에 강력히 요구하고 이에 불응시 군사조치를 단행할 것으로 전망된다.

이런 상황에서 한국은 어떤 선택을 해야 할까? 이라크에 집중된 선제억지 논의가 유사한 문제로 미국과 갈등을 빚어온 북한에 적용되지 않으리라는 보장이 없다. 그러나 북한에 대한 선제공격은 서울과 수도권에 대한 무차별 보복을 불러일으켜 한반도에 불행을 가져올 것이다. 북한의 핵과 미사일 문제 해결을 꾀하는 데 있어 선제억지 방안이 품고 있는 경고의 메시지를 적절히 활용하면서도 평화적인 합의와 실천을 하나하나 이끌어내는 긴밀한 대미공조가 긴요한 시점이라 하겠다.

(조선일보 2002년 8월 27일자 칼럼원고를 수정함)

3. 이라크 파병 결정 후 생각할 일

2003년 4월 2일 국회의 이라크 파병안 통과 이후 한국 사회의 여론은 세 갈래로 나뉘었다. 우선 결사반대파로서 파병 결정 효력정지 가처분 신청을 헌법재판소에 제출하고 파병 철회를 요구하는 대규모 집회를 열겠다고 한다. 다음으로 파병안의 국회 통과는 유감스러운 일이지만 국회의 결정에 수긍하며, 그러나 전쟁 반대 운동은 계속하겠다고 하는 입장이다. 마지막으로 한국의 안보와 경제 문제를 고려,

현명한 결정을 내렸다며 반기는 사람들이다.

반전·평화 여론의 물결이 세계적으로 일고 있는 요즈음, 우리 사회의 파병안에 대한 격렬한 찬반 논란이 왜 이상한 현상이겠는가? 그러나 국회 비준이 마무리된 이상 파병 여부를 놓고 시민사회가 지속적으로 격론을 벌이는 것은 자제되어야 한다. 국가의 대외정책에 관해 다양한 의견을 개진할 권리가 보장되는 것이 다원주의 사회라면, 일단 제도적 절차를 통해 수렴된 결정에 대해 깨끗이 승복하고 따라야 하는 의무 역시 민주주의 사회의 덕목이다.

파병 논란에서 제일 많이 등장하는 말이 명분과 국익이다. 파병 찬성자는 명분이 떨어져도 국익 때문에 보내야 한다고 하고, 반대자는 국익 때문에 '옳은' 명분을 팽개쳐야 하느냐고 반문한다. 더욱 강력히 반대하는 사람은 명분도 국익도 아무것도 얻을 것이 없다고 역설한다.

우리는 이 시점에서 이 두 가지 가치를 놓고 입장을 정리할 필요가 있다. 어떤 전쟁도 명분이 있을 리 없다. 폭력이 사용되고 희생자가 나오기 때문이다. 그런데 모든 전쟁은 국익 관철이라는 절대적이고도 예외 없는 '숨은 명분' 아래 결정된다. 그러니 국제정치에서 이야기하는 명분은 종교나 윤리의 명분과 속성이 다르다. 국가 관계에서 내세우는 명분의 참뜻이 윤리와 도덕에서 강조하는 덕목과 가까워질 때 역사는 진보한다고 본다.

우리는 좀 더 큰 명분을 지향하자. 첫째, 인명살상을 동반하는 전쟁은 이미 터졌지만 다친 사람을 치료하고 파괴된 시설을 복구하는 데 참여함으로써 인도적 명분의 파병에 국한함을 천명하는 것이다.

둘째, 한국의 파병에는 핵·생화학무기 등 대량살상무기 보유 의지를 좀처럼 꺾지 않고 심지어 이를 자국민에게까지 사용하는 독재권력 부정의 의미가 담겨 있음을 분명히 하자. 즉 한국의 이라크 파병은 석유패권을 노린 침공이자 국제기구의 절차를 무시한 무력행사에 동조하는 꼴이 된다는 작은 명분보다는, 국가를 민주적으로 운영하고 인권을 존중하며 테러행위에 단호하게 반대하는 국가의 편에 서겠다는 대의명분으로 미래지향적 국제질서 창출에 동참하자.

또 파병을 통해 우리는 더욱 큰 국익을 도모하자. 한국 외교에서 가장 큰 국익은 한미동맹의 건강한 작동이다. 한·미 간 긴밀한 공조는 북한 핵문제의 평화적이고 근본적인 해결을 위해서도 필수적이며, 중국·일본·러시아와의 협조관계를 꾀함에 있어서도 우리의 외교안보 이익을 보장해줄 방패막이다. 한미관계의 불평등 요소를 들어 한미관계의 본질을 부정하기에는 아직 우리의 자생력이 너무 부족하다. 진정한 국익 추구는 남을 비판하고 탓하기보다 나라의 역량을 키우기 위해 각자 맡은 역할을 묵묵히 다하는 길이 아닐까? 전쟁 발발 직후 정부 차원에서 신속하게 파병 결정을 했음에도 비판 여론에 밀려 두 차례나 연기되다가 반대 의견을 무릅쓰고 결국 관철했다는 점은 향후 한·미 안보관계의 신뢰 제고에 도움이 될 수도 있을 것이다.

이라크에 대한 무력 사용에 동조하면 북한에 대한 공격을 막을 명분이 사라진다는 또 다른 논리는 궤변에 불과하다. 북한 핵문제의 본질은 북한의 핵무기 보유를 막는 것이다. 북한이 핵을 포기하기로 결심하면 모든 문제가 한꺼번에 풀린다. 그러한 북한의 판단을 앞당기는 가장 강력한 촉매제는 튼튼하고도 믿음직한 한·미 간 전략공조다. 외교 현안은 설득과 애원으로 풀리지 않는다. 일관된 입장을 여럿이 단호하게 요구하며 그 요구를 수용할 경우 적절한 보상을 약속할 때 해법이 나타난다. 한·미 공조로 북한 핵문제를 평화적으로 풀고, 한·미 공조로 한반도에 실질적인 평화를 제도화한 후 남북 간 민족 공조를 꾀하는 것이 순리요, 순서다.

파병 이슈에 더 이상 함몰되지 말고 더 큰 명분과 국익을 향해 나아가자.

(국민일보 2003년 4월 7일자 칼럼원고를 수정함)

4. 파병은 내키지 않은 선택이었나

이라크 파병에 반대하는 여야 의원 네 명이 2004년 7월 14일 주한 미국대사관을 방문하여 '이라크 추가 파병 중단 및 재검토 결의안'을 전달했다. 국회의원 50명의 발의로 만들어진 이 결의안은 국방위원회 심의와 본회의 상정이 보류된 상황에서 나온 미국을 향한 정치적 제스처다. 13일부터 시작한 국회 본회의장 밤샘토론회도 계속할 것이라고 한다. 시민단체와 노동계도 14일부터 이틀간 서울 광화문에서 결의대회를 열었다. 이들 3,500명은 장맛비에도 노숙을 하며 집회를 이어갔다. 잠도 없이 시간을 내어 이토록 열심히 벌이는 파병 반대운동은 그 정성만큼이나, 아니 오히려 더 크고 심각한 국익 손실을 자초한다는 점에서 파괴적이요, 소모적이다.

미국의 이라크 공격이 불충분한 증거와 무리한 의사결정 과정에 의해 이루어졌음은 비판받아 마땅하다. 그러한 측면을 신랄하게 부각시키면서 부시 행정부를 희화화하는 영화 '화씨 9/11'을 관람하고 마이클 무어 감독의 취지에 공감하였다면 이 역시 이상한 일은 아닐 것이다. 그러나 지금 이라크에서 모든 파병국들이 철수해야 한다는 주장은 곧 이라크인의 의식주도 안전도 민주화도 다 필요 없으니 반전(反戰)·평화만이 최고의 가치라는 독선에 불과하다. 헐벗고 고통받는 이들의 인권을 외면하는 것과 마찬가지다.

이라크 전쟁은 애당초 없는 편이 나을지도 모른다. 하지만 사담 후세인 치하의 이라크인들보다 지금 개혁의 물결을 타고 있는 그들의 미래가 불확실할지언정 희망은 훨씬 크다. 사람의 행복이 무엇인가? 소수의 종교권력, 부패, 착취에 시달려 다수가 힘든 삶을 감내하는 것을 뜻하지는 않을 것이다.

한국은 미국의 요청에 의해 파병을 결정했다. 정말 그러기 싫은데 힘에 눌려 억지로 결정한 것은 아니다. 다국적군에 가담한 33개국은 제각기 나름의 계산에 의해 파병하였다. 대미관계의 중요성이라는 일차적 고려사항 이외에, 해외 군사활동을 통해 대외 영향력을 확장하고 '테러와의 전쟁'이라는 공통규범에 동참한다는 이유가 포함돼 있다. 대다수 파병국은 이미 1년이 넘게 소정의 임무를 수행해왔고, 이제는 현지 상황과 국내 여론을 살펴 철수를 결정해도 별 무리가 없는 나라들이다.

한국은 작년(2003년) 9월 4일 추가 파병 요청을 받은 이래 10개월이 넘도록 행동하지 못했다. 정부로서는 파병이 너무나 당연한 선택이지만, 그래서 그렇게 하겠다고 꽤 일찍 결정했지만(2003. 10. 8), 국민을 납득시키는 데 자신감이 없었다. 이러한 상황에서 우리는 오랜 기간 소모적인 논쟁을 벌였고 미워하던 사람을 더 미워하는 지경이 되었다.

(국방일보 2004년 7월 17일자 칼럼원고를 수정함)

5. 주한미군 이라크로 왜 빼나

미국이 동두천과 전방 일대에 주둔 중인 주한미군 제2사단 가운데 1개 여단 병력을 올해(2004년) 여름 이라크로 파병할 것으로 알려져 그 배경과 파장에 비상한 관심이 쏠린다. 이라크로 차출될 주한미군 숫자는 보병 1개 여단과 약간의 지원병력을 합쳐 4,000명 수준이 될 것으로 보인다. 이러한 규모는 총 3만 7,000명 규모의 주한미군 중 10.8%에 지나지 않으나, 전방의 대북 위협 억지임무를 실질적으로 맡아온 주력부대의 절반이 빠져나간다는 점에서 보면 중대한 의미를 지닌다.

이렇게 커다란 결정이 왜, 어떻게 해서 갑작스럽게 일어나고 있는 것일까. 이라크의 치안상황이 악화될 대로 악화된 터에 '별 도움이 안 되는' 한국의 평화재건군을 마냥 기다리느니 주한미군의 정예부대를 빼내 필요한 지역에 보내는 것이 훨씬 효과적이라고 시위하는 것일까. 또 이들이 이라크에서 작전을 마치면 한국으로 돌아오게 하는 대신 곧바로 본토로 귀환케 하여 차제에 주한미군 감축의 신호탄을 올리려는 것일까. 하지만 한·미 양국 간의 불신구도를 지나치게 부각시켜 불만과 응징의 연쇄작용으로 파악하는 해석은 추론의 타당성과는 별개로 국가 이익에 부합하지 않는다.

우선 미국의 이번 결정은 준(準)전시 지역으로 남아 있는 한국으로부터 병력을 충당해야 할 정도로 이라크 사태가 급박하다는 것을 반증한다. 전쟁이 끝나고서도 14개월이 넘게 집에 돌아가지 못하고 있는 제3, 4사단 병력을 교체해줘야 하는 것도 관건이다. 연합군들의 철수 움직임이 잇따르고 이라크 포로 학대에 대한 국제사회의 비판이 고조되고 있는 때에 당분간 미국 자신이 스스로의 역량에 의해 대처 능력을 구비할 수밖에 없다는 판단이 아니고서야 북한 핵 사태의 와중에 그러한 무리수를 둘 필요가 없기 때문이다.

그럼에도 불구하고 이번 주한미군의 이라크 이동은 그동안 꾸준히 논의돼오던 한미동맹의 변화 방향을 실행으로써 구체화하는 최초의 사례라는 점에서 각별한 의미를 지닌다. 미국은 9/11 사태가 발생하기 이전부터 일찌감치 해외주둔 미군기지의 조정계획을 발표해왔다. 고정된 위협 대상을 압도하기 위해 양적 우위를 확보하고자 했던 것이 재래식 군사배치 개념이다. 미래의 군은 테러와 대량살상무기(WMD)의 확산 등 예측 불허의 다양한 위협요소에 대비하기 위해 정확하고도 신속한 대응태세를 갖추는 방향으로 질적 우위를 보강해야 한다는 것이다. 한·미 양국도 이러한 문제의식에 공감하고 대북 안보대응 능력이 훼손되지 않는 선에서 주한미군 기지의 통폐합과 남하 이전 준비를 2006년까지 마무리하기로 약속해둔 상태였던 것이다.

문제는 주한미군 재배치의 실행이 이라크라는 외부 요인과 연쇄작용으로 일어나면서 그 시기가 예상보다 빨라졌다는 것이다. 그리고 재배치는 감축을 불가피하게 동반할 것이라는 메시지가 이제 확고해졌다. 그렇다면 적정 수준을 유지해야 할 대북 억지 기능을 어떻게 충족하고 새로 맡게 될 동북아 지역 안정관리 역할을 위해서는 한국이 무엇을 어떻게 준비해야 할지 대비해야 한다. 또 주한미군의 조정 과정에서 미국도 응당한 투자와 후속 조처를 꾀하게끔 치밀한 협상전략을 마련해야 한다.

무엇보다도 중요한 것은 이러한 한국 안보상의 중요한 변화에 대해 우리 국민들의 정확한 이해와 지지를 구하는 일이다. 주변의 안보환경이 어떻게 변하고 있고, 이에 부합하는 안보태세는 구체적으로 어떠한 내용이며, 한미동맹은 어떻게 조정·발전될 수밖에 없는지에 대한 명쾌한 설명이 따라야 한다. 이라크 파병도 한미동맹의 미래지향적 변화도 모두 한국에 필요해서 결정한 일이다. 부작용이 염려되어 조심하느니 자신 있게 추진하여 기대되는 성과를 극대화하는 편이 낫지 않은가.

(세계일보 2004년 5월 19일자 칼럼원고를 수정함)

6. 이라크 민주화의 험난한 길

이라크 상황이 심상치 않다. 강경 시아(Shi'a)파[4] 종교지도자들에 의해

---

4 다수파인 수니(Sunni)파와 함께 이슬람을 양분하는 일파로, 예언자 무함마드(Muhammad)의 사촌인 알리(Ali)를 후계 지도자로 받든다. 시아는 '분파'라는 뜻으로 정통파인 수니파의 상대적인 개념이다. 전 세계 무슬림 인구의 90%가량이 수니파인데 사우디아라비아, 이집트, UAE 등이 수니파 비율이 압도적으로 높다. 반대로 이란과 이라크는 시아파가 주류를 차지한다. 이러한 종파 간 라이벌

주도되는 반미 저항운동이 이라크의 남부와 중부를 거쳐 북부 지역으로 확대되는 가운데, 온건 시아파까지도 이에 가담하고 있다. 이들의 임시정부에 대한 폭력 저항은 이라크 주재 외국인에 대한 납치와 협박으로까지 이어져 파병한 국가들의 철군을 압박하고 있다. 2004년 3월 8일 이라크 임시헌법이 통과되어 언론·출판·종교의 자유가 보장되고 여성 참정권을 보장하는 민주화의 로드맵이 첫발을 내디뎠을 때만 해도 이라크 재건에 대한 기대는 컸다. 갑자기 왜 이렇게 되었을까?

이는 이라크 인구의 60% 이상을 차지하는 이슬람 시아파의 지도자들이 미국이 꾀하는 정경(政經)분리와 이슬람교의 세속화를 원치 않기 때문이다. 현재 중동 지역의 이슬람권 국가들은 하나같이 종교가 법치주의(rule of law) 위에 군림하고 있다. 제1차 세계대전 이후 카리스마적 지도자 케말 파샤(Mustafa Kemal Pasha)의 개혁이 성공을 거둔 터키만이 유일하게 이슬람교를 세속정치로부터 떼어내는 데 성공했다. 종교로 국민의 마음을 무장시키면 논리적으로 설득할 필요가 없어지고 경제가 어렵더라도 세속의 고통을 초월하도록 만들 수 있다.

그렇게 되면 극소수 종교지도자들만 세속의 권력과 부를 독점하기 쉬우며 실제 역사가 이를 확인해준다. 결국 이라크 시아파 지도자들의 속셈은 다수결주의는 미국으로부터 들여오되 그들의 종교적 지도

관계는 정치에도 영향을 미친다. 시아파인 시리아 정부를 견제하기 위해 사우디아라비아가 반군을 지원하면서 시리아 내전이 격화되었다. 예멘 내전에서도 사우디는 수니파 정부를 지원하고 이란은 시아파 후티 반군(Houthis)을 지원하면서 개입하여 사태가 더욱 격화되었다.

그들은 왜 정답이 있어도 논쟁하는가

력을 무력화시키는 법의 질서, 즉 정교분리 원칙은 거부하겠다는 것이다. 명분으로 내세우는 종교의 이면에 가장 실리적인 이해관계가 자리 잡고 있는 것이다.

이라크는 다수 시아파와 소수 수니파 간 종교 주도권 경쟁을 어떻게 관리하고 쿠르드족과 투르크족의 분리 독립 요구를 어떻게 새로운 국가통합 과정에 반영할 것인가의 과제를 안고 있다. 이라크의 법치주의 정착 여부, 그리고 쿠르드족의 독립 여부는 터키와 이란 등 주변국과의 관계에도 적지 않은 영향을 미칠 것이다.

문제는 이슬람 근본주의자들의 대중 호도 전략이 효과를 거두어 온건주의자들의 입지를 약화시킨다는 점이다. 이라크인들은 사담 후세인 정권에 호감을 갖지는 않았지만 그렇다고 미국이 그들을 해방시켜줬다고 보는 것도 아니다. 미국이 이라크를 차지했다고 보는 인식이 강하다. 여기에 이슬람 세계의 정신적 근간이 미국에 의해 유린되었다는 정서를 불어넣는 일은 손쉬운 일이다.

이라크가 이슬람 근본주의에 몰입하는 것을 방지하는 유일한 길은 이슬람 단결주의가 서방세계 배척주의와 동일시되지 않도록 만드는 것이며, 이를 위해서는 개별 국민국가(nation-state) 정체성에 기반을 둔 국가중심주의를 촉진시키는 것이다.

우선 악화되는 치안을 다잡아야 한다. 미국이 지금 이라크에서 철수하는 것은 이라크를 공격한 것만큼이나 무책임한 결정이 될 것이다. 우리 정부가 2004년 4월 9일, 이라크 파병 원칙에 변함이 없고 현지 조사단이 귀국하는 대로 예정된 이행 절차를 추진하겠다는 입장을 분명히 밝힌 것은 잘한 일이다. 파병으로 인해 입을 피해를 지나치게 걱정하고 특정 세력으로부터 들을 비판을 겁내기보다는, 종파 간 권력 다툼이 테러와 폭력을 조장하고 한 나라의 시민들을 헐벗게 하는 불행한 사태를 막겠다는 책임 있는 자세가 중요하다.

그다음 이라크에 내려져야 할 처방은 6월 말로 예정된 주권이양 일정을 지켜, 온건하고 합리적인 인사들로 하여금 이라크 정부를 구성하고 운영할 수 있도록 힘을 실어주는 일이다. 아울러 이라크의 모든 혼란을 미국 책임론으로 연결 지으려는 종교적 포퓰리즘(populism)을 차단하는 것이 관건이다. 미국은 이라크 재건 사업에서 여러 나라와 함께 UN 중심의 다자간 역할 분담 형식을 꾀하는 것이 바람직하다.

그러나 이라크 문제의 근본적인 처방은 종교가 제 위치를 찾을 때만이 가능하다. 종교는 사명감에 의해 현실 참여를 꾀할 수는 있어도 현실을 탐하고 지배하는 수준까지 가서는 곤란하다. 이라크의 앞날은 미국도 국제사회도 아닌 이라크인 자신들의 몫이다.

(문화일보 2004년 4월 12일자 칼럼원고를 수정함)

7. 시사만화가 촉발한 종교갈등

인류사회가 가장 격렬하게 다퉈온 주제가 바로 종교다. 종교 때문에 일어난 전쟁이 가장 많고, 전쟁이 아니더라도 종교 때문에 희생된 목숨이 그 어떤 다른 사회 갈등에 의한 피해보다도 크다. 작년(2005년) 9월부터 덴마크의 최대 일간지 윌란스 포스텐(Jyllands-Posten)이 이슬람교의 예언자 무함마드(Muhammad)를 풍자한 시사만화 시리즈를 게재하면서 증폭되기 시작한 유럽-중동 간 갈등 사태를 보노라면 종교가 내포하는 폭발력을 다시금 확인하게 된다.

2006년 1월 초 덴마크 검찰이 시한폭탄 모양의 터번을 두른 무함마드를 묘사한 만화가 신(神)에 대한 불경(不敬)은 아니라고 결론 내린 데 이어, 프랑스·독일·노르웨이 등 여타 유럽국들이 가세하여 문제의 만화를 다시 싣거나 새로 응용한 무함마드 풍자만화를 선보이면서 사태는 악화일로를 걸었다. 중동 국가들이 유럽 주재 자국 대사의 소환, 규탄 시위, 덴마크 상품 불매운동 등으로 응수하면서 흡사 기독교-이슬람 간 충돌의 해묵은 역사를 연상시킨다. 만화를 제대로 보지도 못한 사람들까지 나서서 분노하며 항전을 외친다.

침해받는 쪽은 과연 어디인가. 언론의 표현의 자유인가, 아니면 이슬람교의 신성성인가. 유럽 사람들은 무함마드 만평에 무슬림들이 왜 그렇게 민감하게 반응하는지 이해하기 힘들겠지만, 무슬림들은 거꾸로 서방인들의 감각이 왜 그렇게 무딘지 이해하지 못할 것이다. 그러나 유럽-중동 간 갈등의 씨앗을 뿌리는 본질적인 요인을 간과하는 이상, 만화가 아닌 그 어떤 작은 해프닝으로도 폭력과 전쟁이 빚어질 수 있다. 이란 핵문제, 팔레스타인 테러 문제가 현재 세계 안보의 첨예한 쟁점일진대, 이번 만화 사태는 중동에 어떻게 접근해야 하는가에 대한 성찰의 계기가 되어야 한다.

단적으로 말해 중동의 문제는 대중의 빈곤과 엘리트의 권력 독점으로 대비되는 이중 구도에 의해 더욱 증폭된다. 탈레반과 이라크의 무장세력 지도자들이 공공연히 밝히듯, '중동을 핍박하고 침략해온 외부인들'인 서구 세계가 곧 그들의 투쟁 대상인 것이다. 게다가 이스라엘과 기나긴 투쟁을 거치면서 궁핍에 시달려온 무슬림들에게 피해의식은 뿌리 깊게 박혀 있다. 미국과 유럽은 평화의 중재자를 자처하지만 무슬림 대중은 그들을 쉽사리 위선자로 규정하고 만다. 종교는 믿음을 넘어서 몰입의 대상이 되기 쉽다. 더욱이 종교지도자들이 세속 권력까지 장악하고 있는 중동 국가들의 경우, 종교의 지나친 절대화는 계급 타파와 민주화의 기운을 억제하는 최면제 역할을 한다.

문제의 발단이 된 윌란스 포스텐 신문이 2006년 1월 30일 편집국장 명의로 사과 성명을 발표한 이후에도 중동의 분노는 가시지 않았다. 이슬람교를 모독하려는 의도가 없었고, 언론의 자유를 보장하는 덴마크 법에도 저촉되지 않지만 사태의 파장을 고려하여 사과한다는 취지로는 성난 군중의 마음을 살 수 없었기 때문이다. 2월 8일 프랑스의 한 주간지에서 무함마드가 손으로 얼굴을 감싼 채 "바보들한테 사랑받기 힘드네"라며 한탄하는 장면을 실을 수 있었던 것도, 아직도 많은 유럽인의 눈에는 무슬림들이 바보스럽고 먹여 살려야 할 부담스러운 존재로 인식되기 때문일 것이다.

일부 극단주의자들은 중동 사람들의 서구 사회에 대한 불만을 기회만 생기면 확대 재생산하려 한다. 압박과 봉쇄정책만으로 이들을 뿌리 뽑기란 힘들다. 최근 미국의 몇몇 국제정치 전문가가 제기하듯, 민주주의 선거를 강제하는 것과 민주주의를 정착시키는 것은 서로 별개라는 분석도 같은 맥락이다. 유사한 언어와 혈통을 매개로 하는 아랍 민족주의가 폭력과 테러를 정당시하는 이슬람 근본주의의 선동에 놀아나지 않도록 하려면 이제부터라도 중동의 실질적인 경제

발전을 위해 국제사회가 진지한 노력을 기울여야 한다. 경제발전은 개방화를 의미하고, 이는 곧 민주주의의 토양인 다원주의를 촉진할 것이다.

세계 10대 선진국 진입을 외치는 우리 한국은 외부 세계에 대한 막연한 분노로부터 정녕 자유로운가. 일제강점기, 6·25전쟁, 남북 분단을 아직도 바깥 세력의 탓으로만 돌려서는 미래로 나아갈 수 없다. 외부에 적을 만들어 집안의 권력에 쓰려는 세력이 발붙이지 못할 때 한국은 비로소 선진사회로 불릴 것이다.

(동아일보 2006년 2월 13일자 칼럼원고를 수정함)

8. 종교분쟁은 신(神)이 아닌 사람의 탓이다

현대 세계사에서 두드러진 현상은 국가 간 전쟁에 의해 목숨을 잃은 사람보다 종교분쟁, 민족분규, 이념갈등과 같이 국내 요인에 인해 희생된 사람의 숫자가 훨씬 많다는 것이다. 미국 국무부가 집계한 국가별 테러리즘 리포트에 의하면 2005년 이후 10년 사이에 테러에 의해 16만여 명이 목숨을 잃었고 약 32만 명이 부상을 입었다. 그 중 대부분이 이라크·파키스탄·아프가니스탄·시리아와 같은 이슬람권 국가에서 발생했다. 종교분쟁은 그 어떤 다른 분쟁보다도 격렬한 충돌과 희생으로 귀결되고 있다.

그 이유가 이스라엘이건, 미국이건, 유럽이건, 아니면 개인 차원의 좌절이건 무고한 목숨을 해치는 테러의 명분으로 신(神)의 '존엄성'이 자주 동원된다. 이번 프랑스 파리의 샤를리 에브도(Charlie Hebdo) 테러

사태[5]는 자신의 종교는 절대로 조롱당할 수 없다는 신념에서 비롯되었지만 결과적으로는 대다수 선한 이슬람교도의 이미지에 커다란 타격을 입혔다.

예수 그리스도의 탄생으로부터 619년 뒤 무함마드가 가브리엘 천사에게 받은 계시를 근거로 쓰인 코란 경전의 내용은 성경 교리와 별반 다르지 않다. 구약성서의 중심무대는 오늘날 이슬람교 국가인 터키·이라크·레바논 등이다. '이슬람'이란 말이 뜻하는 복종과 순종은 그리스도인의 사랑과 용서를 가능하게 하는 요건이다.

사촌지간인 그리스도교와 이슬람교가 서로 자신의 신(神)이 우월하다고 다툴 일이 아니다. 같은 예수 그리스도를 믿으면서 가톨릭과 개신교가, 같은 알라(Allāh)신을 섬기면서 수니파와 시아파가 반목할 일은 더더욱 아니다. 인간의 종교에 대한 그릇된 열정이 신(神) 본연의 성스러움을 훼손시키고 있다.

영국 배스(Bath)대학교의 스콧 토머스(Scott M. Thomas) 박사는 1900년에 세계인구의 32%를 차지하던 선진국 인구가 지금은 15% 수준

---

5 2015년 1월 7일(현지시간) 프랑스 파리 도심에 위치한 풍자주간지 '샤를리 에브도' 사무실에 이슬람 극단주의자 테러리스트들이 침입하여 총기를 난사해 편집장을 포함한 직원 10명과 경찰 2명 등 총 12명이 사망한 사건이다. 테러를 당한 샤를리 에브도는 각종 성역(聖域)에 대해 비판을 해온 주간지로, 2006년부터 무함마드 만평 등을 게재하면서 이슬람권의 큰 저항을 받아왔다. 이번 테러는 무함마드 만평에 대한 보복 테러인 것으로 분석됐다. 샤를리 에브도 테러 이후 표현의 자유를 옹호하는 '나는 샤를리다(Je suis Charlie)'라는 슬로건과 종교를 모욕하는 자유까지는 허용할 수 없다는 '나는 샤를리가 아니다(Je ne suis pas Charlie)'라는 구호 사이의 논쟁이 치열하게 전개됐다.

그들은 왜 정답이 있어도 논쟁하는가

까지 떨어졌다고 분석하면서 지구촌 인구의 대다수가 거주하는 개발도상국에 그리스도교와 이슬람교가 동시에 빠르게 확산하고 있음을 입증하였다. 급변하는 세상에서 미래가 불투명할수록 더 많은 사람이 신(神)에 대한 갈증을 느끼게 된다. 종교의 과잉은 자칫 세속의 정치 논리와 결합할 경우 평화를 위협함은 물론 민주주의와 경제발전까지 가로막는다. 오랜 시행착오를 거쳐 정교분리(政敎分離)의 전통이 잘 정착된 선진국은 아직 소수일 뿐이다. 종교는 21세기의 인류사회가 풀어야 할 가장 중요하고도 어려운 숙제로 부상하고 있다.

어느 종교든 자신만 옳다는 우월주의를 경계하고, 남의 다른 점은 존중하고 배려할 수 있어야 한다. 종교는 세상의 불의(不義)에 눈감아도 안 되지만 세상을 바로잡겠다며 자신의 모든 행동을 정당화해서도 안 된다. 한국의 경우도 아프가니스탄에 가서 무리하게 선교 활동을 펴다가 테러 세력의 인질이 되어 큰 대가를 치른 경험을 되돌아볼 필요가 있다. 상대방이 절실한 것을 얻을 수 있도록 돕고 가르쳐주는 것이 제일 좋은 선교(宣敎)이자 원조 외교다.

어떠한 위협 앞에서도 인간의 자유에 대한 권리가 위축될 수는 없다. 하지만 유럽과 미국은 '자유의 확산' 정책을 여타 지역의 서구화로 여겨서는 안 된다. 상대국의 역사와 토양에 맞는 경제와 민주주의 발전을 독려해야 한다. 개발도상국 지도자들은 국민의 점증하는 종교심이 외부 세계를 경계하거나 적대시하는 배타주의로 흐르도록 방치해서는 안 된다. 외부와의 종교분쟁은 국내 권력에 잠시 쓰임새가 있을지 몰라도 결국은 그 나라 자신과 국제사회 모두가 짊어져야 할 부작용을 낳을 뿐이다.

종교는 옳은 길을 비추는 사회의 등불이어야 함에도 국가의 세부 정책 내용까지 언급하는 것은 조심해야 한다. 북한 주민들에게 도움의 손길을 내밀고 자유롭고 번영된 통일 대한민국을 염원하는 것은 우리 정부와 모든 종교가 공감하는 대의명분이다. 하지만 이를 위해 쌀 · 에너지 · 신형 컴퓨터를 지원해야 한다고 주장한다면 오히려 북한 정권의 주민통제를 강화시키고 우리에 대한 사이버(cyber) 테러를 지원하는 결과가 초래될 것이다.

종교가 사회의 나침반 역할을 제대로 수행하기 위해서는 종교의 큰 뜻이 현실 속에 구현되는 구체적인 방법론에 대해서까지 충분히 연구하는 노력이 필요하다. 종교지도자들은 속세의 일에 지나치게 나서서 자신의 이름을 드러내려는 공명심도 자제할 줄 알아야 한다. 종교 분쟁이 문명사회의 지성(知性)을 위협하도록 더 이상 방치해서는 안 된다. 인간은 자신이 독차지한 종교를 하루빨리 신(神)의 손에 되돌려주어야 한다.

(조선일보 2015년 1월 12일자 칼럼원고를 수정함)

9. 인도-이란-북한의 핵이 다른 이유

미국과 인도 간의 협력 확대 추세가 심상치 않다. 조지 W. 부시 미 대통령은 2006년 3월 2일 인도 뉴델리에서 이루어진 만모한 싱(Manmohan Singh) 인도 총리와의 정상회담에서 양국 간 민수(民需)용 핵 협력 협정에 최종 합의했다. 2005년 7월 인도 총리의 방미를 계기로 채택된 미국 · 인도 공동 합의문의 후속 논의가 마무리되었음을 천명한 것이다.

이번 합의를 통해 미국은 인도가 보유한 총 22기의 원자로 중 8개의 군수용 원자로는 문제 삼지 않을 것이고, 나머지 민수용 원자로에 대해서는 이들을 국제원자력기구(IAEA)의 감시하에 두는 조건으로 인도의 원자력 발전에 필요한 핵 기술, 장비, 연료 등을 제공할 것임을 밝혔다. 이제 인도는 핵무기 보유국의 지위도 인정받고 핵에너지 개발의 전기(轉機)도 마련한 셈이다.

핵확산금지조약(NPT)에도 가입하지 않은 인도가 5대 핵 국가만 누려오던 공식적인 '핵 클럽' 멤버의 대우를 받게 된 연유는 무엇인가. 미국은 민수용 원자로 기술과 장비의 수출시장을 확보한다는 경제적 이해관계를 뛰어넘어, 인도와의 전략적인 파트너십을 서남아시아와 중앙아시아에 대한 개입 정책의 지렛대로 활용하려 하고 있다. 중국과 러시아는 오랫동안 인도에 공을 들였으며, 미국이 그러한 인도를 감싸 안지 않으면 이들 아시아의 대국을 견제하기 어렵다는 판단이 섰을 것이다.

지금 국제사회는 미국·인도 간 핵에너지 협력 시대의 돌입을 목격하면서 찬반양론으로 갈릴 조짐을 보이고 있다.

우선 NPT 체제 내에서 핵 안전조치 의무를 성실하게 수행해온 비핵보유국들은 상대적 박탈감을 느낄 수도 있는 처지가 됐다. 이란과 북한으로서는 핵무기를 어떻게 해서든 손에 넣은 뒤 미국에 필요한 존재가 되기만 하면 문제가 없다는 식의 유혹을 느낄 수 있다. 같은 핵무기라도 인도는 오히려 뒤를 봐주고, 이란은 UN안전보장이사회에 회부하려 하며, 북한은 경제 압박으로 풀어가려 하니 핵 확산을 막고자 하는 미국이 세 개의 다른 잣대를 적용하는 것이 아니냐는 비판이 제기될 법하다.

그러나 이번 인도의 경우 국제 핵 비확산 질서의 공고화 측면에서 오히려 긍정적으로 평가해야 한다는 주장도 만만치 않다. 핵무기 기술을 한 번도 바깥으로 유출한 적이 없는 인도가 미국과의 핵에너지 협력을 계기로 이제부터는 IAEA와 자발적 안전조치 협정도 체결하고 원자력공급국그룹(NSG)[6] 지침도 지키겠다고 하니 NPT 체제는 오히려 힘을 얻게 된다는 설명이다. 미국의 '편의주의' 행태를 비판하고 나설 법한 유럽, 중국, 러시아도 이러한 측면을 의식해서인지 의외로 말을 아끼고 있다.

NPT 체제가 내포하는 불평등성이란 "왜 먼저 가진 핵은 괜찮고, 나중에 가지는 핵은 안 되는가"라는 불만으로 요약된다. 논리적으로 타당한 지적이다. 하지만 국제정치에서 평등이 보장된 일은 인류 역사상 없다. 핵전쟁을 예방하는 현실적인 방안은 핵을 가진 자끼리의 관리 조치를 성실하게 촉구하되(핵 군비통제), 핵을 가지지 않은 자끼리는 갖지 않겠다는 약속을 다짐하는 방안(NPT 체제)을 병행하는 것이다.

파키스탄은 인도의 경우와 같은 처우를 미국에 요구했다가 거절당

---

6 원자력공급국그룹(Nuclear Suppliers Group)은 1978년 미국과 캐나다 등이 주도하여 설립한 다자 간 원자력 수출 통제체제다. 원자력 관련 기술과 물품 수출을 통제해 핵무기의 확산을 방지하는 것이 주목적이며, NPT 미가입국에 대해서는 핵연료와 원자력 기술 수출을 엄격히 금지한다. 2019년 현재 48개 회원국이 가입해 있으며 매년 총회를 열어 지침 이행에 관한 사안을 심의 · 결정한다. 인도의 NSG 가입에 대해서는 대부분의 회원국들이 찬성 입장이나, 중국 · 뉴질랜드 · 아일랜드 · 오스트리아 4개국이 반대 입장을 유지하고 있다.

그들은 왜 정답이 있어도 논쟁하는가

했지만 크게 억울해할 일은 아니다. 9/11테러 이후 파키스탄 정부가 대미정책을 전격적으로 바꾸어 국경 근처의 테러주의자들을 소탕하는 데 협조해온 것은 사실이지만, 파키스탄은 핵무기 기술을 유출한 전력(前歷)이 있으며 국민의 반미 정서 또한 여전히 세계 최고 수준을 보이고 있다.

행여 북한이 인도의 선례를 들며 핵에너지의 평화적 이용 권한을 핵 포기의 선결 조건으로 내세운다면 어떻게 할 것인가. 한국이 대응해야 할 논리는 명확하다. 인도는 핵 비확산 질서에 동참하는 각종 의무사항을 수용하겠다는 약속을 하였기에, 아무 약속도 없이 처우만 바라는 북한과는 다른 경우이다. 또 이란은 어쨌거나 현재 NPT 회원국이고 회원국으로서의 의무 수행과 권한을 따지는 상황인지라 NPT를 박차고 나간 북한과 비교할 대상은 아니다. 한국은 인도의 사례가 북한 핵문제에 불필요한 영향을 주지 않도록 차단함과 동시에 세계 원자력 시장 진출을 적극 모색해야 한다.

(동아일보 2006년 3월 13일자 칼럼원고를 수정함)

10. 북한 인권 방치, 한국 외교 자해행위

2005년 12월 8일부터 시작된 '북한인권국제대회'는 이제까지 열린 어느 북한 인권 관련 행사보다도 크고 중요한 행사였다. 프리덤하우스(Freedom House), 엠네스티 인터내셔널(Amnesty International) 같은 세계 주요 인권단체가 빠짐없이 서울에 모인 가운데 북한 인권단체의 현황, 개선 전략, 한국의 역할 등을 논의했다. 북한 인권 실태에 관한 관심을 촉구하는 '서울선언'이 나왔고, 국내외 인권단체들은 북한의 인권 개선을 위한 국제연대를 강화하기로 다짐했다. 이번 행사가 앞으로 한국 외교에 닥칠 중대한 선택의 기로를 예고하는 자리였음을 감지한 사람은 많지 않은 것 같다.

이 대회는 세계의 인권 문제 중 북한 인권 상황이 가장 심각한 현안임을 일깨우고자 했으며, 그동안 민간 차원에서 꾸준히 펼쳐져온 북한 인권운동의 국제적 네트워크가 완성 단계에 들어섰음을 천명했다. 이번 행사를 보는 한·미 정부의 시각은 판이하다. 미국은 제이 레프코위츠(Jay P. Lefkowitz) 북한인권특사가 주제 발표를 맡을 정도로 적극 참여했다. 알렉산더 버시바우(Alexander Vershbow) 주한 미국대사는 대회 개막 하루 전인 12월 7일 관훈클럽 토론회에서 북한의 인권 실태를 질타함으로써 인권대회의 취지를 측면 지원했다. 한국 외교부는 버시바우 대사의 발언에 대해서는 "표현을 자제해달라"며 불만을 표시했고, 인권대회에는 초청받은 장관 대신 과장급 외무관을 '조용히' 참관시켰다.

그러나 외교부는 윗선의 눈치를 보아 이런 행동을 하는 것이므로 한국 정부의 처신은 결국 청와대 실세들의 인식에서 비롯된다고 봐야 한다. 북한 인권을 공론화하면 북한 정권을 자극하여 핵문제 해결과 남북관계 개선에 장애가 온다는 일부 386세대의 논리는 중대한 사실 하나를 간과하고 있다. 그것은 북한의 인권 상황이 개선돼야만, 아니 보다 정확하게 말하면 북한 지도부가 주민들의 인권 개선에 관심을 보이기 시작해야만 핵문제도, 남북 간 군사 긴장도 풀어갈 수 있다는 점이다.

그들은 왜 정답이 있어도 논쟁하는가

핵무기를 포기하는 대가로 경제 지원을 한다지만 자국민의 최소한의 기본적인 자유도 허용치 않는 국가와 평화체제와 수교를 맺으려 할 나라는 없을 것이다. 또 남북관계 개선의 궁극적 지향점이 상호 체제의 수렴과 자유통일이라면 인권 문제를 논외로 한 우리 정부의 대북 지원과 남북 교류정책은 이루고자 하는 목표와 어긋난 정책 수단을 펴고 있는 셈이 된다.

민주화 세대가 과거 학생 시절 한국의 독재정권을 타도하기 위해 외쳤던 인권의 외침은 어디론가 사라지고 그보다도 몇십 배 더한 북한의 폭압 정권 앞엔 침묵만이 흐른다. 북한 문제에 대한 특수 접근의 논리는 억압받는 쪽 대신 억압하는 쪽의 입장을 우선시하고 있다. '대한민국의 문제'인 북한 인권 문제를 논의하는 행사를 외국인들이 대신 주최하고 있고, 이를 애써 외면하는 우리 정부의 태도를 외국인들이 더욱 걱정하고 있다.

한국 외교를 지휘하는 외교부 밖의 실세들은 평양의 심기를 건드릴까봐 전전긍긍하고 있다. 국가인권위원회와 해당 부처의 관리들은 자신의 인사권을 쥐고 있는 실세들의 심기를 불편하게 하지나 않을까 하여 좌불안석이다. 정도(正道)를 벗어나 파격을 추구하는 시간이 길어지면 자신의 정체성도 결국 궤도를 이탈하는 법이다. 후대 한국인들이 인권 탄압 방조 국가 대열에 든다고 생각해보라.

UN과 국제사회가 한결같이 제기하는 문제를 계속 외면할 경우, 한국 정부는 북한 정권을 설득하여 한반도 평화체제를 구축하기에 앞서 남북한이 동시에 국제사회의 미아(迷兒)로 전락할 수 있음을 알아야 한다. 진정한 한반도 평화는 북한의 변화와 이에 대한 국제사회의 공감이 맞아떨어질 때 가능한 일이기에 그러하다. 지금 북한 인권 문제는 북한보다도 한국에 더 큰 위기를 몰고 오고 있다.

(문화일보 2005년 12월 10일자 칼럼원고를 수정함)

11. 과거에 갇힌 UN안전보장이사회

2005년 9월 개최된 UN총회에서 UN안전보장이사회 상임이사국 확대 논의를 진전시키는 데 끝내 실패한 일본은 요즘 실망한 기색이 완연하다. 일본의 안보리 진출을 공개적으로 반대해온 중국, 겉으로는 아니더라도 내심 반대자의 입장에 섰다고 보는 한국에 대한 원망은 물론이고, 일본 정부의 염원을 끝내 저버린 미국에 대해서까지 섭섭한 마음으로 가득 차 있는 듯하다. 미국을 제외한 나머지 4개 상임이사국의 전체 몫보다도 많은 UN분담금을 내는 일본을 이렇게 푸대접하니 앞으로는 UN에 대한 재정적 기여액수를 삭감해야 되지 않겠느냐는 얘기도 일본 외상(外相)의 입에서 흘러나오고 있다.

21세기의 UN을 아직도 1945년 2차대전의 승전국들이 좌지우지하고 있다는 사실은 분명 시대착오적 현상이다. 일본, 독일과 같이 '평화국가'로 환골탈태하여 UN의 역할 확대와 위상 제고에 앞장서온 국가에게 UN이 보다 큰 권한을 부여해야 한다는 논리는 분명 설득력이 있다. 대륙 간 안배 차원에서 인도·브라질과 같은 거대국가를 고려해야 한다는 주장, 세계정치 무대에서 불모지로 취급돼온 아프리카연합(AU) 국가들의 집단적 위상을 인정해달라는 요구도 만만치 않다. 하지만 분명한 것은 세계평화의 마지막 보루 UN도 결국 국가 간 권력정치의 표상이며, 일단 확보한 권력은 좀처럼 놓으려 하지 않는 국가의 속성이 엄연히 적용된다는 점이다.

한국 정부는 UN안보리 개혁에서 연임 가능한 10개 비상임이사국을 추가하자는 의견을 개진해왔으므로, 상임이사국을 희망하는 일본의 입장과 상충된 목소리를 낸 결과가 되었다. 동북아시아에서 상임이사국이 하나 더 나오도록 하여 지역의 위상과 이해관계를 강화시켜보자는 의견이 있는가 하면, 과거사의 굴레에 묻혀 도덕적 리더십을 겸비하지 못한 일본을 국제무대의 중앙에 진출하도록 허용해서는 곤란하다는 정서도 만만치 않다. 여기서 또 부인할 수 없는 추가적 요인은, 한국의 의사나 의지와 관계없이 중국이 일본을 지역 라이벌로 의식하여 당분간 UN안보리의 확대를 차단하는 외교를 적극적으로 펼 것이라는 점이다.

한일관계는 UN문제를 제외하더라도 여러 면에서 정체 상태에 빠져 있다. 6자회담에서 핵 해결의 원론적 합의까지는 이르렀지만 북한의 경수로 요구에 대한 한국의 태도는 일본의 부정적 입장에 비해 관대하게 비쳐졌다. 양국 간 자유무역협정(FTA) 체결의 당위성에는 일찌감치 공감해놓고도 실천 의지는 어디에도 보이지 않는다. 독도와 교과서 문제로 얼룩진 올해 상반기의 한일관계는 그야말로 외교전쟁을 방불케 하는 입씨름으로 점철된 바 있다. 서로가 상대방 지도부의 처신을 원망하고 있다.

반면, 국민들 수준에서의 한일관계는 전혀 딴 모습을 보인다. 하나의 한국 드라마에서 비롯된 일본 내 욘사마 열풍은 다른 배우와 다른 영화에 대한 애착으로 번져나갔다. 그간 비자 면제 특별기간에 부응하여 보다 많은 한국인들이 일본을 다녀왔고, 한국과 일본이 서로의 문화를 즐기고 소비하는 일은 자연스러운 일상이 되었다. 정부 수준에서의 한일관계가 불편한 동거를 지속하는 동안 민간 차원에서의 양국 관계는 세련된 복합 상호의존 관계에 접어들어 있다. 한국인과 일본인이 불편한 과거사의 장벽에도 아랑곳하지 않고 점점 적극적으로 교류하는 것은 바로 '자유'와 '시장'이라는 두 가지 가치를 공유하고 있기 때문이다.

한국이 북한과 중국의 눈치를 보며 일본과의 관계를 조절할 필요는 없다. 그 반대의 경우도 마찬가지이다. 중요한 것은 도덕과 윤리의 잣대로 일본의 모든 것을 일반화하는 과거 지향적 사고를 탈피하는 일이다. 앞으로 긴 시간 동안 일본과 협력하며 서로에게 좋을 일을 만들어가고자 하는 미래지향적 사고가 필요하다. 정부의 눈높이를 국민들의 시각에 맞춰 상향 조정해보자.

(세계일보 2005년 10월 7일자 칼럼원고를 수정함)

12. 미·중·일 신(新)삼국지와 한국의 선택

2014년 9월 미국 샌디에이고에서 열린 동북아시아협력대화(NEACD)에 참가했다. 1993년에 만들어진 미·중·일·러·남북한 6자 간의 반관반민(半官半民) 연례안보대화로, 아세안지역안보포럼(ARF)과 함께 북한이 참가하는 몇 안 되는 국제회의다. 정부 당국자들만 참가하는 ARF와 달리, NEACD는 관과 민이 섞여 자유분방한 분위기에서 민감한 주제에 관한 의견을 허심탄회하게 교환하는 장으로 활용돼왔다.

1994년 미·북 제네바합의가 타결돼 한동안 북한 핵문제 해결에 대한 기대가 고조됐을 때는 북한을 어떻게 하면 동북아시아 다자협력 구도의 일원으로 끌어들일지가 NEACD의 주된 의제였다. 2002년 북한 고농축우라늄 프로그램의 존재가 세상에 알려지면서 2차 북핵 위기가 시작되면서부터는 핵문제에 대한 북한 당국의 의중을 파악하고 타협의 접점을 모색하기 위한 간접 대화의 창구로 기능해왔다.

이번 24차 NEACD 회의에서 필자는 북한의 존재를 거의 느끼지 못했다. 북한은 대표단 명단까지 통보했다가 막판에 불참했다. 이틀간 이어진 여러 주제에 관한 발표와 토론 과정에서 북한 이야기를 먼저 꺼내는 사람은 많지 않았다. 북한 사람이 없어서 북한 문제를 시큰둥하게 다뤘다고는 생각하지 않는다. 긴박한 의제로 여긴다면 북한 대표가 있든 없든 뜨거운 논쟁이 있었을 것이다. 6자회담 참가 6개국이 똑같이 모이는 NEACD는 더 이상 북핵문제에 대해서는 체념한 듯했다. 북한 문제는 중요하지만, 또 앞으로도 중요한 관심사지만 국제사회가 할 수 있는 일은 별로 없다고 보는 듯했다.

이번 회의를 지배한 것은 중국과 일본 간 센카쿠 열도(중국명 댜오위다오)를 둘러싼 거센 충돌이었다. 중국은 1972년 대일(對日) 수교 당시 이뤄진 '현상 유지' 합의를 일본이 일방적으로 깼다며 영토 문제에 관한 한, 어떠한 타협과 양보도 있을 수 없다고 했다. 2012년 10월 노다 정권이 센카쿠의 국유화를 선언하자 중국은 이에 즉각 반발했고 바로 다음 달 센카쿠를 포함하는 방공식별구역(CADIZ)을 선포했다. 2014년 5~6월에는 동중국해 공해상의 일본 정찰기를, 8월에는 남중국해 공해상의 미국 대잠 초계기를 중국 전투기들이 초근접 위협 비행하는 일이 발생했다.

일본은 수십 년 동안 센카쿠에 별 반응을 보이지 않던 중국이 요즘 갑자기 입장을 바꾸고 일본을 몰아붙이는 것이라고 항변한다. 센카쿠를 소유한 민간업자들이 임의로 인공 구조물을 설치하지 못하도록 국가가 자제시키려는 조치인데 중국이 있지도 않은 '영토 문제'를 분쟁화하려 한다고 주장한다. 국력이 커졌다고 힘자랑하는 것이냐며, 앞으로의 중국은 예측 불허이며 동아시아 평화를 위협할 것이라고 단언한다.

동중국해에서의 중·일 센카쿠 갈등과 남중국해에서의 중·베트남, 중·필리핀 영유권 분쟁의 이면에는 미·중 양국의 해양 충돌이 작용하고 있다. 미국은 기존 아시아 동맹 네트워크를 재정비하려 하고, 중국은 미국의 아시아로의 귀환(pivot to Asia)을 저지하려 한다. 일본을 먼저 기선 제압해 역내 주도권을 강화하겠다는 중국을 놓고, 미국은 직접 충돌하기보다는 경쟁과 협력을 병행하는 다양한 대중(對中) 전략을 고민하고 있다. 자국민의 민족주의 감정을 자극해 영토 갈등을 지나치게 부각시키는 중·일 모두 자제해야 한다는 게 미국 참석자들의 의견이었다.

미국·중국·일본 3국의 참가자들은 동아시아의 넓은 바다에 마치 자신들밖에 존재하지 않는 듯이 생각하고 발언하는 듯했다. 우리는 그동안 너무 우리 중심의 세상을 믿고 그려오지는 않았는지 생각해볼 필요가 있다. 대한민국은 매우 짧은 기간에 엄청난 성장을 이뤄냈지만 국제질서를 좌우하려는 거대 세력들이 우리의 말을 항상 진지하게 경청할 것이라고 장담해서는 안 된다. 한국인의 눈엔 과거사 문제로 지탄반아야 할 일본이 다른 문제에 관해선 국제사회에서 더 많은 우군과 동조자를 확보하고 있을지 모른다는 생각도 해봐야 한다.

남의 입장을 의식해서 우리의 중심전략이 흔들려서는 안 된다. 하지만 한미동맹도, 중국·일본과의 관계도, 북한 문제도, 그리고 동아시아 해양정책도 이를 둘러싼 대국(大局) 전체의 그림을 꿰뚫는 냉철한 사고가 전제돼야 한다.

(문화일보 2014년 9월 30일자 칼럼원고를 수정함)

13. 홧김에 질러보는 핵무장론 득 안 된다

윤병세 외교부 장관이 방미 협의를 마치고 오늘(2013. 4. 5) 귀국하면 다음 주 금요일엔 존 케리(John Kerry) 미 국무장관이 서울에 온다. 한·미 외교 수뇌부 간의 교차방문은 북한 당국의 언동에 엄중한 경고의 신호를 보내고 새로 출범한 양국 정부 간 공조를 과시하는 효과 외에, 5월 한·미 정상회담 의제를 조율하는 의미를 지닌다. 환한 얼굴로 양국 정상이 악수할 장면 말고는 다음 달에 나올 정상회담의 결과물은 바로 지금 4월에 협의하고 합의해야 한다.

양국이 조율해야 할 최우선 의제는 물론 대북정책이다. 버락 오바마(Barack Obama) 행정부는 지난 4년간 북한 지도부를 접하면서 그들의 실체와 의도를 정확히 알게 됐다. 미국은 자신이 견지해온 '전략적 인내(strategic patience)'가 북한의 도발을 인내하자는 것이 아니라 확고한 안보태세하에 북한이 옳은 길을 선택하도록 일관된 노력을 펴자는 뜻임을 확인하면서 한국 정부의 의중을 물어올 것이다. 우리 정부는 '한반도 신뢰 프로세스'가 북한의 호응 없이 우리 측의 일방적인 희망에만 근거를 둔 실체 없는 신뢰를 전제로 하지 않고 있음을 분명히 할 필요가 있다. 현시점에서 필요한 한·미 대북정책 공조의 덕목은 진중함이다.

핵을 포기하지 말라는 김정일의 유훈을 김정은 정권의 그 누가 거스르겠는가. 협상을 통한 북한의 비핵화는 이제 접어야 한다. 북핵 능력 자체를 무력화시키는 한·미 군사태세에 박차를 가해야 한다. 긴장 조성과 도발에 이은 대화 재개와 국제사회의 경제지원 수순을 절대공식으로 여기는 북한 지도부의 인식을 바꿀 만큼 단호한 한·미 군사공조를 재정비해야 한다.

2년 8개월 남은 전시작전통제권 전환 준비에도 매진해야 한다. 지금처럼 튼튼한 한미연합사 체제를 새로이 꾸릴 방안은 얼마든지 구상하기 나름이다. 핵과 미사일을 끝까지 포기하지 못하겠다는 그들이라면 그러한 북한 자체를 변화시키는 노력을 가속화해야 한다. 이것은 통일의 당사자인 우리나라가 주도해야 할 문제이며, 그 방안이 창의적이고 구체적일수록 미국의 지지와 협력을 끌어내기에 용이할 것이다. 북한 변환 정책에 있어 중요한 변수인 중국과의 교감을 강화하기 위해 한·미·중 3자 간 전략대화를 모색하고자 하는 우리 정부의 계획은 바람직하다. 우선은 1.5트랙(半官半民) 비공개 협의로 시작하는 것이 현실적일 것이다.

'카운트다운'에 몰리고 있는 한·미 원자력협정의 개정 문제[7]는

---

7 1974년에 체결된 한·미 원자력협정의 유효기간은 발효일(1974. 6. 16)로부터

그들은 왜 정답이 있어도 논쟁하는가

이명박 정부 때도 3년씩이나 미국과 씨름한 사안이다. 기후변화 앞에 원자력발전 수요는 날로 커지는데 핵연료를 비싸게 들여와야 하고 핵폐기물은 포화 상태 직전이다. 우리 국민은 핵무기를 제조할 의사가 전혀 없는 한국에 미국이 왜 우라늄 저농축과 사용 후 핵연료의 건식재처리(pyro-processing) 권한을 주려 하지 않는지[8] 의아할 것이다. 미국 국무부의 비확산 부서는 한국의 비핵화 의지가 언제라도 흔들릴 수 있다는 의구심을 떨치지 못한다. 그래서 북핵을 앞두고 홧김에 질러보는 한국 핵무장론(論)은 득(得) 될 것이 없다.

한국은 세계 5대 원자력 강국이 되었다. 미국의 동맹국 중에 한국

만40년 뒤인 2013년 6월 15일까지였다. 이 협정은 한국이 미국의 사전 동의나 허락 없이 핵연료의 농축과 재처리를 하지 못하도록 한국의 자율성을 원천적으로 제약했다. 필자는 청와대와 외교부로 구성된 대표단을 꾸려 2010년부터 미국과 개정 협상을 벌였다. 협상의 관건은 (1)핵연료의 (핵무기 제조와 무관한) 저농축 권한과 (2)사용 후 핵연료의 재처리와 형질 변형(주로 핵폐기물 감축을 위한)에 관한 자율성을 확보하는 것이었다. 한국 사회 일각의 핵무장론은 미국 국무부의 의구심을 부추겼고 이명박 정부는 원자력 협상과 동시에 진행하던 새 미사일지침(NMG: New Missile Guideline)을 2012년 미국과 먼저 타결했다. 박근혜 정부 출범 첫해인 2013년, 1974년 협정 종료일이 다가오자 한·미 양국은 유효기간을 2년 연장하고 후속 협의를 거쳐 개정 원자력협정을 2015년 타결(4. 22), 발효(11. 25)시켰다.

8 2015년 개정된 한·미 원자력협정에 따라 한국은 20% 미만 우라늄의 저농축 자율권을 확보했으나, 사용 후 핵연료 재처리에 관한 미국의 관리감독 체제를 벗어나지 못했다. 파이로프로세싱(pyro-processing)은 핵연료 건식재처리 기술을 의미하는데 원자력발전 후 남은 사용 후 핵연료를 재활용하여 다시 원자력발전 핵연료로 이용할 수 있게 해준다. 이러한 방법으로 핵폐기물 부피를 크게 줄일 수 있으나, 동 기술이 아직 한·미 간 공동연구 단계에 있고 나중에 상용화되더라도 파이로프로세싱 과정에 무기급 핵물질 추출이 가능하다는 것이 미국의 입장이다. 관건은 한국의 핵 비무장 의지에 대한 미국의 확신 여부라고 할 수 있다.

처럼 빨리 변화하고 성장한 나라도 없다. 한국의 성공사례는 동맹국인 미국의 자랑이기도 하다. 이제는 새로운 대한민국의 모습을 담아내는 새로운 한미동맹을 제시해야 한다. 오바마 대통령은 냉철한 사람이다. 대신 자신의 고정관념을 더 나은 통찰과 논리로 깨주는 사람을 좋아한다. 한·미 원자력협정 문제는 고위 당국자뿐 아니라 박근혜 대통령까지 팔을 걷어붙이고 나서야 하는 사안이다. 미 의회의 주요 지도자와 미국 원자력 업계의 지지와 협력도 이끌어내야 한다. 아무리 동맹지간이지만 쉬운 협상은 없다. 조기 타결에 집착하여 오래도록 후회할 결과에 만족해서는 안 된다. 치열한 설득의 노력과 승부를 거는 배짱이 필요하다.

5월 한·미 정상회담에서 미국은 자신이 주도하고 있는 환태평양경제동반자협정(TPP) 논의에 한국이 동참하길 바랄 것이고, 2012년 여름 좌초된 한·일 군사정보보호협정(GSOMIA: General Security of Military Information Agreement)[9]의 재추진을 타진해올 것이다. 중국과도 자유무역협정을 추진하고 있고 이미 47개국과 무역장벽을 허물어버린 한국이 TPP 논의를 꺼릴 이유가 없다.

당장 한일관계가 급진전되기는 어려울 것이나, 우리의 결정적 이해관계가 걸린 한반도의 안보 문제에선 한·미·일 협력을 적극 강구해야 한다. 3국 간 안보 공조가 북한 문제와 한반도의 평화 보장에 초점을 두는 이상, 중국이 반대하기 어려울 것이다. 미국은 일본 정부의 한·일 과거사 문제에 관한 퇴행적 언동을 강하게 경고했다. 한·

---

9 이하 영문 약어 발음인 '지소미아'와 혼용 표기하기로 함.

그들은 왜 정답이 있어도 논쟁하는가

미 양국이 함께 인도주의 가치를 강조하며 일본의 각성을 촉구해야한다. 동북아 역내에 갇힌 사고와 배타적 민족감정만으로 외교를 하기엔 한국의 글로벌 위상과 감당해야 할 책임이 너무 커졌다.

(동아일보 2013년 4월 5일자 칼럼원고를 수정함)

14. 한미동맹의 새로운 60년 성공하려면

밑그림이 좋으면 내용도 덩달아 좋아 보이기 마련이다. 한·미 양국 정상이 힘차게 웃는 장면이나, 또박또박한 영어로 한미동맹의 역사와 장래의 비전에 대해 연설한 박근혜 대통령을 미국 상하원 의원들이 뜨거운 박수로 화답하는 장면들은 이번 한·미 정상회담 (2013. 5. 7)의 성공과 튼튼한 한미동맹의 현재를 각인시키기에 충분하다.

양국 정상은 두 나라가 현시점에서 꼭 확인해야 할 몇 가지 사안에 대해 교감하고 명확한 합의를 도출했다. 우선 한미동맹이 동북아시아의 평화를 담보하는 핵심축(linchpin)이라는 점과 국제사회의 보편타당한 규범과 가치를 함께 수호하는 글로벌 전략동맹이라는 사실을 재확인했다. 글로벌 코리아 외교의 확대는 미국뿐 아니라 세계가 바라보는 한국의 전략적 위상과 가치를 격상시킬 뿐 아니라, 국제사회와의 공감대 위에서 한반도 문제를 우리가 주도적으로 풀어나갈 수 있는 토양을 제공해줄 것이다.

당면한 북한 문제에 관해서는 안보에는 단호한 태세로 공조하되 북한의 올바른 변화를 이끌어내기 위한 노력을 지속하기로 했다. 한미동맹 60주년 기념 공동선언은 2009년의 한미동맹 미래 비전에 이어 자유민주 가치에 입각한 평화통일의 달성을 동맹의 분명한 지향점으로 재확인했다. 공동의 가치와 신뢰를 기반으로 한 동맹 정신에 입각하여 한·미 양국 간 협력의 틀과 범위를 재정비하고 확대해 나가야 한다.

이번에 양국이 합의한 내용이 아무리 타당하다고 할지라도, 앞으로 있을 갖가지 도전에 맞서 실제로 어떤 공조와 대응을 펼 것인지는 지금부터 한·미 양국이 풀어야 할 과제다.

첫째, 대북정책의 성과에 대한 조바심을 경계할 필요가 있다. 박근혜 대통령과 버락 오바마 미국 대통령이 이번에 북한에 촉구한 내용은 핵을 단념하고, 국제사회가 요구하는 의무를 준수하며, 주민의 삶과 인권을 개선시키라는 것이다. 북한 정권이 그런 쪽으로 변화를 보여야 한반도의 신뢰 프로세스가 작동할 것이라고 했다.

하지만 지난 20년간 한국의 대통령이 4번, 미국의 대통령이 5번 재임하는 동안 북한의 비핵화와 북한 지도부의 변화를 이끌어내는 것이 얼마나 어려운 일인지 새삼 확인되었다. 과거 김대중, 노무현 정부가 햇볕정책과 이른바 '평화번영정책'을 추진하던 시기에 한국 정부는 한반도의 선언적 평화를 실질적 평화인 양 오인하면서 남북 교류 협력의 이벤트에 매몰된 적이 있다. 미국 역시 빌 클린턴 정권 임기 말이나 2기 조지 W. 부시 행정부 시절 후반기에 북한 상황 관리라는 국내 정치적 목표에 따라 북한의 진정성 없는 비핵화 시늉에 대북 금융제재를 풀고 북한을 테러지원국 명단에서 삭제한 전례가 있다.

한·미 양국은 북한 문제를 다룰 때 단기적 상황 관리에 집착해 이번에 합의한 원칙과 정도(正道)를 저버리는 우(愚)를 범하지 말아야 한다. 북한에 변화를 불어넣는 과정은 지난할 것이며, 참을성 있고 일관된 정책하에서만 서서히 열매를 맺을 것이다. 설사 남북 간 신뢰 프로세스 자체가 작동하지 못하고 무산되는 결과가 온다 해도 이는 박근혜, 오바마 정부의 잘못이 아니다. 북한이 손뼉을 마주쳐주지 않는다면 그 결과에 대한 평가와 책임도 오롯이 북한이 져야 할 일이다.

둘째, 한·미 원자력협정 개정 협상이 양국의 신뢰를 저해하는 걸림돌로 작용하지 않도록 지혜롭게 대처해야 한다. 미 의회 연설에서 박 대통령은 현행 한·미 원자력협정을 현대화하고 양국에 호혜적인 방향으로 개정해야 한다고 역설했다. 오바마 대통령 역시 평화적 목적의 원자력 이용 문제가 한국에 중요하다는 점에 공감했다. 3년간 한미 당국 간에 평행선을 달리던 첨예한 쟁점을 미국 대통령과 의회 앞에 정면 제기함으로써 박 대통령은 할 일을 했다.

이제는 당국자들이 적극 나서서 그간의 오해와 불신의 대목들을 해소하고 정리해 나가야 한다. 한·미 양국의 원자력 산업이 함께 더욱 큰 기회를 만들 수 있고, 양국이 서로 더욱 신뢰하고 존중할 수 있는 수준의 원자력협정 개정으로 이어져야 한다.

셋째, 한미동맹과 중국, 일본과의 관계를 지혜롭게 관리해야 한다. 박 대통령은 미 의회 연설에서 경제적 상호 의존은 긴밀해진 반면 정치안보 관계는 답보하고 있는 동북아시아의 현실을 '아시아의 패러독스'라 불렀다. 한미동맹은 중국의 '전략적 이익'을 예단해 둘만의 어려운 해법을 모색하기보다는, 중국의 이해와 협조를 확보해 보다 수월하게 풀어나가는 길을 찾아야 한다. 북한과 중국에 '바른' 판단을 촉구하는 한·미·일 3국 안보공조의 유용성이 퇴색되지 않도록 한·미가 일본 지도부의 과거사 문제에 대한 자성도 함께 일깨워가야 한다.

한미동맹의 새로운 60년은 더 많은 과제를 보다 성숙하게 헤쳐 나갈 것을 요구하고 있다.

(동아일보 2013년 5월 10일자 칼럼원고를 수정함)

15. '글로벌 전략적 공조' 논의해야 할 한·미 정상

박근혜 대통령의 다음 달(2015. 6) 방미는 임기 중반 이후의 한·미 공조방안을 논의하는 계기가 될 것이다. 오바마 미국 대통령의 잔여 임기를 감안하면 두 나라의 행정부가 손발을 맞출 수 있는 실제 기간은 앞으로 1년 반이다. 이미 양국 정상들이 워싱턴과 서울을 한 차례씩 상호 방문했고 그간 쟁점이었던 전시작전통제권 전환 재연기, 방위비 분담금 협상, 원자력협정 개정 등의 문제가 일단락된 상황에서 이번 회담은 어디에 방점(傍點)을 찍어야 할까.

지난 4월 하순 이뤄진 아베 일본 총리의 방미와 6월 한·미 정상 회담을 견주어 보는 것은 어느 정도 불가피한 일이다. 한층 공고화된 미일동맹과 비교하여 현시점의 한미동맹은 그 위상이 어떤지, 또 한·일 과거사 문제를 애써 비켜간 아베 총리의 발언에 대한 미국 지도부의 입장은 어떤지 많은 한국인이 궁금해하기 때문이다. 하지만 같은 동맹국끼리 미국을 놓고 애정 다툼을 한다든지, 한·일 과거사 문제를 놓고 미국의 생각과 입장에 매달리는 태도는 현명하지 못한 처사다.

미국이 불편한 한일관계를 주목하는 이유는 이것이 한 · 미 · 일 3자 협력에 지장을 초래하여 결과적으로 미국의 동아시아 전략을 약화시켰기 때문이다. 우리 국민이 한일관계를 걱정하는 것은 일본 지도부가 과거사 문제 해결에 관심을 보이지 않아도 문제가 되지 않을 만큼 최근 2~3년간 일본 국민의 한국에 대한 냉소주의가 크게 강해졌기 때문이다. 한국은 일본 문제에 냉철해야 한다. 북한의 위협을 차단하고 통일을 대비하는 국제적 노력에 일본이 힘을 보태는 것은 한국과 미국의 국익에 같이 부합하는 일이다. 박 대통령이 오바마 대통령에게 이 점을 확실히 지적한다면 과거사에 대한 한국의 명분과 설득력은 한층 강화될 것이다.

6월 한 · 미 정상회담의 핵심적 과제는 글로벌 코리아 외교와 글로벌 한 · 미 전략동맹의 접점을 극대화하는 것이다. 한미동맹 자체의 굳건함을 확인하는 수준을 뛰어넘어 양국이 국제사회에서 자유 확산과 번영 확대에 기여하도록 어떠한 전략적 공조를 꾀할 것인지 구체화해야 한다. 부상(浮上)하는 중국의 힘과 영향력이 보다 책임 있게 국제질서에 투영될 수 있도록 한중관계와 미중관계의 발전 방향을 논의해야 한다.

북한의 비핵화와 개혁 · 개방 문제도 한국인의 장래에만 결부해 미국의 동맹 책임을 다짐받는 데 급급할 게 아니라, 반(反)테러리즘(counter terrorism)과 반확산(counter proliferation)에 대한 확고한 원칙을 바탕으로 이란, 시리아, 리비아, 미얀마, 쿠바 등의 문제에 대한 한국의 기여방안을 함께 구상해야 한다. 중동, 아프리카, 남미 등지에 대규모 경제인들을 대동하여 각종 수출계약을 맺는 것도 순방 외교의 주요 성과이지만, 글로벌 코리아 외교의 커다란 밑그림과 대의명분 속에 각 나라와 어떠한 맞춤형 협력을 모색할지 구체화해야 한다.

한·미 양국 간의 긴밀한 협력이 필요한 미래형 의제도 수두룩하다. 기후변화 대응과 관련한 미국과 중국의 관심이 고조되는 상황에서 한국에 본부를 둔 녹색기후기금(GCF: Green Climate Fund)의 주도적 역할을 제시해야 한다. 한·미 원자력협정 개정 이후 양국 원자력 업계의 협력 활성화 지원방안도 구체화해야 한다. 환태평양경제동반자협정(TPP: Trans-Pacific Partnership)[10]이 조만간 타결되면 미·일 간 오랜 진통을 거쳐 합의된 농수산물과 자동차 시장 등의 개방 기준을 참고로 한국도 여기에 가담할 수 있다[11]는 유연한 입장을 천명해야 한다.

---

10 TPP는 미국·일본을 포함하여 캐나다, 오스트레일리아·뉴질랜드·칠레·멕시코·페루·말레이시아·베트남·싱가포르·브루나이의 12개국이 참여한 다자 FTA 협의체이다. 미국 오바마 행정부의 적극적인 역할로 2015년 10월 5일 타결되었고 2016년 2월 4일 정식 서명되었다. 2016년 기준으로 참여국 12개국의 국내총생산(GDP) 규모가 28조 달러로 전 세계 GDP의 38.2%를 차지하였다. 오바마의 후임인 트럼프(Donald Trump) 대통령은 취임한 지 사흘 만인 2017년 1월 23일 TPP협정 탈퇴를 선언하였다. 역내 자유무역이 미국에 불리하게 작용하므로 보호무역주의를 펴겠다는 이유였다. 이후 일본이 TPP의 주도권을 행사하였고, 미국을 제외한 11개 국가들이 후속 협의를 거쳐 2018년 3월 새로운 TPP 합의안에 공식 서명하였다(2018. 12. 30 발효). 명칭은 포괄적·점진적 환태평양경제동반자협정(CPTPP: Comprehensive and Progressive Agreement for Trans-Pacific Partnership)으로 수정되었다.

11 TPP 논의가 한창이던 2010~2012년 기간, 한국 정부는 한·미 FTA 추가협상을 타결하고(2010. 12. 3) 이에 대한 한·미 양국 내 의회 비준(각각 2011. 11. 22; 2011. 10. 12)을 이끌어내느라 많은 정치적 에너지를 소모했다. TPP보다 높은 개방 수준의 FTA를 미국뿐 아니라 EU와도 이미 체결(2009. 7)한

그들은 왜 정답이 있어도 논쟁하는가

대북정책 문제는 업무 관련 참모 소수만 배석하는 단독회담 형식으로 양국 정상이 충분하고도 밀도 있게 논의해야 한다. 이미 6년 반 동안 다양한 모습의 북한을 접하고 다뤄본 오바마 행정부는 대북정책에 관해 그들 나름대로 일가견이 선 듯하다. 김정은 정권이 핵 개발을 지속하고 주민 탄압을 거두지 않는 한, 북한 정권과의 실속 없는 합의에 집착하기보다는 북한의 불법행위를 차단하고 북한에 인권을 불어넣는 국제공조를 우선시하는 것이 미국의 방침이다.

박 대통령은 김정은 지도 체제의 행동 패턴과 그 정권의 내구력을 어떻게 판단하고 있는지, 북한 사회를 어떻게 어떠한 방향으로 변화시킬 것인지, 통일을 준비하고 주도하기 위해 한·미 양국이 중국과 어떠한 대화를 심화시켜야 하는지 등에 대한 구체적인 논의를 통해 설득력 있는 한·미 공조방안을 제기해야 한다.

오바마 대통령의 성격상, 오가는 대화가 흥미롭고 중요하다면 회담시간 연장은 얼마든지 가능하다. 정상회담을 준비하고 보좌하는 참모들은 현장에서는 자기가 모시는 대통령의 입을 바라만 볼 뿐이다. 지금부터 준비하는 기간이 중요한 이유다.

(조선일보 2015년 5월 18일자 칼럼원고를 수정함)

것이 한국 TPP 불참의 또 다른 이유였다.

02

제2장

답이 분명한 대외전략의 ABC

"40% of worries are about events that will never happen. 30% of worries are about events that already happened. 22% of worries are about trivial events. 4% of worries are about events we cannot change. 4% of worries are about real events on which we can act."

(우리의 걱정거리 중 40%는 절대 일어나지 않을 일에 관한 것이다. 나머지 걱정거리의 30%는 이미 일어난 일에 대한 것이고, 22%는 사소한 것들이며, 4%는 어찌할 수 없이 받아들여야 하는 일에 대한 것이다. 단지 4%만이 우리가 대처할 수 있는 진짜 걱정해도 되는 일이다)

- Ernie J. Zelinski (1949~), 작가

논점해설

국가통치의 제1덕목은 국민을 안전하게 지키는 것이다. 안보를 중심에 두지 않은 국정(國政)은 어떤 명분이나 미사여구(美辭麗句)로도 정당화할 수 없다.

제2장의 열다섯 개 글을 접하는 독자는 글이 쓰인 연도와 시점을 하나씩 확인할 필요 없이 대한민국이 지금 처한 안보와 외교의 현실을 자연스럽게 유추할 수 있을 것이다. 문재인 정부의 한미관계와 한일관계는 처음 접하는 것 같지만 기억 속에 이미 익숙한 의제와 논쟁이 반복되는 것 같은 데자뷔(déjàvu)를 떠올린다.

한반도 전쟁 시 미국이 행사하게 돼 있는 전시작전통제권을 하루빨리 한국이 되찾아와야 한다는 주장, 일본이 과거사를 제대로 반성하지 않는 한 한 · 일 협력을 최소화해야 한다는 주장, 대미(對美) 일변도 외교에서 벗어나 한중관계를 강화하고 동북아시아의 균형외교를 추구해야 한다는 주장은 노무현 정부나 문재인 정부나 구체적인 상황과 의제가 조금씩 다를 뿐, 똑같은 문제의식의 연장선상에 있다. 다만 약 10년의 시차를 두고 과거에 매듭 짓지 못한 사안을 이제는 확정적으로 마무리하려는 한국 정부의 태도에 한미관계와 한일관계의 불신의 고리는 더욱 누적되었다.

나는 옳고 상대는 그르다는 선악의 이분법으로 국제정치를 접근할 수 없다. 내가 옳다고 믿고 원하는 목표를 손에 넣을 수 있도록 해주는 것은 도덕과 훈계 외교가 아니라 냉철한 전략 사고다. 미국과 일본의 입장에서 이해하기 힘든 점은, 한국이 북한의 군사위협을 대수롭지 않게 대하는 행동이다. 북한의 핵실험과 미사일 발사 시험, 나아가 사이버(cyber) 공격에 이르기까지 점점 과감해지는 북한의 도발을 두고도, 현 정부는 이를 애써 평가절하하거나 대화와 지원으로 풀 수 있다는 입장을 펴왔다.

미국과 일본은 대북 억지태세를 구축하는 한·미·일 안보 공조에 한국이 열의를 갖지 않는 이유가 무엇인지 의아해한다. 미국이 한국보다 일본을 안보 파트너로서 중시하는 이유는 대북정책과 대중정책의 기본 방침이 서로 같기 때문이다. 반대의 입장에서 중국과 러시아가 북한 문제를 놓고 미국·일본에 어깃장을 놓는 이유는 한반도와 동북아시아에서 미·일 세력을 견제하려는 전략적 사고를 공유하기 때문이다.

한국의 우파 정권이 상대적으로 안보를 중시한다는 일반론이 성립한다. 박근혜 정부도 예외 없이 안보를 강조했다. 하지만 고고도미사일방어체계(THAAD, 이하 '사드'로 표기) 배치 문제를 놓고 2년 가까이 결정 장애에 빠졌고, 이는 한국이 중국을 배려하면 중국도 그렇게 하리라고 선의(善意)를 믿었기 때문이다. 결과는 어떠했나. 중국은 한국의 주권사항인 안보태세를 적대시했고, 자신은 한반도 전역(全域)을 감시하고 타격할 수 있는 무기체계를 열심히 배치하고 있다.

한국이 동맹인 미국의 대외정책 노선을 무조건 따라야 하는 것은

그들은 왜 정답이 있어도 논쟁하는가

아니다. 한미동맹을 잘 지켜야 하는 이유는 이것이 북한의 도발을 차단하고 중국과 러시아의 일방적 외교를 제어하는 매우 효과적인 방패막이기 때문이다. 강력한 한미동맹은 동북아시아의 다른 나라들을 불편하게 만드는 동시에 역설적으로 한국이 이들 주변국과 적극적인 협력외교를 펴는 데 지렛대가 된다.

미국과 중국의 한반도 정책은 양국이 거시적으로 그리는 동아시아 지역질서의 부분적 퍼즐에 지나지 않는다. 이들의 대외정책은 서로 충돌할 수밖에 없지만 각자 자신의 국익에 부합한다고 보기에 일관된 입장을 고수한다. 한국도 원칙 있고 일관된 외교를 펴야 한다. 외교는 세상의 모두를 만족시킬 수 없다. 나를 가장 잘 지켜주는 선택을 확고하게 내린 후 그 선택을 주위 나라들이 기정사실화하도록 만들어야 한다.

16. 북 · 중 · 미의 동상이몽(同床異夢)

미국, 중국, 북한이 2003년 4월 23일 베이징에서 만날 예정이다. 난관에서 헤어날 기미가 없는 북한 핵문제 해결을 도모하기 위해 만난다는 취지에는 모두 이견이 없으나, 속내를 들여다보면 각기 다른 생각을 하고 있음을 알 수 있다.

우선 북한은 핵카드를 결코 쉽게 포기하지 않겠다는 결연한 의지가 엿보인다. 핵무기는 북한에 있어 어떤 의미인가? 군부세력은 물론 주민을 결속케 해주는 구심점이자, 한국에 대한 재래무기의 열세를 일거에 만회해줄 결정구이다. 또 '핵보유국' 북한에 대해 국제사회가 이런저런 요구를 하기 힘들어질 것이다.

반드시 가졌으면 좋겠는데 이를 막으려는 초강대국 미국의 의지가 더더욱 크니 참으로 난감하다. 일사천리로 마무리된 이라크 전쟁을 지켜보며 미국에 대한 두려움은 더욱 커졌다. 체제 보장의 열쇠인 핵무기를 포기해야 한다면, 그 체제 보장을 미국으로부터 받아내야 한다는 생각이다. 문제는 다자의 틀에서 제공될 체제 보장은 북한의 개혁·개방을 재촉해 체제 노출과 체제 와해로 이어질 위험성이 크다는 데에 있다.

북한은 참여국들 간 의견충돌을 즐기면서 핵 이외의 다른 중요한 체제 보장 카드들, 예컨대 탄도미사일·생화학무기 의제는 분리, 보전시키는 전략을 펼 것이다. '핵 재처리의 마지막 단계'에서 열릴 이번 모임은 중국에 건너가서 하는 북한과 미국 간의 양자회담이라고 규정함으로써 모든 것은 김정일 지도부의 주도로 움직이고 있다는 것을 대내외에 천명해둔 상태다.

미국은 어떤가. 대량살상무기(WMD)의 확산은 공공의 적이며, 이를 추구하는 독재정권을 절대로 용인해선 안 된다는 명분을 이라크 전쟁을 통해 국제사회에 각인시키는 데 성공했다. 하지만 북한의 경우에는 '본질적 원인'인 김정일 정권은 용인하고 '부차적 문제'이긴 하나 반드시 해결해야 할 핵문제부터 다루는 쪽으로 가닥을 잡았다. 대신 다시는 되돌리지 못할 완전한 의미의 핵 폐기를 관철할 것이며, 이러한 조처가 이루어진다고 하더라도 북한에 대한 어떤 보상도 하지 않을 것이라는 단호한 자세다.

중국도 북한의 핵무기 불허용 원칙엔 공감하지만, 그렇다고 북한

그들은 왜 정답이 있어도 논쟁하는가

이 갑자기 무장 해제되어 체제 위협에 직면하는 것은 경계하는 나라다. 북한이라는 완충지대가 사라지면 미국 세력(한미동맹)과 직접 마주하게 되어 안보 스트레스가 가중되기 때문이다. 북한에는 핵 포기를, 미국에는 북한 체제 용인을 설득하기 위해 팔을 걷어붙이고 나섰다. 중국으로서는 한반도에 대한 자신의 입김이 일본과 러시아에 비해 강하다는 것을 보여줄 기회다.

결국, 이번 북·중·미 3자회담[12]은 미국의 힘과 중국의 영향력이 성사시킨 결과다. 북한 핵 이슈의 가장 직접적인 이해당사자인 한국은 그 모임에 참가하지 못함을 탓하기에 앞서 그러한 대북 영향력을 결여하고 있다는 사실을 돌아보아야 한다. 북·중·미 회담은 북한의 주장대로 실질적인 북·미 간 양자회담이든, 아니면 미국의 해석대로 축소된 다자회담이든 앞으로 있을 확대된 공식 다자회담을 위한 준비회담의 성격을 갖는다. 따라서 이번 회의에서 미·북 간 핵 포기와 체제 보장 의사가 분명하게 교환되면 그것으로 일단 성공이다.

한국의 대북정책 목표는 한반도 평화의 실질적인 정착과 자유민주 가치에 입각한 통일의 실현에 있다. 그 출발점인 남북 간 신뢰 구축은 상호 군사위협의 제거에서 시작된다. 우리는 한반도에서 가장 큰 잠

---

12 2003년 4월 23일 베이징에서 열린 북·중·미 실무자들의 3자회담은 2002년 10월 북한의 고농축우라늄(HEU) 프로그램의 존재가 알려져 제2차 북핵 위기가 촉발된 이후 줄곧 회담 자체를 거부하던 북한을 미국과 중국이 동시에 압박한 결과로 성사되었다. 특히 중국이 북한으로 연결된 송유관(送油管) 파이프라인을 며칠간 사전설명 없이 잠근 것이 북한의 입장 변화를 압박하는 데 주효했다. 3자회담 4개월 뒤인 2003년 8월, 한국·일본·러시아가 합류한 6자회담이 시작되었다.

재적 군사위협인 북한의 대량살상무기 프로그램을 없애는 데 총력을 기울여야 한다. 그러한 연후에 남북 교류도 민족 화해도 탄력을 받을 수 있다. 이러한 원칙은 향후 북핵문제를 다루는 다자접근에서 한국의 입지와 목소리를 강화시켜줄 것이다.

(한겨레신문 2003년 4월 22일자 칼럼원고를 수정함)

17. 전략적 유연보다 유연한 사고

노무현 대통령이 2005년 3월 8일 공군사관학교 연설에서 향후 주한미군의 전략적 유연성에 대한 이른바 '조건부 인정' 방침을 시사한 뒤로 이에 대한 해석과 의견이 분분하다. 주한미군의 활동 범위를 한국 안에 꽁꽁 묶어두자는 사람들은 실망을 표하고, 한미동맹이 보다 폭넓은 지역과 이슈에 관심을 가져야 한다는 사람들은 더욱 적극적인 유연성을 강조하고 있다. 어쨌든 대통령의 이번 발언은 주한미군의 새로운 역할은 무엇이어야 하는가에 대해 오래도록 침묵을 지켜온 한국이 공식적인 견해를 처음으로 드러낸 계기가 되었다.

주한미군의 전략적 유연성에 대한 우리나라의 입장은 예전에 벌써 정리가 되었어야 했다. 그리고 그 결론은 너무나 자명하다. 2004년 10월 7일, 1년 반에 걸친 11차례의 미래동맹정책구상(FOTA) 회의를 거친 이후 최종적으로 주한미군의 감축 내용과 재배치 일정에 합의한 순간, 이미 한국은 주한미군의 전략적 유연성 확대라는 기본 방향에 합의한 것을 뜻한다. 군대를 경량화(가볍고), 기동화(빠르게)시켜 점점 다양화되고 예측하기 힘들어지는 안보위협에 효과적으로 대처하고자 하는 선진국 형 주둔 개념이 주한미군의 조정 방향에 내포돼 있다.

따라서 한국은 전략적 유연성의 수용 여부가 아니라 이를 어떻게 한국의 전략적 상황에 부합하도록 구체화시켜 '한국형 전략적 유연성'을 만들어내는가 하는 과제에 직면해 있다. 우리 정부의 당국자들이 밝히는 주한미군의 역할에 대한 희망사항은 한반도를 계속해서 안정적으로 관리하되, 바깥에 문제가 생겨 출동할 일이 생기면 필요에 따라 나가도 되겠지만 주한미군의 동북아 지역 분쟁 가담이 한국의 입장을 어렵게 만들지 말아달라는 취지 정도로 이해된다. 가령 주한미군이 반(反)테러의 명목으로 중동에 가는 것은 괜찮아도 대만 해협에 무력분쟁이 발생했을 때 출동하면 한국의 입장이 난처해진다는 상황 인식이다.

한국이 주변의 강대국들과 균형적 실용외교를 펴는 데 있어 장차 주한미군이 걸림돌이 되지 않게끔 제동장치를 마련해두는 일은 필요하다. 방위비 분담, 한미행정협정(SOFA)도 우리의 입장과 이익을 최대한 반영하면서 개선해 나갈 때 보다 평등하고 호혜적(互惠的)인 한미관계로 갈 수 있다. 보다 나은 대미관계로 진화하는 과정에 지나치게 도덕론을 강조할 경우 우리의 전략이익에 손실이 발생할 수 있음을 염두에 두어야 한다. 대만에 주한미군까지 가서 싸워야 할 상황이라면 이것은 예사롭지 않은 사태다. 미국과 중국 간에 제3차 세계대전을 각오해야 할 결정이다. 그러한 파국 이전에 상황을 진정시키고 연착륙시키는 위기관리 외교에 한국이 적극 나설 수 있는 것 아닌가.

극단적인 사태에 대한 걱정을 앞세운 나머지 당장 한국에 긴요한 안보과제를 미루거나 방기하는 결과는 없어야 한다. 공사(空士) 연설에서 제기된 4대 국방개혁 과제는 군 구조 개편, 전시작전통제권 전환 대비, 군 인사와 획득제도 개선, 국방개혁의 법제화이다. 이것은 효율과 투명성에 무게를 둔 개혁 방향으로, 아직 무엇을 위해 어떤 작전을 하는 군대로 가야 하는지에 대한 비전이 부족하다. 먼저 꾀해야 할 것은 미래 한국군의 전략적 유연성을 구체화하고 이를 주한미군의 역할과 어떻게 조화시킬지 구상하는 것이다.

남북한이 대규모 전면전을 치를 경우에 대비한 주한미군 기능은 이제 사라져가고 있다. 그렇다면 한국도 북한으로부터 야기될 수 있는 보다 다양하고 개연성 높은 안보위협 사안에 신속하게 대처 가능한 전략적 유연성을 확보해야 할 것이다. 북한 난민 문제, 핵 사태의 악화와 긴장 고조, 북한 정권의 내부 위기 등 대비해야 할 일이 늘고 있다. 나아가 테러와 대량살상무기의 확산과 이들 간 상호결탁 방지, 환경재난 예방, 국제범죄 대처, 우호적 통상관계 촉진 등 동북아 지역은 물론 범세계적으로 동참해야 할 안보 이슈들은 우리의 더욱 유연한 전략적 유연성을 주문하고 있다.

이제 명분을 위한 전략적 유연성보다는 현실 변화를 신속히 반영하는 유연한 전략적 사고가 나와야 한다.

(중앙일보 2005년 3월 12일자 칼럼원고를 수정함)

18. '동북아 균형자론'의 이상과 현실

2005년 3월 22일 육군3사관학교 졸업 · 임관식 연설문에서 나온 노무현 대통령의 '동북아시아 균형자론'에 대한 반향이 크다. 이제 한국은 "한반도뿐만 아니라 동북아시아의 평화와 번영을 위한 균형자 역할을 해 나갈 것이며, 우리가 어떤 선택을 하느냐에 따라 동북아의 세력 판도는 변화될 것"이라는 짧막한 표현이 왜 그렇게 우려감 섞인 해석과 평가를 불러일으키고 있는가.

그것은 '선택'이라는 말이 풍기는 의미에 관심이 커서 그렇다. 이제까지 한국이 미국·일본과 긴밀한 외교안보관계를 맺고 그 토대 위에서 북한과 중국 등 대륙세력과 관계를 설정해오던 전통적인 외교 구도를 탈피할지도 모른다는 의미를 담고 있기 때문이다.

노무현 정부가 집권 초기에 과거는 더 이상 묻지 않을 터이니 앞으로 함께 전진하자고 한 선의의 뜻을 묵살하고 신사참배·역사교과서·독도 문제를 연이어 일으키는 일본에 대해 한국이 마냥 우호적인 파트너로 남을 것이라고 안심하지 말라는 경종의 뜻이 담겨 있을 것이다. 미국에 대해서는 북한 핵문제의 해결방안과 주한미군의 새로운 역할을 협의함에 있어 모든 것을 미국의 전략에 맞출 수는 없으며 동맹국끼리도 다른 의견이 존중될 필요가 있다는 점을 내비치고 있는지 모른다.

연설문이 내포하고 있는 보다 큰 논란거리는 한국이 마음만 먹으면 동북아의 세력 판도가 과연 바뀌겠느냐 하는 점이다. 한국이 동북아의 세력 균형자 역할을 하려면 이에 필요한 힘을 갖추고 있어야 하며, 주변 나라들이 한국의 그러한 전략적 가치를 인정해야 한다.

한국은 두 가지 조건 중 어느 것도 충분히 구비하지 못한 상태다. 객관적인 군사력과 경제력 지표도 그렇거니와 한국이 막상 미국·일본과 거리를 둔다고 해서 중국·러시아가 한국을 끌어안으리라고 장담하기 힘들다. 중국과 러시아는 남북한과 동시에 국교를 수립해놓고 의제와 상황에 따라 적절히 협력 대상을 교체하는 실리 위주의 한반도 정책을 펴고 있다.

과거 역사의 한민족은 중국대륙에 사대(事大)함으로써 국가공동체의 운명을 지킬 수 있었다. 그때 우리의 눈엔 중국이 세상의 중심이었기 때문이다. 20세기 들어 일본의 침탈과 남북 분단, 공산화의 위협에 맞서며 미국과 동맹을 맺은 한국은 이제 훨씬 넓고 복잡한 국제사회를 마주하고 있다.

세상을 확고한 자기 주관과 가치관에 중심을 두고 바라보되, 자신의 역할을 실제 이상으로 과대평가해서는 곤란할 것이다. 당장 봉착한 중요한 문제부터 하나씩 풀어갈 때 동북아 역내 안보질서에서 담당할 한국의 역할도 확대될 것이다. 예컨대 북핵문제에 한국이 제대로 대처하지 못하고 미국과 중국이 나서서 대리전(代理戰)을 펴는 상황이 온다면 한국은 미국과의 파트너십을 지켜내지도, 중국과의 새로운 동반자 관계를 만들지도 못할 것이다.

노 대통령은 3월 24일 야당 지도자들과의 만남에서 한미동맹은 잘 지켜낼 테니 안심하라고 하였다. 동북아시아에서 한국의 균형자 역할은 미국이라는 외부적 균형자와 손발을 맞추지 않고서는 애초에 불가능하다. 국가 대전략을 현실에 대한 정확한 진단 없이 선언만 할 때 부작용을 동반하는 이상론이 되어버릴 수 있음을 명심해야 한다.

(한국일보 2005년 3월 28일자 칼럼원고를 수정함)

그들은 왜 정답이 있어도 논쟁하는가

19. 자주외교, 목표 아닌 수단이다

2006년 5월 3일 노무현 대통령은 민주평통 미주지역 자문회의에서 인사말을 통해 한국도 이제는 클 만큼 컸으니 계속 미국에 기대서 살기보다는 독자적 진로를 선택하면서 미국과 다정한 친구로 지내는 방안을 생각해야 한다는 취지의 발언을 했다. 같은 날 이종석 통일부 장관은 관훈클럽 토론회 기조연설에서 북한에 대한 체제 변동 시도에 명백히 반대하며, 북한 문제는 남북 정상이 만나 통이 큰 결단을 내리면 풀릴 가능성이 높다고 언급했다.

한국 외교와 대북정책의 최고 책임자들이 밝힌 두 견해는 자주외교의 중요성을 강조한다는 점에서 공통점이 있다. 앞으로는 한국 안보의 좀 더 많은 부분을 한국 스스로 해결할 수 있어야 미국에 대한 의존도를 줄이고 한국의 자주성을 확보할 수 있다는 얘기로 읽힌다. 또 북한 체제를 변화시키려는 압박 외교에 가담하여 공연히 남북관계에 분란을 일으키는 대신, 서로를 잘 알고 뜻이 통하는 같은 민족끼리 남북 화해와 통일의 길을 자주적으로 열어가자는 취지일 것이다.

자주외교는 주어진 자국의 국력과 대외 관계 네트워크를 최대한 활용하여 자국이 지향하는 외교 목표를 주도적으로 추진할 수 있는 환경을 만들어가는 끊임없는 과제다. 국가 역량이 커지면 자주성도 함께 증가해야 한다는 소신은 옳다. 그런데 우리 정부가 범하고 있는 결정적인 오류는 외교의 '수단'인 자주성을 한국 외교의 '목표'로 간주하고 있다는 점이다. 자주외교의 달성도를 외교의 성공 지표로 간주하다 보니 한국의 안보, 선진화, 통일과 같은 중대한 목표들이 부차적인 문제로 전락할 위험성을 내포한다.

　나라의 지도자들이 입만 열면 자주외교를 강조하다 보니 한·미 '불평등 관계'의 극복을 시대적 사명으로 여기는 국민이 많아졌다. 지구상에서 현재 자주외교를 온전히 펼 수 있는 나라는 미국 하나뿐이다. 한국이 서둘러 전시작전통제권을 받아오고 주한미군의 전략적 유연성을 통제하는 위치에 선다고 자주외교가 실현되지 않는다. 자주외교에 필요한 역량과 주변 안보 환경을 먼저 구비해놓지 않고 '자주'만 서둘러 추구하면 우리의 경제적 부담만 늘고 한·미 간 불신은 가중될 공산이 크다. 또한 북한 체제의 변화를 꾀하지 않고 남북 간 타협만으로 얻으려는 한반도의 평화는 자주적인 평화가 아니라 취약하고 한시적인 평화에 불과하다.

　자주외교를 절대 선(善)으로 간주할수록 외교 실패의 위험성이 커진다. 본연의 외교 목표와 이익을 훼손하면서까지 자주를 추구할 경우 한국 외교의 자주성은 오히려 훼손되는 결과를 초래할 것이기 때문이다. 정부가 이러한 논리의 전도(顚倒)를 올바로 깨닫지 못해서인지, 아니면 '자주성'에 호소하는 감성 외교를 폄으로써 또 다른 정치적 목적을 겨냥하고 있는 것인지는 국민이 판단해야 한다. 분명한 것은 자주외교의 '주술'에 빠질수록 한국 외교의 길은 가로막힌다는 것이다.

　자주외교는 홀로 떨어져 살겠다는 외톨이 외교와는 다르다. 자주성을 얻으려면 더욱더 국제사회의 중심부에 파고들어가야 한다. 한국이 원하는 바를 남들도 이해하고 돕게 만들려면 국제사회의 보편적 규범에 충실해야 한다. 그리하여 국제평화에 대한 한국의 역할과 책임이 커질수록 자주성도 저절로 따라오기 마련이다.

평택에 들어설 주한미군 기지가 마치 한국을 동북아시아 분쟁에 끌고 들어가는 족쇄인 것처럼 간주한 채, 한국 안보의 시야를 한반도의 굴레에 묶어두는 피동적인 사고방식으로 어떻게 자주성을 요구할 수 있겠는가. 최악의 인권 탄압국가인 북한 정권을 지원하는 데 급급한 외교로 어떻게 보편타당한 외교를 외칠 수 있겠는가.

나라의 역량을 결집하여 힘을 기르는 데 매진해야 할 때에, 자주 구호만 선동적으로 외치는 자들은 자칭 애국자일지 모르나 냉정히 본다면 국가의 발전에 암적인 존재다. 한국의 자주외교는 오직 한국의 외교 이익을 추구하기 위한 도구적 존재여야 한다. 진정한 자주외교를 위해서라도 이제는 자주외교라는 말을 가려 쓰도록 하자.

(동아일보 2006년 5월 8일자 칼럼원고를 수정함)

20. 국내 정치가 외교 흔든다

청와대는 야치 쇼타로(谷內正太郎) 일본 외무성 사무차관의 '북핵 정보 한국과 공유 불가' 발언과 관련, 외교관례상 무례하고 무책임한 언동이라며 일본 정부에 야치 차관에 대한 사실상의 문책을 촉구하며 강력 대응하고 나섰다. 주한 일본 대사를 소환하여 유감을 전하면서 시작된 한국 측의 반응이 이제는 2005년 6월 24일로 예정된 한일 정상회담의 무산 여부까지 거론될 정도로 격앙돼가고 있다. 여기서 궁금한 것은 5월 11일 있었던 '문제의 발언'이 보름이 넘게 지난 시점에 이르러 왜 문제시되고 있는가 하는 점이다.

야치 차관의 발언은 물론 파격적이며 직설적이었다. 한 나라의 외교실무를 관장하는 최고위층 관료가 가까운 이웃 나라를 못 믿을 상대라고 표현한 것은 우리 정부의 표현대로 외교관례에 어긋난 발언이기 때문이다. 그러나 그 자리는 비공개 간담회 성격의 자리였고 당시에 오고 간 대화 내용은 대외비에 부쳐져야 옳았다. 국가끼리의 비공개 미팅은 솔직한 대화를 전제로 하며, 당면한 문제를 정확하게 바라보고 올바른 처방을 찾자는 취지에서 효과적인 외교 수단으로 활용돼왔다.

그런데 비공개 원칙을 깨고 일본 차관의 발언을 여과 없이 언론에 전한 한나라당 의원들의 행동은 경솔했다. 정부·여당의 실책을 지적하고 고언(苦言)을 전한다는 충정은 이해가 되나, 그럴 취지였다면 비공개로 정부에 이러한 사실을 전하고 정부가 할 일을 촉구했어야 했다. 정책으로 승부하여 지지를 얻어야지 국민의 감성을 자극하여 정치를 해서는 곤란하다.

우리 정부가 취한 입장과 태도 역시 바람직하지 않다. 위정자들끼리 나눈 얘기라도 공식적인 만남 석상에서 이뤄진 언동이 아닌 다음에야, 이를 두고 거국적인 사과와 문책 운운하는 것이야말로 외교관례에 어긋난 행동이기 때문이다. 뜨거워질 기미가 보이는 외교 이슈가 생기면 올 것이 왔구나 하고 너나없이 국민정서를 자극하는 언론의 보도 행태도 문제다. 내용과 배경은 거두절미하고 '한국인의 자존심을 상하게 한 누구의 발언'이 어떻고 하는 식이다.

역사가 강한 자에 의해 기록되는 것이라면 사회 이슈는 이슈화하고자 하는 자의 홍보에 의해 만들어진다. 국회 국방위원들이 도쿄에서 야치 차관을 만나고 귀국한 이후 야치 차관의 발언을 접한 정부가 뒤늦게 외교가 아닌 국민여론을 의식한 정쟁(政爭)에 뛰어들어서야 될 일인가.

자국의 국민이 정부의 외교정책을 잘못 이해하고 있으면 이를 바로잡기 위해 백방으로 뛰는 것은 자연스러운 일이다. 그러나 다른 주권국가의 책임 있는 지도자가 정색을 하고 돌출 발언을 했을 때는 화를 내기에 앞서 도대체 왜 그러한 결과가 초래되었는지 겸허하게 따져보는 신중함이 필요하다.

한일관계는 두 나라가 공히 맺고 있는 미국과의 동맹관계 때문에 개선되어야 한다는 초보적 담론 수준을 넘어선 지 오래다. 언제나 불안한 북한 위협에 함께 대처함은 물론, 동북아시아 지역에서 자유민주주의와 시장경제 가치를 공유하는 오직 두 나라라는 자부심으로 서로를 격려해가기로 한 사이이다. 일본이 반성하지 못하는 내용을 따져야지, 일본이 한일관계에 대해 다른 생각을 품은 것을 야단칠 수는 없다.

북핵문제건 동맹 문제건 한국 정부가 옳다고 믿는 것을 끝까지 밀어붙이는 것은 한국의 주권사항이다. 그러나 최근에 와서 이웃 우방들이 왜 한국의 정책을 그토록 불편해하는지 한 번쯤 스스로를 돌아보아야 한다. 한일관계도 한미관계도, 그래서 한·미·일 삼각 안보관계도 국민이 보기엔 위태위태하기만 하다. 국내 정치 때문에 더 이상 외교를 희생시키지 말고, 외교를 외교의 원래 위치에 돌려주어야 한다.

(조선일보 2005년 5월 28일자 칼럼원고를 수정함)

21. 외교는 이상(理想)이 아니다

참여정부의 임기가 막 반환점을 돌았지만 한국 외교는 아직도 불안하기만 하다. 남북 교류는 거칠 것 없이 활발해지고 있고, 북핵 6자회담은 안정적으로 대화를 지속하고 있으며, 한·미 간 파열음은 전에 없이 줄어든 분위기에서 무슨 뚱딴지같은 비관론인가 하고 되묻는 사람이 있을지 모르겠다.

그러나 지금 우리가 목격하는 상대적 평온은 편의적인 조치에 의해 부여된 한시적인 평화에 불과함을 직시해야 한다. 행여나 방향을 잘못 잡으면 걷잡을 수 없이 와해될 수도 있는 갈림길이 한국 외교에 점점 다가오고 있다. 우려스러운 것은 우리 정부의 외교안보 라인이 그릇된 길에 대한 호기심을 버리지 않고 있는 가운데 옳은 길에 대한 이해와 확신이 부족한 상태라는 점이다.

한국 외교에서 가장 중요한 과제는 분단 상황과 주변국 관계를 관리하는 두 가지 문제이며, 이는 곧 북한과 미국과의 관계를 어떻게 풀어가느냐의 문제로 귀결된다. 지난 2년 반 동안 우리 정부는 이러한 외교 과제를 제대로 수행해왔는가. 그때그때 주어진 문제에 기입한 답안을 놓고 보면 정답에 가까울 만큼 꽤 훌륭하다는 평가를 내릴 수 있다.

북핵문제 해법 모색의 옳은 방향을 놓고 우리 정부는 한반도에서의 전쟁은 절대 안 된다는 각오로 북한을 안심시키고 용단을 촉구하는 설득외교의 선봉에 서왔다. 고심 끝에 단행한 이라크 파병 규모는 당당히 세계 3위 수준으로 중동 평화와 한·미 신뢰관계를 동시에 제고하는 효과를 발휘했다는 평가다. 주한미군의 대폭 감축이라는 획기적 방안을 받아들여 북한 위협에 집착해온 한·미 군사관계를 보다 신축성 있게 가꾸는 계기를 마련하였다. 일본과 중국이 과거사를 왜곡할라치면 즉각 단호하게 대응해 상대를 주춤하게 만들었다.

그 어떤 정부라도 똑같은 상황에서 유사한 결정을 내릴 수밖에 없을 것이라는 명제에 입각할 때, 노무현 행정부의 외교는 결과론의 측면에서는 제 궤도를 이탈하지 않았음이 분명하다.

그런데 우리 정부가 그간 취해온 외교정책의 이면에 담긴 의도와 결정 과정을 되짚어보면 후한 평가를 유보해야 한다는 판단이 든다. 정책 이슈의 좋은 답안은 주어진 과제의 전체적 맥락을 정확하게 이해하고 단계적 해결과제를 설득력 있게 제시함으로써 도출된다.

북핵문제의 전체적 맥락은 북한 사회의 궁극적인 변화다. 북한 사회가 열리고 북한 주민의 비인간적 삶의 터전이 개선되는 궁극적 결과를 염두에 두지 않고서는 북한과의 어떤 합의도 현상 유지 차원의 편의적 묵계에 불과하다. 따라서 북핵문제는 단순히 군사 이슈의 차원을 넘어 북한 정권과 체제의 미래상과 결부시켜봐야 할 문제다.

김정일 지도부는 이제까지 한국이 바라는 중요한 변화를 배제한 기술적이며 전술적인 차원의 변화 연출에만 신경 써왔다. 북한 정권이 불편해할 만한 주제(예컨대 인권 개선 문제)를 철저하게 배제한 채 책상 앞에 주어진 숙제(북핵 폐기 합의)만을 우선 풀면 된다는 한국 정부의 태도는 향후 남북관계의 거시적 발전 방향과 한·미 간 대북·통일 정책 공조의 지향점을 외면하고 있다.

한미관계도 마찬가지 시각에서 제2의 평가가 가능하다. 주한미군의 규모와 성격을 변화시키는 일은 한·미 양국이 장차 한반도와 동북아시아에서 어떠한 평화 창출 역할을 떠맡을 것인가의 커다란 비전을 공유함으로써 추진 가능한 일이다. 과거와는 전혀 다른 차원의 신속기동화를 선도하는 주한미군에 견주어 한국군이 목표로 해야 할 군사혁신 과제를 준비하는 일은 뒷전으로 밀렸다. 대신, 미국이 한국의 뜻에 반해 주한미군을 남용하지나 않을까, 한미동맹의 변화를 북한이나 중국이 불편해하지나 않을까 하는 문제를 대미(對美) 관계의 핵심 의제로 다루는 태도는 주객이 전도되었다는 인상을 주기에 충분하다.

이라크 파병 결정 이후 2004년 10월 1일 자이툰 부대가 현지에서 활동을 개시하기까지는 꼬박 1년이 소요되었다. 파병 논쟁의 와중에 반미와 친미로 나뉘어 우리 사회의 내부 반목만 가중되었다. 일본과 중국의 역사 왜곡 시도에 우리 정부는 초강경 태도로 나서 한국인에게 정신적 카타르시스를 안겨줬지만, 정작 상대방 국가의 인식과 행동은 여전하다. 감성적 민족주의 외교보다는 냉정한 이성 외교를 생각해야 한다.

21세기 한국 외교는 세계의 보편 추세인 자유이념에 부합해야 한다. 대북관계도, 동맹외교도, 친선외교도 나라 간에 서로 믿고 함께 번영할 수 있는 안보환경을 만드는 데 선도적 역할을 할 때 한국의 입지도 커질 수 있다. 큰 그림과 장기적 외교 목표 없이 하루하루 넘기는 임기응변식 외교는 곤란하다. 민족 자주와 반전(反戰)만을 맹목적으로 외치는 이상론적 외교는 현실을 외면하는, 외교가 아닌 도덕의 영역이기에 더더욱 곤란하다. 세부정책 이전에 선진 한국 외교의

그들은 왜 정답이 있어도 논쟁하는가

비전을 먼저 그려야 한다.

(헤럴드경제 2005년 8월 24일자 칼럼원고를 수정함)

22. 동북아 차세대의 신뢰 쌓기 연습

얼마 전 9박 10일 동안 빠듯한 일정의 해외출장을 다녀왔다. 2005년 올해로 3회째를 맞이한 한·중·일 차세대 지도자 포럼이란 행사였는데, 세 나라를 사흘씩 돌며 난상토론과 문화탐방을 겸하는 일정으로 짜여 있었다. 일본국제교류재단이 한국국제교류재단에 제안하여 처음 시작된 이 연례행사는 장차 한국, 중국, 일본의 각계 요로를 이끌어갈 30, 40대의 인물들을 각 나라에서 다섯 명씩 초청하여 상호 이해와 친목을 도모하는 마당을 마련해주는 데 취지가 있다는 설명이었다. 행사에 나온 사람들의 면면을 보니 정계, 관계, 재계, 언론계, 학계에서 골고루 모인 듯했다.

베이징, 나고야, 광주로 이어지는 여정은 공교롭게도 내게 모두 초행길이었다. 그러기에 여태껏 가보지 않은 곳의 모습을 탐방이라는 형식을 빌려 음미하는 기회 정도로 생각했지 나는 애초에 토론이니 간담회니 하는 일정에는 별다른 기대를 하지 않았다.

예상대로 3국 간 군사관계, 북핵문제, 한·중·일 경제협력공동체 구상과 같은 예민한 주제들을 놓고 전문 분야가 다른 다양한 사람들이 모여 생산적인 토론을 만들어내는 것이 여간 어렵지 않았다. 제일 아쉬운 쪽인 일본이 중국, 한국의 대일(對日) 반감을 줄여보고자 사람끼리 묶어 친화적 네트워크를 구축하려 하는 포석 이외에 다른 심오

한 뜻은 없는 행사인가 싶었다.

중국의 젊은 엘리트는 결국 공산당원 소속일 터이고 그렇다면 민감한 토론의 순간에는 중앙정부의 관변 입장을 앵무새처럼 되풀이하는 것이 당연해 보였다. 일본 참가자들은 대체로 속마음을 있는 그대로 터놓기를 주저했지만, 과거사 문제에 관한 한 자기 나라의 통절한 반성이 부족하다는 인식보다는 한국과 중국의 집요한 과거 집착이 아쉽다는 표정이 역력했다. 상황이 이쯤 되면 화끈한 폭탄주로 모든 인간관계의 앙금을 해소해버리기를 좋아하는 한국 대표단들도 쉽게 마음을 열기가 어려울 지경이었다. 우리는 한·중·일 관계의 현재를 짚어보고 미래를 이야기하려고 모였지만 결국 과거에서 계속 맴돌고 있었다.

그런데 하루, 이틀 시간이 지나면서 나는 자신도 모르는 사이에 열다섯 명의 공동체가 만들어내는 마술에 빠져들고 말았다. 참가자들은 서로 허물없는 관계로 발전하기 시작했는데, 그것은 자신의 국가를 위해 특정 입장을 관철시켜야겠다는 강박관념을 던져버리는 대신 개개인 자연인으로서의 모습을 찾기 시작하면서 가능했다.

냉전 초기에 미·소가 대립하듯 무슨 원수지간도 아니고, 알고 보면 한·중·일 세 나라의 관계가 그리 나쁜 편은 아니라는 생각이 들었다. 생김새, 언어의 뿌리, 문화관습 등 유사한 것들 외에 서로 다른 내용을 묻고 분석하는 가운데 세 나라가 21세기 세계질서에서 함께 무엇을 해야 하는가의 문제인식에 도달할 수 있었다.

우리는 마지막 날 토론에서 장래 한·중·일 관계의 몇 가지 지침에 다음과 같이 합의하였다. 과거사 갈등은 미래를 가로막는 민족주의적 트집으로 치부할 수 없는 문제이며, 지역통합과 국제화합을 위해 반드시 해결해야 할 과제이다. 중국의 군사대국화는 경제발전의 자연스러운 부산물로서 무조건 죄악시하기보다는 상호 신뢰의 기제(機制)로서 관리해야 할 사안이다. 한국과 일본이 맺고 있는 미국과의 동맹관계는 당사자들의 국가전략 차원에서 필요불가결한 존재임을 중국이 인정할 필요가 있다. 안정적인 통화관리와 투자확충을 위해 동북아 지역 차원에서 우선적으로 실천 가능한 구체적인 경제협력 조치들을 추출해 나간다.

상대가 받을 수 없는 것을 강요하는 대신 최선의 원칙에 따라 서로의 문제를 함께 해결한다는 자세가 동북아의 밝은 미래를 보장할 것이다. 서울에서 포럼의 대미(大尾)를 장식하는 자리에 지난해까지 참석했던 분들도 합류하였다. 매년 이런 행사가 반복되면 차세대 그룹의 규모와 그들 간 우애는 한층 크고 깊어갈 것이다. 10년쯤 뒤엔 웬만한 한·일, 한·중 관계는 친구끼리의 전화 한 통으로 해결할 정도로…….

(세계일보 2005년 8월 11일자 칼럼원고를 수정함)

23. 심상치 않은 한·미·일 안보 공조

한·미·일 관계에서 있을 수도 없고 있어서도 안 되는 일에 대한 추측성 루머가 잇따르고 있다. 미국이 주한미군사령부와 미8군사령부를 해외로 이전하거나 한국에 두더라도 이들을 축소 또는 아예 해체하는 문제를 제기해왔다는 국내 언론보도가 그렇고, 한반도에 안보위기 상황이 닥칠 때 주한미군은 주일미군의 작전지휘를 받게 될 것이라는 일본 언론의 보도도 황당하기는 마찬가지이다.

앞의 내용은 이태식 신임 주미대사에 의해, 뒤의 내용은 주한미군사령부에 의해 공식 부인되었다. 하지만 여기서 중요한 것은 옳고 그름의 사실관계가 아니라 그러한 말들이 세간에 오르내릴 정도로 한 · 미 · 일 3각 안보 공조체제가 흔들리는가 하는 의구심이다.

주한미군의 존재를 유명무실화시키는 논의를 '감히' 미국이 먼저 꺼냈다면 이것은 한미동맹의 사실상의 해체를 선언한 것으로 받아들여야 한다. 해외주둔 미군 재배치 검토(GPR: Global Posture Review)의 연장선에서 고려될 것이니 안심하라는 보충설명이 뒤따른다 해도 이는 그야말로 수사(修辭)에 불과하다. 미국은 주한미군의 군살을 빼서 더욱 빠르고 기동성 있는 군대를 만들려 했지, 한반도에서 한 · 미 간 독립적인 작전능력을 포기하는 전략을 추구한 바가 없기 때문이다.

원치 않은 결과를 미국이 지향하는 듯한 발언이 보도되는 배경에는, 한국이 더 이상 같은 운명의 배를 타고 위험을 무릅쓸 만한 미더운 파트너가 아니라는 결론에 미국이 점점 더 가까이 가고 있는 게 아닌가 하는 의구심이 깔려 있는 듯하다.

한미동맹을 포괄적이고 역동적이며 호혜적인 동맹으로 발전시킬 것을 누차 다짐하는 한국 정부를 '누명'을 씌워 비판하고자 하는 뜻은 추호도 없다. 지금 한미관계에 문제가 있다면 북한을 어떻게 보고 어떻게 다룰 것인지를 놓고 양국 간에 입장이 다르다는 것이다. 이 하나의 문제가 장기화되면서 한미관계와 한일관계를 동시에 위협하는 상황이 전개된 것이다.

북한으로부터 비롯되는 안보위기 상황에 대한 대처 방식과 통일 비전에 한·미가 합치된 인식을 공유한다면, 한국이 군대를 줄이든 전시작전통제권을 되찾아가든 미국으로선 문제시할 아무런 이유가 없다. 장래의 한반도와 동북아시아에서 양국이 어떠한 동맹 역할을 모색할 것인지에 대한 합의만 존재한다면, 나머지는 절차의 문제에 불과하기 때문이다.

아니, 북한을 개혁·개방으로 이끄는 우호적인 화해 협력 정책을 펴면서도 북한의 군사위협을 만에 하나 경계하는 지극히 현실적인 전략사고를 한국이 하게 된다면, 자주국방이니 전시작전통제권의 '환수'니 하는 크고 긴 목표를 무리하게 앞당겨 선언함으로써 결과적으로 오히려 엄청난 비용과 정치적 부담을 동반하는 결과를 초래하지 않을 것이다. 군사 목표의 달성은 결과를 크게 외치기보다는 조용히 준비함으로써 가까워진다.

이러한 상황에서 일본의 고민은 한미동맹의 약화 가능성에서 비롯된다. 한국이 미국과 멀어지면 미국을 매개로 이어온 한·일 간 안보 협력 고리도 그만큼 유명무실화할 가능성이 크다고 보기 때문이다. 미국과의 끈을 놓아버린 한국이 북한의 군사위협을 민족공조론으로 덮는 시나리오를 상상할 때, 한반도에서의 돌발사태 시 주일미군이라도 나서야 한다는 발상이 잠재의식 속에 싹틀 수 있다.

한국 정부와 언론은 일본을 대하면서 우경화와 재무장의 개념을 서로 구분하여 평가해야 한다. 고이즈미(小泉純一郎) 총리가 한국을 자극하는 정치적 행위를 서슴지 않는 것은 정치적 선동주의란 측면에서 우경화의 소치다. 그러나 이를 일본의 군국주의적 재무장으로 비

약시켜 대일 안보관계를 재고하는 것은 한·미·일 외교안보 관계가
보장해온 자유민주연대의 열매를 내던지는 결과를 초래할지 모른다.

　이미 확보한 우방들을 지키는 것이 새로운 상대를 찾는 일보다 쉽
고 중요하다.

(문화일보 2005년 10월 18일자 칼럼원고를 수정함)

24. 외교는 선악의 이분법 아닌 냉철한 전략 사고로 임해야

외교관의 말은 곧이들을 것이 못 된다는 말을 많이 한다. 외교관이
'예스(yes)'라고 하면 '아마도(maybe)' 정도의 의미로 봐야 하고, '아마
도'라고 말할 지경이면 영락없이 '노(no)'로 받아들이면 된다는 우스
갯소리에도 그러한 뜻이 스며 있다.

　외교관은 예의상 건네는 말이 많아서 마음속 본심을 알려면 한 꺼
풀 걸러서 읽어야 한다는 힐난이 들어가 있기도 하지만, 여간해서는
직접적인 대립이나 충돌을 삼가고 유연하게 상대방을 대해야 하는
외교의 속성을 시사한다는 점에서는 수긍이 가기도 한다. 국가 간 이
익을 놓고 경쟁과 타협을 반복해야 하는 외교 무대에서 냉철함으로
무장한 세련된 자세는 어쩌면 당연히 요구되는 덕목인지도 모른다.

　그런데 요즘 한국의 외교 행태를 보면 세련되기는커녕 거칠고 직
접적인 감정 표현을 내세우는 경우가 자주 눈에 띈다. 2005년 10월
17일 고이즈미 총리가 강행한 신사참배가 그릇된 행동이니 예정된
한일 정상회담을 재고하겠다는 반응이 그러하다. 또 현재의 한미동맹
은 불평등한 한미관계에 기초하고 있어, 적어도 2015년까지 전시작

전통제권을 되찾아오는 목표가 달성되면 한국의 자주성은 상당 부분 회복될 것이라는 정부 당국자들의 언급이 그러하다. 한국이 앞으로는 동북아시아에서 어느 한 진영에 가담하는 대신 균형자 역할을 수행하겠다는 것도 단도직입적인 외교관(外交觀)을 드러내기는 마찬가지이다. 이러한 발상들은 얼핏 보기에는 정의를 좇고 균형감각을 중시하는 태도로 들릴지 모르지만, 실상은 흑백논리와 양자택일 식의 단순논리에 매몰된 사고방식에서 비롯된다.

일본이 과거를 제대로 청산하지 못하고 우방인 한국의 선의를 배신하는 행동을 반복하는 것은 한국인의 노여움을 사기에 충분하다. 그러나 외교 일정을 연기하거나 취소한다고 해서 상대가 바뀌거나 우리가 득볼 것이 없다면 다른 효과적인 방법으로 과거사 문제의 해법을 찾아야 할 것이다. 해당 사안에 대해 원칙에 입각한 해결을 요구함과 동시에 일본이 한국의 전략적 가치를 무시할 수 없을 만큼 외교적 자산과 입지를 다져나감으로써 일본이 자발적 마음이 아닌 필요성에 의해서라도 행동을 바꿀 수밖에 없는 환경을 만들어가야 한다.

남북한 간에 무력 충돌이 발생하면 미국이 책임지고 막게끔 되어 있는 현재의 한·미 연합작전태세를 한국이 주도하는 자주형 방어구조로 전환하는 일은 당위성을 지니는 국가 과제임에 틀림없다. 그러나 한국 안보의 한국화를 불과 몇 년 안에 달성해야 한다는 도덕적 강박관념은 우리가 감당하기 힘든 엄청난 비용 지출을 요구한다.

세계 최강대국 미국과 완벽하게 대등한 관계를 맺어야 한다는 외침은 어쩌면 한국 외교의 자기기만일지도 모른다. 미국의 위세에 눌려 한국이 자신의 이해관계를 제대로 피력하지 못하는 경우가 혹시 있다면 이를 개선해야겠지만, 미국에 할 말은 할 처지를 확보하기 위해 국민들의 허리띠를 졸라매야 한다면 실익을 희생하여 심리적 만족감을 찾으려 하는 것이나 다름없을 것이다.

균형자 역할론 역시 국제사회를 이편, 저편으로 가르는 이분법적 사고의 전형이라 할 수 있다. 한국이 미국과 동맹관계를 지나치게 강화할 경우, 그리고 일본에마저 과도하게 접근하여 한 · 미 · 일 3각 안보체제에 편입할 경우 중국의 심기를 불편하게 할 것이므로 어느 편에도 얽매이지 않는 것이 한국 외교의 입지를 수월하게 한다는 믿음은 냉엄한 국제현실을 망각한 규범논리에 불과하다.

한국이 그렇게 중국을 배려한다고 해서 중국의 실리주의적 한반도 정책이 바뀌지 않을 것이기 때문이다. 자유민주주의와 시장자유주의를 공유한 미국 · 일본과 유대관계를 돈독히 해둔 상태의 한국은 중국이나 러시아가 보기에 더욱 무시할 수 없고 가까이해야 할 국가로 인식될 것이다.

국가는 자신의 실력이 갖춰진 연후에 다른 나라에 대한 설득과 타협의 외교를 효과적으로 펼 수 있다. 실력은 목소리를 높인다고 커지지 않는다. 실력을 넘어서는 외교 목표를 옳다고 믿고 밀어붙인다면 실익을 빼앗기는 결과만 초래할 뿐이다. 한국 외교는 선악의 이분법이 아닌 냉철한 전략 사고로 무장해야 한다.

(현대건설사보 2005년 11월 11일자 칼럼원고를 수정함)

25. 근시안적 봉합외교 아닌 원칙 있고 일관된 외교를

노무현 정부가 3년 동안 펴온 대외정책의 성패를 평가하는 시각은 명확하게 엇갈린다.

먼저, 큰 실수 없이 당면 현안들을 무난하게 관리해왔다고 보는 긍정적인 평가가 있다. 북한 핵문제라는 중대한 위기 국면에서 평화를 지켜냈고, 주한미군 재배치 등 각종 한미관계의 현안들은 한국의 이익을 보장하면서도 미국과 협력적 동맹관계를 재확인하는 데 성공했다는 주장이 그 근거다.

반대편 시각은 북한 핵문제의 답보 상황과 한·미 간 불신의 가중에 주목하면서 북한에 끌려다니고 우방국을 내치는 외교야말로 국가위기를 자초하는 일이라며 걱정한다.

안보문제에 비교적 밝은 지식인들이 벌이는 이러한 공방의 와중에서 국민들은 갈피를 잡기 힘들다. 이쪽에서 이렇게 말하면 그럴듯해 보이고, 이를 저쪽에서 저렇게 반박하면 그 또한 설득력 있게 들리는 모양이다.

정부의 안보정책을 옳게 평가하려면, 그리하여 발전적인 대안을 제시하려면 합리적인 기준이 있어야 한다. 남북한 관계와 한미동맹을 그저 우호적으로 관리하는 것만이 능사가 아니다. 국제사회의 긴밀한 상호 의존망 속에서 한국이 뻗어나가고 남들로부터 인정받는 원칙과 책임을 다해나갈 때 좋은 외교가 이뤄진다고 평가할 수 있다. 정부의 남은 2년 임기는 한국 외교의 원칙과 책임을 조화시키는 일에 맞춰져야 한다.

북한 핵문제를 다룰 때 가장 중요한 원칙은 북한의 비핵화다. 그런데 북한을 자극하면 긴장이 초래될지 모른다는 걱정을 지나치게 앞세울 때 자칫하면 비핵화라는 본연의 정책목표가 위협받을 수 있다. '민족끼리 맞서서야 되겠는가'라는 민족공조론의 특수성이 핵문제 해결의 일반론을 앞질러서는 안 된다. 당장의 남북관계를 거스르지 않으려다 북한의 개방과 남북 간 동질성 회복을 계속 유보하는 결과가 초래될 수 있다.

4강 외교도 마찬가지다. 방위비를 덜 분담하고 전시작전통제권을 되찾아오는 자주성의 제고도 물론 중요하지만, 통일을 달성하고 역내 평화를 구축하기 위해 한미동맹이 어떠한 역할을 할 것인지 선명한 원칙이 먼저 마련돼야 한다.

이라크 파병을 단행하고 주한미군의 전략적 유연성을 인정하는 문제는 쉽게 합의하고도, 북한 인권 문제와 위조지폐 유통 문제에 관해서는 미국과 계속 마찰을 빚는 이유는 간단하다. 자유와 인권의 확대를 모토(motto)로 하는 미국의 세계전략에 원칙적으로 합의해놓고도 이러한 대원칙이 북한이라는 특수 상황과 부딪힐 때 우리 정부는 예외 없이 후자를 우선시하기 때문이다.

'북한 정권과 공존하기' 게임에 매몰돼 한반도를 넘어 바깥세상에 나가 무엇을 할 것인가의 논의로 넘어가지 못할 경우, 한국이 장차 미국·일본·중국·러시아 등 강대 이웃국들에게 펼 외교 전략이 틀을 갖추기 어려울 것이다. 북한이든 중국이든 사회주의 국가라고 해서 배척할 필요는 없다. 또 아무리 시장주의와 민주주의를 공유하는 일본이라 해도 과거사 문제를 거듭 왜곡하는 행태까지 눈감아서도 안 된다.

다만 중요한 것은 외교정책에는 우선순위가 있음을 명심히는 것이다. 중국과의 긴밀한 경제협력이 미국과의 안보동맹을 희생시켜서는 안 된다. 또 과거사 문제로 한·일 민족주의가 서로 충돌하더라도 자유민주주의를 위해 함께 일궈온 동반자 관계를 팽개칠 수도 없는 노릇이다. 눈앞에 닥친 외교문제를 근시안적인 안목으로 대처하려 하면, 현안도 악화될 뿐 아니라 한국의 외교 원칙과 신뢰도마저 타격을 받는다. 향후 2년의 노무현 정부의 외교는 원칙을 유보한 채 문제만 봉합하는 접근을 버리고 얼마나 본연의 원칙으로 되돌아갈 수 있느냐에 그 성패가 달렸다.

(헤럴드경제 2006년 2월 24일자 칼럼원고를 수정함)

26. 안보 외면하는 이상한 외교

어느 나라건 외교를 하려면 세 가지 요건을 충족해야 한다. 기본적으로 국가의 안전을 확보해야 하고, 국가 발전의 지향점이 되는 분명한 외교 가치를 표방해야 하며, 이러한 두 가지 목표에 관한 국민적 합의와 필요한 외교 자산을 갖춰야 한다. 지금 한국의 외교는 이들 중 어느 것 하나 제자리를 찾지 못한 채 표류하고 있으며, 방황의 시간이 길어지면서 국민을 국제적 미아(迷兒)로 전락시키고 있는 실정이다.

한국의 안보는 크나큰 위험에 노출돼 있다. 2006년 7월 5일 오전 3시 32분, 북한 깃대령에서 스커드미사일의 첫 발사가 이뤄진 뒤 우리 정부는 20분 만에 이러한 사실을 미국으로부터 통보받았다. 만일 그 목표물이 동해가 아니고 청와대였다면 우리 국민은 졸지에 국가의 수뇌부가 증발한 채 영문도 모르고 아침을 맞이했을 것이다. 정부는 우리가 남북 대화의 끈을 붙들고 있는 이상, 북한의 대남 도발은 있을 수 없다고 강변할 것이다.

그러나 국가안보는 물샐틈없는 대비 태세로 임할 일이지 기대 섞인 희망으로 해결할 일이 아니다. 북한에 관한 한, 어떻게 해서든 충분한 억지력을 유지하여 돌발사태에 대비한 뒤 대화외교를 펴는 것이 상식이요, 순리다. 북한의 군사동태를 확실하게 파악할 정보력도, 속전속결의 완승을 거둘 타격 능력도 온전히 갖추지 못한 우리나라가 지금 서둘러 추진하고 있는 전시작전통제권의 단독 행사 움직임은 '자주국가'의 심리적 포만감을 대가로 한미연합 전력의 견고함을 와해하는 결과를 재촉하고 있다.

독자적 안보 능력이 취약한 상태라면 우방과의 공조체제라도 확고하게 관리하는 것이 상책인데, 한국은 미국·일본과의 기본적인 신뢰관계마저도 해치는 외교를 지속하고 있다. 7월 13일 버웰 벨(Burwell B. Bell) 주한미군사령관은 국회 안보포럼 주최의 강연회에서 한국 정부가 전시상황의 독자적 작전통제를 통해 추구하는 목표가 무엇인지 궁금하다고 했다. 한반도에 군사 충돌 상황이 벌어졌을 때 휴전선 방어에만 목표를 둘지, 아니면 북한 정권을 무너뜨려 통일을 추구할지 확신이 서지 않는다는 얘기다. 필자도 같은 질문을 정부의 책임 있는 당국자들에게 누차 제기했으나 분명한 대답을 들은 적이 한 번도 없다.

자유민주주의와 시장경제 가치를 공유하는 동맹국과 통일 청사진에 대한 분명한 합의와 신뢰도 갖추지 못한 채 어떻게 튼튼한 군사공

그들은 왜 정답이 있어도 논쟁하는가

조를 마련할 수 있겠는가. 북한을 압박하면 곤란하다는 입장에 갇혀 북한 정권을 비호하는 태도로 비칠 만큼 한국의 대북 포용은 맹목적이었다. 최근 일본을 대하는 우리나라의 태도를 보더라도 말초적 대응의 외교만 난무할 뿐, 한일관계의 비전을 망각한 몰가치 외교가 지배하고 있음을 본다. 갈등 현안을 냉정하게 풀려 하는 외교가 아니라, 일본을 마구잡이로 몰아붙여 국민의 반일정서를 자극하고 북한과 중국의 당국자들만 흐뭇하게 만드는 좌충우돌 식이다.

구멍 난 안보를 안보논리가 아닌 정치논리로 접근하려 하고, 기본 축이 되어야 할 미·일과의 공조를 방기한 채 한국 외교 가치의 기본 노선을 의심케 하는 마당에 더욱 걱정스러운 것은 정부가 시민사회의 무질서를 방치하고 있다는 사실이다. 소수 반(反)국가세력의 집요한 선동에 국민의 판단력은 흐려져 있다. 주한미군 재배치를 진행하는 정부가 주한미군 철수를 외치는 시민단체들에 올해도 정부보조금을 지원하기로 결정하였다. 7월 12일 한·미 자유무역협정(FTA) 저지 범국민운동본부의 시위가 폭력사태로 변질되고 서울 도심의 교통이 8시간 동안 마비되었는데도 체포된 사람은 아무도 없다.

지나친 방종은 무책임을 낳는다. 자유민주국가 지도자의 덕목은 소수 의견의 표출 기회를 보장하는 일에 앞서 국가 기강을 바로잡고 나라의 나아갈 길에 대해 확고한 비전과 원칙을 제시하느냐의 여부에 맞춰져야 한다. 북한 정권과의 대화를 만병통치약처럼 선전하는 자들은 순진하거나 교활하거나 둘 중의 하나다. 그러한 시류에 편승하여 우선 나부터 출세하고 보자는 기회주의자들이 나라를 좀먹고 있다. 염려하는 자들의 목소리는 권력 앞에 왜소하기만 하다. 그저 한국 외교의 일탈이 회복 가능한 수준에서 그치길 바랄 뿐이다.

(동아일보 2006년 7월 17일자 칼럼원고를 수정함)

27. 미국이 한국보다 일본 쪽에 기우는 이유

위기에 빠진 동맹을 정상회담으로 구출할 수 있을까. 어디서 많이 듣던 말이다. 그러나 이번에는 한미동맹이 아니라 미일동맹에 쏠린 질문이었다. 2.13합의를 끌어내기 위해 미국이 북한에 취해오던 금융제재를 풀자 UN결의안의 준수는 물론 가능한 모든 방법을 동원하여 북한을 '모범적으로' 압박했던 일본은 충격에 휩싸이고 말았다. 일본인 납북자 문제의 해결과 북한의 핵동결 개시를 요구하며 완강히 버텼던 일본으로서는 협의도 없이 갑작스럽게 북한을 끌어안은 미국의 의중이 도대체 무엇인가 하고 의아해했던 것이다.

하지만 아베 신조(安倍晉三) 총리의 취임 이후 처음으로 이루어진 2007년 4월 26~27일의 미·일 정상회담은 두 나라 사이의 확고한 공통이익을 재확인하는 계기가 되었다. 미일동맹의 '지구적' 파트너십이 서로의 전략적 이익을 지탱한다는 대명제가 그것이다. 북한 핵문제에 있어서도 북한 측의 약속 이행이 보장되지 않고는 기다림의 미덕에 한계가 있을 수밖에 없음을 분명히 했다. 미·일 정상이 합동 기자회견에서 "우리는 대북 추가 제재를 가할 능력을 가지고 있다"고 한목소리를 냄으로써 방코델타아시아(BDA) 문제로 시간을 끌고 있는 북한에 경고를 보낸 것이다.

만일 북한이 문제의 불법자금을 자유로이 융통할 수 있도록 미국으로부디 '특권'을 부여빈고서 조만간 2.13합의[13] 이행에 작수할 경우, 북·미 대화는 빨라지고 대북정책에 대한 미·일 간의 혼선이 재현될 수 있다. 하지만 이것은 북핵 폐기라는 커다란 전략적 목표를 공유한 채 세부적인 외교 방안을 놓고 빚어지는 일시적인 의견의 불일치일 뿐, 동맹 와해의 징조로 침소봉대(針小棒大)할 일이 아니다. 중국의 반발을 무릅쓰면서까지 일본과 미사일방어(MD)망을 구축하려 하고, 그 어느 나라에도 판매한 적이 없는 최첨단 F-22전투기를 일본에만은 내줄 수 있다는 미국이 아닌가.

미국이 이런저런 이유로 북한을 부드럽게 다루고 있는 최근의 행보를 놓고 한미동맹의 청신호로 규정하는 것은 어리석기 짝이 없는 일이다. 한국이 북핵 상황과 별개로 대북 경제협력 사업을 무분별하게 확대할 경우 한미관계는 물론 한일관계의 장기적 협력 틀을 가로막는 결과를 초래할 것이다. 북한을 어떻게 보고 어떻게 다룰 것인가 하는 근본적인 원칙에 있어 합의가 불분명한 한미동맹이 미일동맹보다 신뢰관계에 있어 취약하다는 사실을 깨달아야 한다. 백악관에서의 만찬을 시작으로 이튿날 캠프 데이비드 별장으로의 초대로 이어진 미·일 정상회담 일정이 최근 몇 년 동안의 한·미 정상회담보다 길고 친밀하게 느껴지는 이유다.

최근 미국 내에서 일고 있는 일본 군대 위안부 문제에 대한 일본

---

13 2007년 2.13합의는 북한이 비핵화의 대원칙에 합의한 2005년 9.19합의의 이행 차원에서 나온 후속 결과물이다. 북한이 영변 핵시설을 봉인하고 국제원자력기구(IAEA)의 사찰을 받기로 한 대신, 미국을 포함한 나머지 6자회담국은 중유 5만을 포함한 에너지 지원을 60일 이내에 개시한다는 합의를 담았다.

책임론에 한껏 고무된 한국 사람들은 이번 미·일 정상회담에서 아베 총리가 한일 과거사에 대해 무슨 말을 할지 촉각을 곤두세웠다. 아베 총리는 "피해자들의 고통에 대해 동정하고 사과한다"고 했고, 조지 W. 부시 미국 대통령은 "총리의 사과를 받아들인다"고 답했다. 아베 총리의 '솔직함'을 부시 대통령은 인정하고 받아들였다. 일본 총리가 한·일 과거사 문제를 미국 대통령에게 사과하는 이상한 현상을 어떻게 봐야 할까.

한국이나 일본 국내에서 비판을 받아도 아랑곳하지 않는 일본 정부가 미국에서 문제가 되니까 신경을 쓰는 이유는 미국이 강하고 그러한 미국이 중요하기 때문이다. 인권 문제라지만 위안부 문제 하나로 대일관계를 궁지에 몰아넣을 미국은 아니다. 미국은 오히려 이번 정상회담에서 북한의 일본인 납치 문제가 해결되기 전에는 북한을 테러 지정국 명단에서 삭제하지 않겠노라고 약속까지 했다. 위안부 문제도 납북자 문제도 다 같은 인권 문제다. 하지만 국익과 동맹관계에 따라 우선순위가 결정된다. 일본 입장에서 볼 때, 강하면서도 반드시 필요한 한국으로 거듭나는 것이 과거와 미래를 한꺼번에 해결하는 유일한 해결책이다.

(문화일보 2007년 5월 1일자 칼럼원고를 수정함)

28. 대전략 필요한 한국 외교

지난 금요일(2015. 4. 3)은 그리스도교가 예수의 수난과 죽음을 기리는 성(聖)금요일(Good Friday)이었다. 성경의 주요 복음서들은 서기 33년 4

그들은 왜 정답이 있어도 논쟁하는가

월 첫째 금요일에 일어난 일을 상세히게 기술하고 있다. 목요일 지녁에 제자들과 최후의 만찬을 가진 예수는 유다(Judas)의 배반으로 체포된다. 이튿날 아침 예수를 심문한 로마제국 총독 빌라도(Pilate)는 유대인 군중에게 말한다. "나는 저 사람에게서 아무런 죄목도 찾지 못하였소." 이에 군중이 외친다. "그 사람이 아니라 바라바(Barabbas)를 놓아주시오. 그를 십자가에 못 박으시오." 빌라도는 여러 차례 망설이다가 군중의 위세에 눌려 예수를 넘겨준다. 판단의 중심 없이 여론에 떠밀린 결정이었고, 예수에 대한 십자가형 집행을 군중의 손에 맡겼기 때문에 자신의 판결에 대한 책임조차도 회피한 결과가 되었다.

요즘 한국 외교가 이와 유사한 형국이 아닌가 생각된다. 역대 정부에서도 그랬듯이 박근혜 정부도 임기 초반 2년 동안에 외교안보 분야에서 일을 제일 잘했다는 여론조사가 주를 이뤘다. 북한 정권의 위협적인 언사에 휘둘리지 않고 원칙 있는 입장을 지켜내면서 미국·중국·유럽·중동의 순방 외교가 대외 관계 강화에 기여했다는 국민의 인식이 작용한 결과일 것이다. 하지만 대통령 임기 중반 이후부터는 구체적인 성과가 국정 평가를 좌우한다. 대외전략의 밑그림과 이를 떠받치는 정책의 콘텐츠가 탄탄해야 한다.

박근혜 정부는 '한반도 신뢰 프로세스'를 내세웠지만 비핵화를 전제로 한 진정성 있는 대화에 응하지 않고 있는 북한을 상대로 한반도에 어떠한 신뢰를 구축할 것인지 설명해야 한다. 한일관계가 3년째 답보하고 중국과 일본이 각자 제 갈 길을 가고 있는 상황에서 보다 구체적이고 실효성 있는 '동북아시아 평화협력 구상'도 밝혀야 한다. 한국이 어려운 선택을 내려야 하는 상황이 발생할 때마다 정부는 '전략적 모호성'을 언급하다가 언론과 국민의 염려가 인내의 한계에 다다를 시점에 이르면 '국익(國益) 최우선' 방침을 확인하곤 했다.

지금 이 시점에서 '국익'이라는 말이 다소 공허하게 들리는 이유는 국익의 근간(根幹)을 이루는 나라의 안보를 지켜내는 일에 정부의 치열한 모습이 부족하기 때문이다. 전방(前方)의 등탑을 철거하고 대북 전단 살포를 자제시키는 유연함을 보여주었지만 북한으로부터의 어떠한 핵·미사일 공격도 사전에 무력화시키겠다는 단호한 태도를 보여주지 못했다. 북한이 우리에게 겨누고 있는 군사위협의 실체를 국민에게 알리고 협조를 구하는 일에 소홀하였다.

북한의 탄도미사일에 수도권 이남 지역이 각별히 취약하다면 사거리 800km[14]의 한국형 탄도미사일 방어체계를 어떻게 구축할 것인지, 주한미군의 고고도미사일방어체계(THAAD)는 어느 수준까지 구비하여 한·미 연합 전력에 반영할 것인지를 일찌감치 안팎으로 설명하고 납득시켰어야 했다. 국민이 자세한 기밀사항까지 궁금해하는 것은 아니다. 정부가 국민의 안전과 나라의 평화를 지켜낼 방안과 기개를

---

14 한·미 미사일지침(Missile Guideline)은 미국이 한국의 핵 개발과 핵탄두 장착 미사일 개발을 막기 위해 1979년 한국의 미사일 사거리를 180km로, 탄두 중량을 500kg으로 제한한 것이 그 모태다. 북한의 핵·미사일 위협이 증가하면서 1995년부터 한국의 미사일 사거리를 개선하기 위한 대미(對美) 협의가 시작되었고 6년 만인 2001년에 사거리를 300km로 늘리는 미사일지침 개정이 이루어졌다. 이명박 정부 들어 2009년부터 다시 개정 논의에 착수했고 협상 3년 만인 2012년 10월에 북한 전역(全域)을 사정권으로 확보하는 800km 사거리의 신(新)미사일지침(New Missile Guideline)을 이끌어냈다. 2017년 11월, 한국은 기존 500kg의 중량제한 해제까지 확보함으로써 의지만 있다면 북한의 핵·미사일 위협을 억지할 수 있는 환경을 갖추었다.

갖추고 있는지 염려할 뿐이다. 우리의 대비 태세와 대북 억지에 대한 결의가 어떠한지에 대한 대강의 느낌 정도는 북한도 알게 해줘야 그들의 오판(誤判)을 막을 수 있다.

한미관계에 아무런 문제가 없다는 정부의 인식 또한 미덥지 않게 들리는 것은, 불편한 것은 그냥 참고 지켜보는 미국과 문제 해결의 돌파구를 좀처럼 찾지 못하는 한국 외교의 역부족이 교차되어 보이기 때문이다. 한국의 안보는 누구보다도 한국이 나서서 지켜야 하는데 자기 집 하늘이 북한의 미사일 공격에 뻥 뚫려 있는데도 미국이 아직 이 문제를 제기해오지 않았다고 이야기해서 될 일인가.

아시아인프라투자은행(AIIB)은 설립돼봐야 중국이 천명한 개발도상국에 대한 쉽고 빠른 대출이 성사되기 어려울 것이라고, 독재와 부패를 방치한 금융 지원은 수혜국의 진정한 발전도 AIIB의 자금 회수도 가로막을 것이라고, 그래서 한국은 그냥 정치적 차원에서 가입하는 것이라고 왜 당당하게 설명하지 못하나. 끝이 보이지 않는 한·일 간 반목 때문에 워싱턴에선 답답함을 넘어선 짜증이 밀려오고 있는데 우리는 언제까지 아베 총리가 먼저 바뀌면 하는 주문만 외우고 있을 것인가.

한반도 문제도 한국이 여타 글로벌 이슈에 대해 기여한 만큼 국제사회의 협력을 이끌어낼 수 있다. 과거보다는 미래를 바라보고 현재를 만들고자 할 때 외교의 역동성이 배가된다. 나라의 힘이 충분치 않아도 세상을 꿰뚫고 있으면 그 통찰과 혜안에 상대방도 우리를 함부로 대하지 못한다.

(조선일보 2015년 4월 7일자 칼럼원고를 수정함)

29. 한·미·일 안보협력의 전략적 의미

지난 2017년 4월 한국 대통령 선거가 2주 앞으로 다가온 시점에 미국 트럼프 정부의 안보 관련 부처 관계자들이 필자에게 물었다. "만일 문재인 후보가 당선되면 한국의 대외정책이 어떻게 되리라고 봅니까? 한미관계와 남북관계는요?" 완곡한 표현으로 포장된 여러 질문을 받고서 필자는 크게 두 가지 시나리오를 제시했다.

하나는 문 후보가 대통령직을 맡기 전 줄곧 표명해온 사드(THAAD) 반대, 대북 대화 추진, 개성공단 재개 등의 공약을 신속하게 이행하는 경우이고, 또 하나는 한국이 처한 국제정치의 구조적 환경에 순응하여 종전 생각과는 다른 현실적 대안을 택하는 경우라고 대답했다. 실제로는 전자(前者)의 길로 가려다가 시행착오를 겪으면서 후자(後者)의 길을 받아들이는 경우가 더러 있을 것으로 생각한다고 덧붙였다.

2017년 9월 3일 북한이 6차 핵실험을 단행한 이후 첫 1주일 동안 문재인 정부가 보인 행보는 한·미·일 안보 공조의 강화로 요약된다. 4일 한·미 정상 통화에서 전방위(全方位) 대북 압박을 위한 공조와 한·미 합동군사력 증진을 합의했고, 7일 한·일 정상회담에서 UN안전보장이사회의 강력한 대북 결의안을 촉구했다. 정부는 차일피일 미루던 사드 발사대 잔여 4기도 배치했다. 그런데 그 뒤 1주일 동안은 정반대 상황이 전개됐다.

9월 11일 UN안보리의 새로운 대북 제재 결의안이 도출된 이후, 한국 정부는 북한의 미사일 발사 준비 징후를 파악하고서도 14일 대북 인도적 지원 방안을 발표했다. 다음 날인 15일 북한이 실제로 미사일

그들은 왜 정답이 있어도 논쟁하는가

을 반사한 뒤에도 통일부는 북한의 취약 계층을 더욱 어렵게 할 UN 제재안 때문에 더욱더 인도적 지원을 해야 한다는 설명을 내놓았다. 아베 신조 일본 총리는 황급히 문 대통령에게 전화를 걸어 지금이 북한에 지원할 때냐고 물었고, 미국은 (한국의 대북정책은) 한국에 물어보라며 싸늘한 태도를 보였다. 한·미·일 3국 간 대북정책의 불협화음이 선명하게, 그것도 공개적으로 드러난 것이다.

북한 경제난은 외부 지원이 부족해서라기보다는 내부 분배 왜곡에서 비롯된다. 미사일 개발에 들이는 공(功)의 절반만으로도 북한 식량난은 진작 해결됐을 것이다. 북한과는 어떤 대화를 하느냐가 중요한데, 한국은 대화 성사 자체에 지나치게 집착하는 모습을 보인다. 맞서지 않고 양보하면 김정은 정권이 핵도 포기하고 도발도 멈출 것이라는 생각이다.

한국 정부가 북한 정권을 바라보는 관점과 다루는 방식이 미국·일본과 이토록 다르다면, 어제(2017. 9. 17) 한·미 정상 통화에 이어 오는 21일 뉴욕 한·미·일 정상회담에서 일치된 대북 기조가 재확인된다 하더라도 3국 간 행동의 엇박자는 계속될 공산이 크다.

결정적 고비마다 중국과 러시아의 민낯을 충분히 보지 않았는가. 국가 존립이 걸린 안보 문제에서 한국의 가장 긴밀한 파트너는 미국과 일본이 돼야 한다. 세 나라가 북한의 군사도발 위협에 한목소리로 대처하면 대북 억지력이 커지고 북한의 오판 가능성이 작아진다. 평소에 북한 당국이 유독 일본에 날선 비판을 가하는 것도 한국과 일본의 '진정한 화해'를 경계하는 의중에서 비롯된다. 나아가 한·미·일 공조는 중국의 강압 외교나 일방적 주장에 대응하는 한국의 전략적 지렛대를 강화하는 효과가 있다. 한국이 미·일과 협력할 때마다 동북아시아의 대립과 긴장을 부채질한다며 중국이 손사래를 치는 것도 실제로는 바로 이 때문이다.

문재인 정부는 안보 협력으로 일본과 신뢰를 쌓고 협력의 관행을 정착해가다 보면 과거사 문제의 해결 실마리도 찾을 수 있다는 역발상(逆發想)을 꾀해야 한다. 작년(2016년)에 체결한 한·일 군사정보보호협정(GSOMIA)으로 양국이 북한에 관한 군사 정보를 공유하는 차원을 넘어, 7년간 보류돼온 한·일 상호군수지원협정(ACSA: Acquisition and Cross-Servicing Agreement)을 조속히 체결하여 대북 억지력을 배가하고 한반도의 돌발 상황(contingency)에 공동 대처할 방안을 마련해야 한다.

외교정책은 복지, 교육, 노동 정책과 같은 국내 현안과 달리 국제 환경의 영향을 크게 받는다. 국제사회를 도외시하고 국내 행위자 관점에서만 가졌던 예전의 믿음을 대통령이 되고 나서 바꾼들 그것이 나라와 국민에게 유익하다면 무엇이 문제인가. 노무현 대통령도 "반미(反美)면 어때?" 하며 대통령직을 시작했지만, 나중에는 이라크에 파병도 하고 한·미 FTA도 추진하지 않았나. 시행착오가 반복되면 우선 국민이 불안해하고, 결국 우방국마저 한국을 신뢰하지 않게 된다. 관중석에서 아무리 감 놔라 배 놔라 해도 국사(國事)를 최종적으로 결정하고 책임지는 지도자의 판단은 냉철해야 한다.

(조선일보 2017년 9월 18일자 칼럼원고를 수정함)

30. 할 일과 하지 말아아 할 일이 뒤바뀐 안보정책

"(지금의 안보 상황은) 우리가 주도적으로 어떻게 할 수 있는 여건이 되지 못한다. 이렇더라도 내부가 제대로 결속되고 단합된다면 충분히 위기를 극복할 수 있다." 2017년 10월 10일 문재인 대통령이 한 말이다. 필자가 보기에는 한국이 현 안보 상황에서 해야 하고 또 마음만 먹으면 잘할 수 있는 일이 많다. 정부는 당장 추진해야 할 안보정책은 방치한 채 정작 피하거나 시간을 두고 신중히 검토해야 할 사안들은 결론부터 정해놓고 서두르고 있다. 안보만큼은 국민이 단합하자고 하는데 '과거 적폐' 논쟁의 핵심 이슈들은 안보 문제와 맞물려 있고, 국민의 마음은 좌와 우로 선명하게 쪼개지고 있다.

문 대통령이 언급한 '어떻게 할 수 없는 안보 여건'이란 북한 당국과 어떻게든 대화를 시작해보려고 했지만 북한의 핵실험, 미사일 도발로 고조된 한반도 안보 정국이 원망스럽다는 인식을 담고 있다. 지금은 군사 옵션을 포함한 전방위 대북 국제 압박 공조만이 필요할 뿐이라는 미국 트럼프 행정부의 확고한 입장에 혹시나 미·북 설전(舌戰)이 한반도의 우발적 군사 충돌로 이어지지 않을까 하는 걱정도 포함돼 있다. 중국은 한국의 사드 배치로 여전히 '뿔이 난' 상태로 문 대통령 취임 첫해의 중국 방문은 어림도 없어 보인다.

지금 한국이 가장 높은 우선순위를 부여해야 할 안보정책은 대북 군사 억지 태세를 튼튼히 하는 것이다. 국방 전력화 사업 46개 중 40개가 예정보다 평균 4년씩 지연되고 있다. 북한 지휘부를 겨냥한 '참수부대'를 만든다고 하면서 작전에 필요한 수송기, 무전기, 무인기의 구비 계획은 없다. 문 정부의 임기 안에 포병대와 도하(渡河) 대대가 창설될 계획인데 그 핵심 전력인 개량 곡사포와 도하 장비의 전력화 일정은 문 정부의 퇴임 이후로 연기되었다.

한국의 미사일 방어책은 북한이 우리 쪽으로 미사일을 발사하기 직전에 선제 타격하고(Kill-Chain), 발사한 이후에 격추하고(KAMD · 한국형 미사일 방어망), 북한 지도부를 응징하는(KMPR · 대량 응징 보복) 정밀 타격 능력을 갖추는 것이다. 하지만 이러한 3축 체계는 미국이 보유한 세계 최고 수준의 정찰, 탐지, 표적 식별 능력의 도움 없이는 작동 불가능하다.

북한이 가장 두려워하고, 그래서 한반도의 전쟁을 가장 확실하게 막고 있는 것이 지금의 한 · 미 연합사령부 체제다. 노무현 정부 때도 그랬듯이 문재인 정부 역시 전시작전통제권 '환수(전환이 맞는 표현임)'를 위해 적극 나서고 있다. 유럽 국가들도 북대서양조약기구(NATO)를 통해 미국이 제공하는 안보 우산을 유럽 안보의 마지막 안전장치로 삼고 있다.

하필 북한의 핵과 미사일이 위험 수치로 치닫는 이때 한국이 전쟁 수행의 주체 문제를 자존심과 주권 차원에서 접근할 만큼 한가하지는 않을 것이다. 미국이 자신보다 군사력이 열등한 동맹국 사령관 밑에 들어와 싸워주겠는가. 정작 북한이 노리는 것은 한반도에서 미국과 미군의 존재를 최대한 배제하고 한국 정부를 전쟁할 의지가 없도록 유도한 뒤, 무방비 상태가 된 한국 시민을 접수하는 것이다.

상대방이 호응해주지 않는 평화주의는 무용지물이다. 북한 정권은 한국 안보의 손과 발을 묶고 한국 사회를 이간질하고 분열시키는 데

그들은 왜 정답이 있어도 논쟁하는가

매진해왔다. 대화하고 협력하여 신뢰가 구축되면 핵문제도, 한반도의 평화도 모든 것이 풀린다는 가설은 현행 북한 지도부 체제하에서는 작동하지 않는다.

지금은 한국이 자신의 힘과 실력을 기르면서 김정은 정권을 국제 사회에서 고립시키고 북한 내부의 변화를 유도해내는 데 모든 역량을 쏟아야 한다. 글로벌 사회에서는 미래의 정치·경제 질서를 놓고 치열한 경쟁이 지속되는데, 이미 손에 쥔 원자력 에너지 주도권을 버리느니 마니 하는 문제로 논쟁할 때가 아니다. 미국이 북한의 재외공관 폐쇄를 유도하고 외화벌이 자금줄을 차단하고 있는데 한국 정부는 남의 일 보듯 하면서 집안싸움에 여념이 없다.

정보기관을 포함한 모든 국가 공무원 조직이 정치적 중립을 지켜야 하는 것은 당연하다. 그러나 그것보다 상위에 있는 국가 조직의 수행 덕목은 대한민국이라는 국가의 정체성과 이익을 온전하게 추구하고 대변하는 일이다. 문 정부는 과거의 우파 정권들을 단죄하기 전에 자신들이 과거에 북한과 미국에 관해 어떠한 언행을 했는지 돌아보아야 할 것이다. 지금처럼 정부 부처의 내부 기록을 샅샅이 들춰내 필요한 것만 세상에 공개한다면 어느 공무원이 소신을 갖고 열심히 일하겠는가. 고도로 민감한 정보를 공유하며 협력해야 할 미국과 우방의 정보기관 파트너들이 이렇게 무너져가는 우리 국가정보원과 어떤 협력을 할 수 있을지 궁금하다.

(조선일보 2017년 10월 16일자 칼럼원고를 수정함)

03

제3장

미국의 세계전략과 한미동맹의 전략적 의미

"The worst form of inequality is to try to make unequal things equal."
(불평등한 것을 억지로 평등하게 만들려고 하면 가장 나쁜 형태의 불평등으로 귀결된다)

- Aristotle (Aristoteˉleˊs, 384~322 BC), 그리스 철학자

논점해설

한미동맹의 중요성을 부정하는 사람은 많지 않을 것이다. 미국을 무조건 추종하는 것이 한미동맹을 유지하는 방책은 아니다. 동맹은 서로 공유하는 중요한 안보 이익이 있어 맺는 것이다.

한미동맹의 일차적 공통 이익은 북한 위협을 막는 것이고, 추가적 공통 이익은 동북아시아와 세계질서의 안정과 평화를 함께 구축하는 것이다. 전자(前者)는 기본문제이고, 후자(後者)는 여러 방정식이 동원되는 응용문제이다. 북한 문제 하나만 놓고 한·미 공조가 이루어지면 동맹의 기본은 충족되겠지만, 한반도에 국한된 한국의 지역주의 시각과 세계질서를 재단(裁斷)하는 미국의 글로벌 시각 사이의 격차가 클 경우 한미동맹의 운신 폭이 제약될 것이다.

한미동맹을 걱정하는 사람이 많아진 까닭은 북한 문제 하나를 놓고도 한·미 양국의 시각차가 크기 때문이다. 문재인 정부 들어 한미관계가 갑자기 나빠진 것이 아니다. 북한 정권과 북한 지도자를 뚜렷한 근거 없이 두둔하거나 북핵문제가 미국의 양보로 해결될 것이라는 입장은 김대중·노무현 정부를 거치며 강화되었다. 노무현 정부가 본격적으로 추진하기 시작한 전시작전통제권 전환은 미국이 보기에 자주국방 의지보다는 자주국방 담론에 대한 집착으로 비쳐졌다. 동맹국에 대한 안보 비용 지출을 낭비로 여기는 트럼프 행정부의 사고방식이 문제인 정부가 원한 한·미 군사훈련의 축소라는 '정책 공조'로 나타난 것은 아이러니다.

남북 분단의 처지에서 북한 문제는 한국이 풀어야 할 결정적 숙제다. 전 세계 곳곳에 관여하는 미국이 북한 문제를 풀기 위해 물불 가리지 않는다고 기대하면 오산이다. 민주당보다 단호한 공화당 정권이라고 해서 다르지 않다. 조지 W. 부시 행정부도 트럼프 행정부도 북핵문제를 해결하지 못한 이유는 4년 주기의 대통령 선거가 다가올 때마다 보여주기 식 협상 결과를 내밀고자 한 국내 정치의 유혹 때문이다. 부시 행정부는 2007년에 대북 금융제재와 테러지원국 지정 해제를 실패한 2.13합의와 맞바꾸는 우(愚)를 범했고, 트럼프 대통령은 2018년 6월부터 2019년 6월 사이에 북한 지도자를 세 번 만나는 동안 북핵 폐기가 아니라 북핵 관리에 치중하는 인상을 주었다.

한국 외교가 마주한 또 하나의 도전요인은 한미동맹과 한중관계가 적절히 공존하도록 만드는 것이다. 미·중 갈등관계가 구조화하는 가운데 한국이 대외전략의 중심을 찾지 못하면 국제적 고립을 자초할 것이다. 중국 관리들은 한국·일본과 대화하면서 늘 미국의 생각을 탐문하려고 한다. 중국의 국력이 계속 커질 수는 있겠지만 그것이 미국의 힘을 완전히 압도하는 세상은 우리 생애에 오지 않을 것이다. 당장 일어나지 않을 일을 걱정하면서 이쪽저쪽 눈치만 보다가 양쪽으로부터 뺨 맞는 형국을 자초해서는 안 될 것이다. 한미동맹이 강할 때 중국이 한국을 의식한다. 한미동맹은 중국을 움직이는 지렛대다.

한미동맹은 미국의 국익을 구성하는 중요한 요소 중 하나일 뿐이지만 한국 안보의 존립을 좌우하는 결정적 요소다. 한 · 미 간 갈등이 누적되고 이를 편의적으로 봉합하는 사이클이 자꾸 반복되면 미국은 대(對)한국 정책을 근본적으로 재검토할 수도 있다. 생각과 역량의 깊이를 서로 인정할 수 있어야 신뢰와 존중의 동맹관계를 이어갈 수 있다.

31. 주한미군 반대논리의 맹점

주한미군의 향방이 열띤 논쟁에 휩싸여 있다. 지금 2003년에 논의되고 있는 용산기지와 제2사단의 조정문제는 미군 철수냐 아니면 축소냐의 문제이지 현상 유지는 고려사항이 아니다. 주한미군 개혁안 추진에 대한 미국의 의지가 워낙 확고하기 때문이다.

한미동맹이 올해로 50돌을 맞이하기까지 한국의 안보를 지키는 데 결정적 역할을 해온 주한미군이 왜 갑자기 '구조조정'의 회오리에 휩싸이게 되었는가. 반(半)세기의 동맹을 축하하며 앞으로의 발전을 논해야 할 시점에 주한미군의 역할 축소로 비치는 논의가 진행되는 데는 두 가지 요인이 있다.

하나는 냉전 종식 후 변화하는 세계안보 환경에 능동적으로 대처하려는 미국의 해외전진기지 조정전략의 일환이라고 볼 수 있다. 소련과의 대치 상태에서보다 규모는 작으나 갈등사안과 대응방식은 복잡해지는 추세에서, 더 빠르고 유연한 전력을 구비하기 위한 경량화 · 첨단화의 움직임으로 볼 수 있는 것이다. 사우디아라비아와 독일에 주둔한 미군은 이미 이러한 작업에 착수했고, 이제 한국 차례인 것이다.

그럼에도 불구하고 북한 핵문제로 한국 안보가 불안한 시점에 미국이 군이 '일'을 진행하는 것은 작년(2002년) 6월 (주한미군 훈련 중 발생한) 여중생 사망사건을 계기로 증폭된 한국 사회의 반미감정에 대한 미국 정부의 반작용이라고 볼 수 있다.

지금 우리나라에서 제기되고 있는 주한미군에 대한 반대논리는 세 가지로 압축된다.

첫째, 한미동맹 자체가 폐기되어야 할 대상이기 때문에 주한미군도 존재의 명분이 없다는 주장이다. 이러한 견해를 펴는 사람들은 미국의 대북정책이 남북 간 민족공조를 가로막고 있으며 미국의 한반도 개입을 저지해야 한다고 믿는다.

이러한 과도한 민족주의적 시각은 맹목적이며, 한국의 안전을 본질적으로 위협한다는 점에서 반(反)민족주의적이기까지 하다. 북한은 소수 권력집단에 의해 운영되고 있고, 설령 통일이 된다 해도 중·일·러와의 관계에 대비해 기능은 달라지더라도 주한미군이 여전히 필요하다는 것은 상식에 가깝다 할 것이다.

둘째, 주한미군의 부재가 미국의 부재를 의미하지는 않는다는 주장이다. 즉 한미동맹은 유지하더라도 주한미군은 아예 철수시키든지 대폭 축소하자는 주장이다. 그렇게 되면 한미동맹의 불평등성을 일거에 해소할 수 있을 뿐만 아니라 한국군의 자주성도 회복된다는 설명이다.

이러한 논리는 일견 설득력이 있어 보이나 실상을 살펴보면 세련

그들은 왜 정답이 있어도 논쟁하는가

된 궤변에 불과하다. 물론 대세론에 부응해 주한미군의 규모를 점차 줄여나가는 동시에 한국군의 대비태세와 작전능력을 높여가야 한다. 하지만 그러한 변화가 주한미군이 가져다주는 효용을 대체할 만큼 무모하게 이루어져서는 안 된다. 주한미군에 대한 한국의 의존심리가 한국군의 미래지향적 안보태세 구축에 대한 열의를 가로막지 않도록 해야 하는 것은 미국이 아닌 한국의 몫이다.

마지막으로 주변의 선동과 분위기에 휩쓸려 자기 자신도 이해하지 못하는 말을 외치는 대중주의(大衆主義)를 지적하지 않을 수 없다. 나라에 대한 충정은 순수한 마음에서 비롯될 수 있어도 그 순수함이 그릇된 방향으로 동원되면 사회 전체에 해악을 입힐 수도 있다.

주한미군 문제는 한국의 국방 문제와 직결되며 이는 감성이 아닌 이성으로 접근해야 할 문제임을 기억하자.

세상에는 불편한 점이 있다고 해서 무조건 버리기에는 아까운 존재들이 더러 있다. 그렇다면 그 불편함을 관리하고 개선해 나가며 누려온 이득을 확대·발전시키는 지혜가 긴요하다 할 것이다. 이것이 바로 자유민주주의에서의 타협과 공존의 미덕이다.

(국방일보 2003년 6월 19일자 칼럼원고를 수정함)

32. 한미동맹 새 밑그림 그려야

나라가 왜 이토록 법석인가. 반세기 동안 요동 없이 머물러 있던 주한미군이 나가기 시작한다고 하니 이제 한국의 안보는 어떻게 될 것인지에 대한 걱정과 논란이 거세게 달아오르고 있다.

전방의 주력 미군 보병부대가 이라크로 보내질 것이란 결정이 하루아침에 알려지고 이에 놀라움을 금치 못했다면, 그것은 우리가 이제까지 한미동맹이 어떻게 될 것인가라는 문제에 국한해서만 생각하는 안이함에서 벗어나지 못했기 때문이다. 지금부터라도 동맹관계를 어떻게 이끌어갈 것인지 구체적이고 진지하게 고민해봐야 한다. 그래야 이번 사태가 위기가 아니라 기회가 될 수 있다.

주한미군 재배치는 전 세계 주둔 미군의 재배치 연장선상에서 고려되고 있으며, 그 방향과 추진 이유가 무엇인지는 이미 미국이 2002년과 2003년 각각 발표한 국가안보전략(NSS: National Security Strategy)과 해외주둔 미군 재배치 검토(GPR: Global Posture Review)에 나와 있다.

문제는 우리가 그 내용을 얼마나 정확하게 이해했고, 또 우리 현실에 비추어 마땅히 취해야 할 준비를 얼마나 알차게 진행했느냐에 있다. 주한미군의 미래상은 점차 다양하고 예측하기 어려운 안보위협에 보다 민첩하고 효과적으로 대응할 수 있는 체제로 가는 것이다. 이른바 '홍길동 군대'가 되자는 것이다.

동맹군은 날아다니는데, 한국군이 뛰어다니는 데 급급하다면 함께 작전하는 데 어려움이 클 것이다. 당장 필요로 하는 전략과 지휘체계 · 군사장비의 개선사항과 장기적으로 갖춰야 할 무기체계들이 무엇인지 구체화하고 순차적인 준비에 들어갈 때 비로소 '군대의 양적 감소는 질적 향상에 의해 상쇄되고도 남음이 있다'는 주장이 설득력을 갖게 된다. 군사정보를 교환하고 필요한 기술과 장비를 들여오는 데 미국이 성심성의껏 협조하도록 할 노련한 협상전략도 따라야 한다. 2006년 전방의 미군이 통폐합될 때까지 평택에 새로운 미군기지를 마련하려면 현지 주민들과 실랑이를 벌이고 있을 여유가 없다.

한국이 미국과 함께 동북아의 지역안보 역할을 맡기 위해 이러한 변화를 도모하는 것이라면 무엇 때문에, 또 어디까지 그렇게 할 것인지 분명히 해두어야 우리 국민 사이뿐 아니라 한·미 간에도 혼선을 막을 수 있다. 분단 상황이 지속되는 한 북한 변수에 대비하는 군사태세는 최우선 순위이며, 이에 더해 테러·대량살상무기(WMD)의 확산 등 지역공동체의 안보 문제를 책임 있게 다스려가겠다는 원칙이 바람직할 것이다. 그렇다고 대만이든 어디든 동아시아에 문제가 생기면 무조건 달려가겠다는 식의 약속은 현재 우리의 군사력으로는 무리이며 일본·중국·러시아 모두와 동반자적 안보관계를 만들려는 목표와도 상충될 수 있다.

동맹의 조정에 대한 밑그림이 그려졌으면 실천방안을 구체화하고 양국 간 협의 시스템을 제도화하는 일이 남는다. 일체적으로 통합된 위계구도로 짜인 현 한미동맹 체제는 미일동맹처럼 병렬적으로 분리돼 있으면서도 긴밀한 협의장치를 갖춘 유기적 관계로 발전되어야 한다. 당장 방위조약에 손대는 것이 어렵다면 미국과 일본이 1997년에 한 것처럼[15] 한·미 간 방위협력지침을 만드는 것도 방법이다. 이

---

15 미국과 일본은 1951년 군사동맹(미일안전보장조약)을 체결한 이후 세 차례에 걸쳐 방위협력지침(이하 가이드라인으로 지칭)에 합의했다. 1978년 가이드라인은 일본 본토가 제3국으로부터 공격받을 경우 교전권(交戰權)을 포기한 일본의 안보를 미국이 보장하는 내용에 관한 것이다. 1997년 신가이드라인은 미일동맹의 가동 범위를 아시아태평양 지역으로 확대하였고, 일본 또는 주변 지역에서의 미군 군사작전을 일본이 후방(後方) 지원하는 내용을 담고 있다. 2015년 미국 오바마 대통령과 일본 아베 총리 간에 합의된 개정 가이드라인은 일본

때의 가이드라인은 가급적 구체적이어야 하며, 변화하는 주변 안보환경과 우리의 요구를 십분 반영한 맞춤형이어야 한다.

이 같은 미래의 한미동맹 구상은 어디까지나 전략적 판단에서 나온 기능적 요소다. 동맹 파트너인 미국과 신뢰가 오가고 함께할 수 있다는 굳은 믿음이 전제돼야 동맹의 발전적 모델이 제대로 창출될 수 있다. 지난 2, 3년 사이 양국 간 신뢰에 타격을 줄 수 있는 위협요인들이 우리 주위에 계속 머물고 있다.

북한 핵문제는 우리의 문제이자 세계 핵 평화질서의 문제다. 또 이라크 사태는 미국의 문제인 동시에 모두가 합심해 풀어야 할 지구촌의 공통과제라는 인식을 가져야 한다. 그럴 때 한미관계도 다시 태어날 수 있다. 한·미 간 믿음이 공고할 때 중국이나 일본도 한국을 대접할 것이라는 점을 결코 잊지 말자.

(중앙일보 2004년 5월 21일자 칼럼원고를 수정함)

33. 주한미군의 새로운 시대: 용산에서 오산·평택으로

정부는 2004년 6월부터 미국 대표단을 상대로 주한미군기지 이전에 대한 추가적 세부사항을 마무리하고, 주한미군 감축을 전제로 한 재배치를 논의하는 협상에 본격 착수하게 된다.

에 집단자위권(the right of collective self-defense) 행사 권한을 부여했다. 즉 일본은 자신이 공격당할 때 이외에도 미국의 다른 동맹국이 공격받을 때, 미국과 함께 방어에 가담할 수 있게 되었다.

그들은 왜 정답이 있어도 논쟁하는가

2001년 11월 제33차 한미연례안보협의회(SCM: Security Consultative Meeting)에서 양국이 합의한 연합토지관리계획(LPP: Land Partnership Plan)은 수도권 이북의 주요 미군기지들을 통폐합함으로써 생기는 여분의 땅 4,114만 평(미군에 대한 총 공여지의 55%에 해당)을 한국이 돌려받는 대신 '덜 민감한' 8개 지역 154만 평 규모를 새로 들어설 미군 관련 시설을 위해 제공키로 한 내용이다. 또 전방의 미2사단 기지들이 2006년까지 통폐합되고 이들과 용산기지가 옮겨갈 오산·평택 지역에 240만 평의 대체부지를 우리가 마련해준다는 것이 이제까지 협의한 내용의 골자다.

쉽게 풀이하면, 용산기지 이전은 한국 측에서 꾸준히 제기해온 문제이므로 한국이 비용을 대고, 2사단의 효율적 통합과 이전(移轉)은 미국이 필요해서 하는 것이므로 땅은 한국이 제공하되 이전 비용은 미국이 부담한다는 원칙으로 요약된다.

지금부터는 기지 통폐합에 미군 규모 감축 의제를 추가해 얼마만큼의 미군이 축소되느냐 하는 문제를 결정해야 한다. 한미동맹의 중추신경에 해당하는 지휘부와 잔존할 주한미군 주력부대 대다수가 옮겨갈 오산·평택 권역의 땅을 미국이 보다 많이 요구하고 있으므로, 대신 여타 지역 미군 시설들을 집적(集積)·효율화해 추가적으로 반환받는 쪽으로 LPP를 개정하는 작업도 필요할 것이다.

하지만 정작 중요한 것은 이러한 한미동맹의 변화들이 무엇을 지향하고 있으며, 우리는 앞으로 미국과의 군사관계를 어떻게 짤 것인지 큰 그림을 그릴 필요가 있다는 것이다. 도달할 목표와 이에 대한 원칙이 분명하지 않을 때 동맹의 변화 과정에 국론 분열이 오기 쉽고 미국과의 파트너십에도 균열이 생길 수 있다.

무엇보다도 우선돼야 할 원칙은 한반도 평화와 안정에 대한 한·미 간 공통이익을 재확인하고 이러한 조건을 구비하기 위한 대비태세를 갖추는 일이다.

일차적 과제는 핵문제를 포함해 북한으로부터 발생하는 어떠한 안보위협으로부터도 한국의 안전을 담보할 수 있을 만큼의 억지력을 한·미가 함께 확보하는 것이다. 북한과 정치적으로 협상하는 평화외교 이면에 강한 군사태세가 버텨준다면 어떠한 상황에서도 의연한 태도를 잃지 않게 된다.

머릿속으로만 해외주둔 미군 재배치의 취지를 이해할 것이 아니라, 군대의 양적 감소를 질적 혁신으로 만회하고도 남을 군사혁신(RMA: Revolution in Military Affairs)을 이루기 위해 당장, 그리고 차츰 앞으로 한국이 무엇을 해야 하고 미국과 어떤 협조를 강구해야 하는지 염두에 두면서 주한미군을 조정해가야 할 것이다.

또한 장래의 한·미 안보관계는 북한 요인에 더 이상 국한되지 않고 동북아 지역 질서 안정에 기여하는 차원에서도 기능해야 한다.

한국 주변에서 테러나 대량살상무기(WMD), 국제 난민, 해로(SLOCs)의 안전, 환경 재난 등 한국의 이익뿐 아니라 지역질서 차원에 해당하는 위협사항이 발생할 경우, 주한미군이나 주변 국가들의 군사조치만 바라보아서는 한국군을 '자주적' 군대라 부르기 힘들 것이다.

1997년 신가이드라인으로 미일동맹이 강화되자 중국은 민감한 반응을 보이기 시작했다. 그러나 이내 비판적 시각을 거두고 오히려 일본과 교류를 확대했다. 미국이 대일(對日)관계의 끈을 놓지 않음으로써 일본의 극단적 재무장을 방지하는 효과를 알고 있기 때문이다.

한국도 미국과 맺은 군사관계가 이웃에 어떤 부담을 줄지 걱정하기보다는, 향후 주변 외교를 보다 능동적으로 펴고 공통 안보 관심사가 발생하면 응분의 역할과 책임을 질 수 있는 버팀목으로 활용하는 지혜를 펴야 할 것이다.

(세계일보 2004년 6월 7일자 칼럼원고를 수정함)

34. 미국·북한 외교 공세의 속뜻

한반도를 둘러싼 각국의 외교 러시(rush)가 이어지고 있다. 핵 갈등으로 대화 자체를 거부해오던 북한과 미국의 외교 수장들이 2004년 7월 2일 인도네시아 자카르타에서 아세안지역안보포럼(ARF: ASEAN Regional Forum) 기간 중 별도의 회동을 가졌다. 일주일 전 제3차 6자 회담에서 처음 보인 '대화다운 대화'를 나누는 모습이 이어지는 인상이다.

한편 미국의 라이스(Condoleezza Rice) 국가안보보좌관이 대통령 특사 자격으로 7월 9일 한국을 방문, 노무현 대통령을 면담하고 외교안보 관계자들과 개별 면담할 예정이다. 일본과 중국을 거쳐 한국으로 이어지는 라이스의 동북아 지역 다지기 순방은 노무현 정부 출범 후 첫 방한이라는 점 외에도 한국의 이라크 파병, 북한 핵문제, 주한미군 재배치 등 민감한 문제들의 와중에 이루어지는 방문이라는 점에서 비중이 있다.

미국이 북한과의 대화에 적극 나서기 시작한 것은 이라크 문제가 일단 제도의 틀에 의해 예정된 궤도에 들어섰다는 판단에 따른 것으로 보인다. UN안전보장이사회 결의 1546호(2004년 6월 8일 채택)로 이라크 관리체제를 공식적으로 인정받았고, 약속한 대로 이라크에 주권도 돌려주었다. 이제 다국적군이 힘을 모아 테러를 막고 치안을 확보해야 본격적인 재건에 착수할 수 있을 테지만, 2005년 1월 총선에 의해 이라크 새 정부를 출범시키는 약속은 꼭 지키겠다는 입장이다.

북한이 우선 핵을 완전히 없애야 지원에 착수할 수 있다는 원칙은 북한의 제네바합의(1994년) 파기[16] 사실을 상기하면 마땅히 옳은 입장이지만, 북한의 자존심을 고려해 좀 더 친절하고 현실성 있는 협상조건을 제시해달라는 이웃 나라들의 요청도 조지 W. 부시 행정부의 태도 변화에 일정 역할을 했다. 민주당 케리(John Kerry) 후보의 대북 직접대화 카드를 약화시키려는 측면도 있다. 부시 행정부가 북한과 진지하게 대화를 모색한다면, 오는(2004년) 11월 대선에서 북한에 강경한 입장을 취한 것 말고 핵문제 해결을 위해 실제로 한 것이 뭐냐는 민주당 지지자들의 비판을 피할 수 있기 때문이다.

그렇다고 부시 행정부가 북한과의 합의에는 관심 없고 모양새만 취한다고 봐서는 안 된다. 미국이 북한에 선물할 메뉴를 구체화해

---

16 미국과 북한은 1993년 6월부터 17개월간 줄다리기 협상을 진행한 끝에 1994년 10월 21일 제네바합의(Agreed Framework)에 서명했다. 북한이 궁극적인 핵 폐기를 전제로 핵 활동을 동결(freeze)하고 국제원자력기구(IAEA)의 핵 사찰을 수용하는 대신, 미국은 북한에 매년 50만t의 중유를 제공하고 원자력발전용 1,000MWe급 경수로(輕水爐, Light Water Reactor) 2기를 지어준다는 합의 내용이다. 2002년 10월, 북한이 그동안 새로운 핵무기 개발 프로그램(HEU)을 진행해왔다는 사실이 밝혀져 제네바합의는 붕괴되었다.

갈수록 책임의 화살은 북한으로 쏠릴 것이고, 그만큼 고농축우라늄 (HEU) 핵 프로그램 내용의 솔직한 고백에 대한 압박은 가중될 것이다.

그런데 정작 주목해야 할 것은 최근 북한의 외교공세다. 북한은 개성공단 등 남북 경제협력 사업에 대한 한국 측의 변함없는 열의를 확보해둔 채, 주변 4강과의 대화에 총력을 쏟고 있다. 김정일 국방위원장은 4월 중국에 가 후진타오(胡錦濤) 국가주석을 만났고, 5월엔 고이즈미(小泉純一郎) 일본 총리의 2차 평양 방문을 성사시켰다. 7월 4일 한국에 다녀간 라브로프(Sergey Lavrov) 러시아 외무장관은 곧바로 평양에 건너가 백남순 외무상과 회담을 가졌다. 이어서 김정일 위원장이 7월 중 푸틴(Vladimir Putin) 대통령을 찾아갈 가능성도 커지고 있다. 그렇다면 6자회담 참가국 모두와 활발한 공식외교 채널이 가동되고 있다는 얘기고, 김정일의 서울 답방만 이뤄지면 미국과의 정상외교만이 최후의 숙제로 남게 된다는 얘기다.

북한의 적극적인 대화외교는 김정일 통치 10주년을 맞아 외교역량을 북한 내부에 과시하고자 하는 의도가 내포돼 있다. 또 한·미·일의 대북투자와 러시아·중국의 에너지 프로젝트 참여를 가시화시킴으로써 북한이 걱정하는 안보 문제와 전력 문제를 동시에 해소하는 단초를 마련한다는 의미가 있다. 하지만 이 모든 숙원은 온전한 의미의 핵 폐기와 사찰을 전제로 하지 않는 한, 성사될 수 없다. 핵문제는 모호하게 풀어가면서 지원은 확실히 받겠다는 욕심을 버리지 않으면 지금 북한이 꾀하는 외교공세는 임시방편으로 끝날 것이다.

2004년 가을 예정된 노무현 대통령의 모스크바 방문이 끝나면 한국도 새 정부 출범 후 4강과의 정상외교를 일단락 짓게 된다. 외교는 만남 자체보다도 거기에 담길 원칙과 신뢰가 중요하다. 미국과 북한의 외교적 노력이 수사(修辭)에 그치지 않고 성과를 낼 수 있도록 우리 한국도 적극적인 역할을 찾아야 할 때다.

(중앙일보 2004년 7월 6일자 칼럼원고를 수정함)

35. 한 · 미 의사소통 문제없나

2004년 9월 9일 북한과 중국 접경 지역인 양강도 김형직군 월탄리에서 대규모 폭발사건이 일어난 지 일주일이 지나도록 진상은 오리무중이다. 이번 폭발이 지난번 평안북도 용천역 열차 폭발사건(2004. 4. 22)과 달리 인명피해가 드러나지 않았는데도 훨씬 큰 관심을 끄는 이유는 사건의 배후와 그 발생 시점이 석연치 않기 때문이다.

그것이 가장 우려스러운 핵실험이었는지, 우발사고에 의한 폭발 피해였는지, 아니면 북한의 주장대로 공사 차원의 발파 작업이었는지 아직 드러나지 않았다. 분명한 것은 북한이 뒤늦게 내놓은 해명이 신통치 않고 뭔가를 숨기는 인상을 준다는 것이다.

용천 사고 후 5개월도 안 돼서, 그것도 '성스러운' 건국기념일(9월 9일)을 즈음해 대형 사고를 당한 것이 부끄러워서라면 문제 될 것이 없다. 그러나 그 폭발과 버섯구름이 핵 능력을 자체적으로 확인하거나 은연중 외부에 과시하고자 하는 핵실험의 결과라면 문제는 심각해진다. 이 지경까지 왔으니 적당히 해서는 타협이 어려울 것이라는 협상용 메시지로 간주해야 할지, 아니면 이제 인도 · 파키스탄처럼 사실상의 핵보유국으로 인정받고자 하는 것인지 문제가 복잡해지기

그들은 왜 정답이 있어도 논쟁하는가

때문이다.

이렇듯 중대한 문제라면 한국과 미국은 사태 발생 초기 단계부터 함께 긴밀하게 대응하는 모습을 보여줬어야 했다. 양국이 긴요한 정보를 이미 함께 나누어 보고 있다는 확신만 줬어도 국민의 걱정은 덜했을 것이다.

발생 사흘 만인 9월 12일 월탄리 폭발사건이 한국에 알려지게 된 것은 북한 사정에 밝다고 하는 중국의 한 소식통에 의해서라고 한다. 부랴부랴 소문이 사실로 판명되면서 통일부에 시선이 쏠렸을 때, 당국자들은 이제 막 소식을 접했고 확인 중이라는 대답을 했다. 기자들과 거의 동시에 새로운 사실을 접했다는 증거다.

이때 미국 정부가 보인 반응은 참으로 미묘하다. 콜린 파월(Colin Powell) 국무장관은 핵실험이 아니었다고 말했다. 한국 정부는 이제 막 사흘이 넘게 지난 일을 처음 알게 된 순간, 미국은 이미 조사를 끝낸 사람이 결론을 브리핑하듯이 얘기하고 있었기 때문이다. 다음 날 크리스토퍼 힐(Christopher Hill) 주한 미 대사도 핵과는 관계없는 단순 사고로 파악하고 있다면서 구체적인 원인은 계속 파악하는 중이라 했다.

미국은 왜 이 사건을 미리 알고도 한국에 알리지 않았는가. 그리고 지금 늦게라도 문제를 완전히 파악해 진상을 밝혀야 하는 시점에서 한·미 양국 간 정보 공유와 의사소통은 허물없이 이루어지고 있는가. 현재까지 드러난 정황을 종합할 때 한국은 찍은 사진을 미국에 전달했지만 미국은 확보해둔 보다 선명한 촬영사진을 우리 정부에 보여줬다는 얘기는 들리지 않는다. 미국이 한반도 상공에서 가동하고 있는 첩보·조기경보 위성들은 이미 사고 현지의 깨끗한 정황을 담고 있을 텐데도, 왜 우리의 아리랑 1호는 구름에 가려 하얗게 나온 사진밖에 없어 날씨가 개면 다시 찍어보아야 사태를 파악할 수 있겠노라고 하고 있는 것일까?

물론 한·미 양국이 평소 긴밀한 공조를 펴고 있다는 점에 대해서는 의심의 여지가 없다. 그러나 결정적인 사건, 위기가 닥쳤을 때도 허물없는 얘기가 오갈 수 있는 사이가 돼야 진정한 동맹관계라고 할 수 있을 것이다. 대충 가까운 사람과는 오히려 격식을 갖춰 인사치레하고, 정말 친한 친구에게는 숨은 고민을 제일 먼저 털어놓는 법이다. 국가 간 관계도 사람이 하는 일이고 보면 많은 부분 심리적 요소에 의해 좌우되고, 그래서 평소 신뢰관계를 착실히 쌓아두는 것이 중요하다.

민감한 일이 터지니 동포라고 감쌌던 북한은 상대도 안 해주고, 알고 있을 것 같은 중국은 대꾸도 하지 않는다. 한미관계를 기본적인 문제부터 점검해 다시는 이러한 정보의 고립무원(孤立無援) 상태에 빠지지 않도록 해야 한다.

지금 한미동맹은 도처에 도전요인을 안고 있다. 이라크 파병은 결국 해냈는데 너무 어려운 과정을 거쳐 자신 없게 보냈다. 북한을 도우면서도 핵을 꾸짖자니 논리가 궁색하다. 주한미군은 마구 줄고 있는데 장차 어떠한 한·미 군사관계를 도모할지 합의된 청사진이 없다. 이제는 말보다 행동을 앞세워 신뢰를 키워나가야 한다. 그리고 그 행동은 믿음을 담고 있어야 한다. 이것이 쌓여갈 때 양국은 더 많은 얘기를 나눌 수 있다.

(중앙일보 2004년 9월 16일자 칼럼원고를 수정함)

36. 부시 재선, 위기이자 기회

온 세계가 관심 있게 지켜본 2004년 11월 2일의 미국 대선 결과는 한국에도 각별한 의미가 있다. 파병 활동 중인 이라크와 긴장 속에 살얼음판을 걷는 듯한 북한 핵문제에, 또 본격 돌입한 주한미군 감축과 재배치 문제에 이르기까지 주요 외교안보 사안에 대한 차기 미국 정부의 대응이 궁금하기 때문이다. 이 세 가지 문제는 미국이 주도하는 대(對) 테러와 반(反) 핵 확산 정책, 해외주둔 미군 변환 추진의 성패를 가름하는 결정적 사례들이어서 미국 역시 큰 관심을 기울일 수밖에 없다.

이라크, 북핵, 주한미군의 3대 안보현안을 놓고 한국이 앞으로 더욱 강력한 리더십으로 무장할 제2기 조지 W. 부시 행정부를 대하며 걱정하는 대목은 두 가지일 것이다. 하나는 초강대국 미국이 구사하는 세계전략의 와중에 동맹국인 한국이 원치 않는 분쟁에 연루될 수 있다는 피해의식이다.

이라크에서 테러가 이어지고 내년도(2005년)에 제헌의회 구성, 신헌법 채택, 신정부 구성을 위해 차례로 치러질 세 차례 선거 일정이 지켜지지 못할 경우, 한국은 한층 강화된 파병 활동을 하도록 요청받을지 모른다는 것이 그 일례다. 또 숫자는 줄지만 가볍고 빠르게 변환된 주한미군이 한반도 이외의 분쟁을 해결하기 위해 수시로 드나드는 상황이 오면 한국이 본의 아니게 미국에 모아질 비판거리를 함께 감당하게 되지 않을까 하는 염려도 있다.

그러나 우리는 이러한 외부의 구조적 요인들이 오히려 한국의 자주국방 역량과 외교적 입지를 강화하는 자극제가 될 수 있음을 파악해야 한다. 일본, 중국, 러시아 등 너 나 할 것 없이 군사력을 확대하고 대외 영향력을 키우고 있는 지금, 한국이 지구 반대편의 이라크까지 수천 명의 병사와 물자를 이동시켜 인도적 평화재건에 기여한다는 사실 자체가 한국의 능력과 위상을 과시하는 일이다.

이것이 잘못된 전쟁의 뒤처리에 앞장서는 일이라는 주장은 그릇된 것이다. 이라크 전쟁은 그 결정 과정에 독단이 따랐을 뿐, 이라크가 안고 있던 위협요인을 제거해야 한다는 목적 자체에는 국제사회의 공감대가 존재했기 때문이다. 오히려 테러, 대량살상무기의 확산에 반대하는 민주인권 국가의 일원으로서, 국제사회의 바람직한 규범을 정립하고 이를 추동하는 데에 선도적 역할을 자처하는 것이 옳을 것이다.

한미동맹의 발전 방향에 대해서도 인식의 전환이 필요하다. 한국의 안보를 확보하기 위해 통일 이후까지도 미국과의 동맹관계를 확고히 해야 하는 것이 우리의 국익이라면, 북한만을 생각하던 동맹이 북한 이외의 지역 안정 문제까지 관리하는 쪽으로 확대된다고 해서 하등 불안해할 이유가 없다.

한미동맹 강화가 우리의 살 길이라면 이를 추진하면서 주변 국가들과의 마찰을 최소화하는 방안을 함께 강구하면 된다. 국제 난민, 환경 문제 같은 것은 중국도 참여시켜 함께 해결책을 도모하고, 해로(海路)의 안전보호를 꾀하는 문제라면 일본도 거들 수 있다. 요컨대 한미동맹은 보다 유연하고 신축적이면서도 더욱 강력하게 지역 파트너십을 추동할 수 있는 것이다.

그들은 왜 정답이 있어도 논쟁하는가

제2기 부시 행정부에 대한 또 하나의 염려가 한국 사회에 존재한다면 아마도 북핵문제로 인한 한반도의 긴장 가능성일 것이다. 이제까지 미국이 너무 강압적이어서 북한이 협조하지 않았다는 가설을 믿는 사람들이 많아서 그렇다. 일정 부분 그럴지도 모른다. 하지만 핵무기는 북한 정권에 단순한 협상 카드 이상의 중대한 존재다. 군부와 주민을 결속시켜주고 손쉽게 대남 군사 불균형을 해소해준다.

그런데 북한이 핵을 가지면 한반도와 동북아시아 전체가 혼란에 빠져든다. 무엇보다도 한국 안보에 치명적인 위협이 초래된다. 미국이 보다 구체적이고 납득할 만한 협상 카드를 북한에 제시하도록 대미공조를 펴는 한편, 북한에 최후의 결심을 엄중하게 촉구하는 것이 우리에게 주어진 일이다. 해결 수단이 남아 있는데도 전쟁이냐, 평화냐 하는 단순 논리로 미국의 태도만 감시하는 자세는 본질을 외면한 처사다.

부시의 재선은 한국에 위기가 될 수도, 기회가 될 수도 있다. 그러나 그 결론은 부시 행정부의 속성보다는 우리 자신의 판단과 행동에 의해 좌우될 것이다.

(경향신문 2004년 11월 9일자 칼럼원고를 수정함)

37. 미국 속의 지한파 줄어든다

미국의 사설정보지 '넬슨 리포트(Nelson Report)'가 미국의 한반도 정책에 관해 작성한 특별보고서가 외부에 돌발적으로 공개되면서 그 내용에 관심이 쏠리고 있다. 이 보고서는 미국 정부의 한반도 정책에 대해서는 물론이고 정책 수립에 영향을 미치는 주요 인사들을 낱낱이 파헤치고 있다.

개인별 영향력으로 보면 딕 체니(Dick Cheney) 부통령의 입김이 단연 압도적이며, 조직별로는 백악관과 국방부 안에 소수 정예의 한국 전문가들이 포진해 있는 반면 국무부에는 한국을 제대로 아는 사람이 드물다는 것이다.

특정인과 특정 조직이 대외정책에 막강한 영향력을 행사하는 경우는 어느 나라의 어느 정권이건 엘리트 계층의 권력 이동에 따라 나타나는 자연스러운 현상이다. 문제는 필요한 전문 인력과 정보를 충분히 확보하고 효율적인 정책 결정 시스템을 가동하는지가 관건일 것이다.

이 부분에 있어 넬슨 리포트의 분석은 비관적이다. 미국 내에서 차세대 '한국통(通)'을 찾아보기 힘들고 능력 있는 유망주들이 한국 연구를 꺼린다는 내용이다. 그 이유는 부시 행정부의 잇따른 한반도 정책 실패에 대한 이들의 실망, 그리고 능력보다는 조직에 대한 충성을 출세의 기준으로 삼아야 하는 미국 관료사회의 속성에서 기인한다는 것이다.

미 하원은 1994년 미·북 간 제네바합의(Agreed Framework)의 애매모호함을 달갑지 않게 여겼으며, 그 이후 북한 핵문제가 줄곧 악화되어오는 과정을 지켜보면서 미 행정부의 한반도 정책에 강한 불신을 품고 있다는 점도 지적하고 있다. 미 하원의 한반도 인식을 개선하려는 한국 정부의 노력이 필요하다는 조언도 곁들이고 있다.

넬슨 리포트가 완벽한 진실만을 담고 있다고 단언할 수는 없지만 주제와 관련된 당사자들과의 심층 인터뷰를 거쳐 작성된 점을 고려하면 그 내용의 무게를 간과할 수는 없을 것이다.

미국에 한국을 잘 알고 한국의 입장을 대변해줄 지한파와 친한파가 줄어들고 있다는 것은 본질적으로는 미국 정부의 문제이지만, 결과적으로는 한국의 국익에 손상이 가는 대목이라 할 것이다. 북한 핵문제는 말할 것도 없고 주한미군의 새로운 역할 모색, 한 · 미 군사협력의 조정 등 양국이 조율해야 할 어려운 문제들이 산적해 있는 상황에서 미국의 백악관, 행정부, 의회에 한국의 입장을 이해하고 대변해줄 세력이 사라져간다면 큰 문제가 아닌가.

한국 정부는 그동안 미국 내 인재와 인맥 관리를 얼마나 체계적으로 해왔는지 자성해보아야 한다. 일본이 리처드 아미티지(Richard Armitage), 조지프 나이(Joseph Nye)와 같은 미일동맹의 수호자들을 확보하기까지는 정부가 음으로 양으로 나서서 미국 각계에 일관된 인맥 관리를 꾀해온 각고의 노력이 숨어 있다.

한국통으로 불리는 미국 내 전문가들은 배우자 또는 부모가 한국인이어서 자연스럽게 한국말과 한국의 사정에 노출된 경우가 대부분이다. 그렇지 않을 경우, 원래는 일본이나 중국을 전공하는 지역 연구자였다가 한반도 문제가 중요해질 때면 '곁다리'로 한국도 다루는 상황이 다반사다.

한국의 외교안보 이익에 있어 가장 긴요한 협력 상대인 미국을 관리하는 것은 결국 우리 스스로의 몫이자 책임이다. 한국에 새로운 정권이 들어설 때마다 코드가 맞아서 이야기하기 쉬운 상대만 골라 가까이할 경우, 단기적으로 실용외교는 될 수 있을지언정 장기적 안목에 따른 대미관계는 취약해질 수밖에 없을 것이다. 미국의 한국 담당 파트는 물론 이들 정부 인사와 수시로 의견을 주고받는 싱크탱크(think tank)들을 망라한 체계적인 한·미 네트워크를 구축해야 한다.

개인 차원의 유대관계에서는 서로 잘 알고 마음만 통하면 나머지 문제는 부차적인 것으로 치부할 수 있다. 그런데 국가 관계는 사람끼리는 통해도 정책이 서로 다르면 좋은 관계를 오래 유지하는 것이 불가능하다. 다시 말하면 한·미의 전략적 이해가 한미관계의 틀 안에서 교감을 이루는 호혜적(互惠的) 관계가 필요하다.

그래서 미국 내 한국 전문가를 확충하는 일은 단순히 사람과 조직을 관리하는 차원을 넘어 한국의 입장과 한국의 대외정책을 미국에 올바로 이해시킬 수 있는 전략적 사고를 동시에 필요로 한다. 미국에 한국통을 기르는 일은 결국 한국에 제대로 된 미국통을 갖추는 일과도 통한다.

(동아일보 2005년 7월 2일자 칼럼원고를 수정함)

38. 대(對)중국 외교 지렛대는 한미동맹

부산 오는 길에 일본에 들렀던 조지 W. 부시 미 대통령은 2005년 11월 12일 아시아태평양경제협력체(APEC) 정상회의가 끝나자 곧바로 베이징으로 날아가 미·중 정상회담을 했다. 이미 각별한 미일관계는 한층 다지고, 조심스러운 미중관계는 적절히 관리할 필요가 있다는 미국의 의중이 드러난다.

또 부시 미 대통령의 이번 동북아 순회 정상외교는 상대 국가에 따

그들은 왜 정답이 있어도 논쟁하는가

라 정상회담의 중점 의제를 차별화하고 있음을 보여준다. 일본과는 군사동맹을, 한국과는 북한 문제를, 중국과는 경제관계를 우선시하는 회담이었다.

중국에 대한 대규모 무역적자 때문에 미국이 느끼는 피해의식은 상당히 크다. 중국이 지금 누리는 수출 호황은 값싸고 풍부한 노동력 때문이기도 하겠지만, 더 큰 요인은 턱없이 저평가되어 있는 위안화를 고정환율제라는 이름으로 방치하는 정부의 정책 덕택이라는 것이다. 지적재산권 보호에 그다지 열성적이지 않은 중국의 태도 역시 미국의 눈에는 반(反)시장주의적 행태로 비칠 것이다.

이러한 미·중 간 경제갈등은 결국 정치불신 문제로 귀결되기 마련이다. 미국의 입장에서는 중국 지도부의 사회주의 정치가 불공정한 거래와 불투명한 군비(軍備)를 유발한다고 보기에 그러하다. 방중(訪中) 공식 일정의 첫 순서로 교회부터 달려가 예배를 본 부시 대통령은 중국 정부에 인민의 종교와 정치적 자유를 보장하라는 무언의 압력을 행사한 셈이다.

미국이 정상회담에서 제기한 각종 문제에 대해 중국은 회피와 보류 전략으로 일관했다. 위안화 저평가 문제를 어떻게 해소하겠다는 대책 대신 상호 '윈-윈'의 결과를 찾아보겠다고만 했다. 또 후진타오(胡錦濤) 주석은 중국이 인권과 자유의 수준을 높이더라도 자기네 사정에 맞게 할 것이라고 말해 남의 정치에 참견하지 말라는 듯한 인상을 내비쳤다. 미국이 대만의 독립을 용인해서는 안 된다는 경고도 잊지 않았다. 한반도의 비핵화가 깨져서는 누구에게도 이로울 게 없다는 점에 공감하면서도 북한을 움직이기 위해 중국이 취할 정책 방향은 여전히 모호해 보인다.

이번 미·중 정상회담에서 드러난 분위기를 함축하면 다음과 같다. 중국은 무섭게 크고 있다. 미국은 그러한 중국이 보다 개방화·자유화되어야만 자신과 융화할 수 있을 것으로 본다. 그런데 중국 지도부로서는 정치·경제의 모든 것을 갑자기 개방할 경우 대외종속이라는 커다란 부작용이 올 것을 우려한다. 세계화 추세를 따르더라도 천천히, 개혁을 하더라도 조금씩 우선순위에 따라 하자는 것이다. 현행 국제질서의 보편가치를 철저하게 표방하는 책임대국으로 태어나기를 촉구하는 미국의 주문에 대해, 서방세계가 규정한 가치를 일방적으로 따를 마음이 없으며 대신 평화발전을 추구하겠으니 중국의 의도에 대해 너무 의심하지 말아달라는 답변이 나온 셈이다.

미중관계가 우호적이면 이들이 한반도를 놓고 충돌할 가능성이 적어 한국의 대미·대중 정책도 수월해진다. 한쪽과의 협력이 다른 한쪽과의 긴장을 자초하는 배타적 관계를 상정하지 않아도 되기 때문이다. 그러나 좌우의 초강대국들이 어떻게 나오는지에 따라 우리의 처신을 결정하기만 하는 수동적 자세로는 21세기를 견뎌내기 힘들 것이다.

미중관계가 좋든 나쁘든 한국은 각자와 맺어야 할 전략관계의 핵심 덕목에 충실해야 한다. 미국과는 북한과 안보 문제가, 중국과는 통상협력 문제가 주축을 이뤄야 한다. 특히 대중(對中)관계의 지렛대가 되어야 할 한미동맹이 흔들리면 대중 협력도 자신 있게 추진할 수 없다.

나아가 주변 강국들의 한반도 접근법에 적응하는 수동적 자세를

그들은 왜 정답이 있어도 논쟁하는가

벗어나, 한국의 대북정책과 한국의 장래 외교 비전에 그들의 이해관계 역시 부합하게끔 우리 외교의 명분과 협상력을 강화해야 한다. 그러려면 한국이 가진 능력과 이미지를 어떻게 하면 극대화할 수 있을지 연구해야 한다.

(중앙일보 2005년 11월 22일자 칼럼원고를 수정함)

39. 흠이 있다면 철회하는 것도 용기다

노무현 정부의 자주외교 정책의 결정판인 전시작전통제권 '환수' 추진은 한국 안보의 장래를 총체적으로 위협하는 위기 상황을 자초하고 있다. 주권 문제와 아무런 관계도 없는 군사방어태세를 곡해하여 마치 미국으로부터 독립운동하듯 국민을 선동하는 저의는 무엇인가?

평상시 한국군은 인사, 정보, 작전, 군수, 예산 등을 망라한 모든 지휘권을 독자적으로 행사한다. 이 중 정보, 전투작전, 전투편성의 세 가지 영역을 통제하는 작전권 역시 평상시 한국이 행사하고 있으며, 전쟁 상황하에서만 양국의 동의 절차를 거쳐 한미연합사령관(주한미군사령관)이 작전통제를 총괄하되 실제 전투는 한·미 양국이 공동 수행하게끔 돼 있다.

한미연합 방위태세가 물샐틈없이 구비되어 북한의 도발을 억지하는 한, 전시작전권 논란은 애초에 발생할 이유가 없다. 싸워서 이길 정도가 아니라 아예 싸움을 걸어오지 못하게 할 정도가 돼야 대한민국의 안전이 보장된다. 정부는 우리 혼자서 북한의 군사 위협을 상대하는 어려운 길을 자초함으로써 자주국방의 구현이라는 심리적 만족감을 대가로 한국 안보의 장래를 벼랑 끝으로 내모는 우(愚)를 범하고 있다.

미군이 계속 한국에 주둔할 것이고 전시 상황이 생기면 증원군을 보내오도록 약속받을 터인데 무슨 걱정이냐고 반문하는 자들의 논리에는 미국의 확실한 도움 없이는 자주국방이 불가하다는 역설적 고백이 담겨 있다.

한미관계의 공고화를 약속하는 관리들의 장담과는 달리, 이미 악화될 대로 악화된 한미관계가 회복되리라고 믿게 할 어떠한 조짐도 보이지 않는다. 독재정권의 핵 개발 이유는 이해한다면서 이를 막기 위해 북한을 압박해서는 절대 안 된다는 태도로 무슨 동맹 신뢰가 가능할 것인가. 공개석상에서는 미국을 면박 주고 마음속으로는 미군 철수를 걱정하는 한국에 대해, 공개석상에서는 예의 바르게 대답하고 마음속으로는 차갑게 한국을 정리하기 시작한 미국을 직시해야 한다.

청와대의 '빨리빨리' 재촉에 우리 국방부가 최대한 앞당겨 잡은 2012년도 버거운 마당에, 2009년이 아니라 노무현 대통령의 말씀대로 당장이라도 한국은 이를 해낼 수 있다고 독려하는 미국의 반응은 흡사 이미 마음이 식어버린 배우자의 고별사를 연상하게 한다.

전시작전통제권의 단독 행사는 곧 한미동맹의 집행기구인 한미연합사령부의 해체를 뜻한다. 주한미군의 지속적인 주둔을 보장하는 어떠한 다른 기구가 생겨난다 해도 한반도 유사시 미국이 직접 팔을 걷어붙이고 한국을 도와 움직이게끔 돼 있는 현재의 체제보다 훨씬 취약하고 유동적인 체제가 될 것이다. 한미연합사는 효율성·신속성·통합성 면에서 세계에서 가장 뛰어난 사령부다.

미사일에다 핵무기까지 더한 북한의 도발 능력을 앞에 두고 '자주' 타령만 할 것인가. 미일동맹은 오히려 지상군사령부의 일체화(일본 가나가와현 자마 기지)를 꾀하여 한미연합사 모델에 접근하는 중이다. 한미연합사의 해체로 한국은 위기 시 미국의 지원을 그들의 정치적 판단에 맡겨야 할 것이다.

미국이 한반도의 분쟁 상황 시 애매한 태도를 취할 경우 북한의 처리를 놓고 중국·러시아의 개입을 초래할 가능성이 크다. 민족공조에 의한 통일을 꿈꾸는 자들에겐 엉뚱한 소리로 들릴지 몰라도, 한미연합사의 해체는 김정일 정권 이후의 또 다른 사회주의 북한 정권을 중국이 관리하게 되는 과정을 손 놓고 지켜보는 결과를 초래할 것이다.

자주국가로 간다고 생색내면서 세금 부담, 안보 걱정, 분단 고착화를 야기하는 전시작전통제권에 집착하는 것이야말로 반자주적이고 반민족적인 처사다. 북한 대남전략의 제1과제는 한미관계의 무력화다. 지금처럼 친북반미 단체들이 활개를 치는 세상이라면 주한미군을 보장하는 새로운 제도를 논의하는 과정에서 우리 사회는 다시금 분열과 혼란을 겪게 될 것이다.

이제 모든 것은 노 대통령의 결심에 달렸다. 마음먹은 일도 중대한 흠결이 발견되면 깨끗이 철회할 줄 아는 것이 지도자의 용기다. 애국자들의 고언(苦言)을 정치적 공세로 규정하고 오기로 밀어붙인다면 레임덕은 고사하고 훗날 치러야 할 역사적 책임을 피하기 힘들 것이다.

(동아일보 2006년 8월 14일자 칼럼원고를 수정함)

40. '전시(戰時)작전통제권' 전환, 평시(平時)가 더 문제다

한·미 양국이 공유하고 있는 한반도에서의 전시작전통제권을 2012년 4월 17일까지 분리하기로 한 결정[17]은 앞으로 한국의 안보와 한미동맹 관계에 무슨 영향을 미치게 될까. 그간 제기된 주된 논란은 연합 군사체제가 보다 결속력이 약한 공동 방위체제로 전환될 경우, 한·미 간 효율적인 군사협조가 이루어질 것인가 하는 문제였다. 그중에서도 논쟁의 핵심은 한반도에 전쟁이 나면 미국이 함께 싸워줄 것인가이다. 이는 설사 같이 싸워준다 해도 증원전력의 규모는 현재의 수준보다 줄어들지 모른다는 불안감에 바탕을 두고 있다.

일리가 있는 걱정이다. 전쟁을 처음부터 함께 수행하게 돼 있는 한미연합사 체제가 해체되면 미국의 참전 결정은 정치적 판단에 좌우될 공산이 커지기 때문이다. 미국의 적극적인 협조를 다짐하는 문서가 마련될지라도 미국 쪽에서 그 문서를 지킬 여건과 마음까지 늘 유지되리라는 보장은 없다. 한국이 독자적으로 엄청난 비용과 노력을 들이더라도 '미국 변수'에 모호성이 존재하는 한, 안보상황은 아무리 잘한다 해도 지금보다 취약해질 수밖에 없다.

그런데 전시작전통제권의 전환 문제는 앞으로 전쟁 상황이 아닌 평시에도 한·미 안보관계를 괴롭히는 골칫거리를 양산할 가능성이 크다. 이미 전시작전통제권 논의의 출발부터 동맹정신은 훼손되었고

---

17 2007년 2월 23일 미국 워싱턴에서 열린 한·미 국방장관회담에서 김장수 장관과 로버트 게이츠(Robert Gates) 장관 간에 합의가 이루어졌다.

그들은 왜 정답이 있어도 논쟁하는가

엄연한 군사 문제가 감정적으로 다뤄지는 사태가 빚어지지 않았는가. 노무현 대통령의 집요한 소신이 마침내 한국 정부의 대미(對美) 전시 작전통제권 분리 요구로 나타났고(2005년 9월) 미국은 '이러한 취지에 동의는 하되 논의는 신중히 하자'는 태도를 보이다가 돌연 입장을 바꾸어 오히려 얼른 가져가라고 재촉(2006년 7월)하기에 이르는 과정을 되짚을 필요가 있다.

안보의 약화를 무릅쓰면서까지 안보주권을 되찾고 싶다는 한국 측의 궤변이 아무리 어이없다 하더라도 미국은 그러한 요구를 뿌리칠 수 없었을 것이다. 대화의 코드가 다른 한국 정부를 상대로 '동맹의 바람직한 미래상(像)'을 일방적으로 설교할 수도 없는 상황에서 미국은 당장 취할 수 있는 명분과 실리를 택했다. 옳건 그르건 한국이 원한다면 미국도 지지한다는 명분을 분명히 한 것이다. 정보 획득, 병력 동원, 무기체계 이전 등 한국이 미국으로부터 필요로 하는 아쉬운 부분이 더욱 많아졌고, 미국은 주둔 비용은 절약하면서도 한국에 대한 협상의 칼자루를 잡을 수 있게 되었다.

전시작전통제권의 분리 문제는 한미연합사령부를 대체하는 새로운 독립적 군사지휘체계를 서로 따로 만들고 이들이 상호 협조하는 메커니즘을 구축한다고 해서 끝날 일이 아니다. 우리는 만에 하나 전쟁이 일어나는 상황을 막기 위해 미국과 동맹을 맺고 있으며 그러한 노력을 펴는 모든 시간은 평시 상황이다. 분가(分家)해 나온 한국군이 평소에 전시(戰時)에 대비한 독자적 전쟁 수행 능력을 구비하고자 하는 과정에서 미국에 의지하고 미국의 눈치를 봐야 할 상황이 비일비재할 것이다. 예전에는 그냥 같이 보던 위성사진도 양국 관계의 여하에 따라 비싼 값을 치를 수도 있다.

전시작전통제권 분리 이후에 한국이 자기방어 능력을 갖추는 문제 이상으로 중요한 것은 한반도의 안보정세에 관한 판단을 한·미가 같이하는가이다. 2.13 6자 합의가 나오기 무섭게 엘바라데이(Mohamed ElBaradei) 국제원자력기구(IAEA) 사무총장을 초청하고 김계관 외무성 부상을 미국에 보내는 등 북한의 '평화공세'가 현란해지고 있다. 한국 정부가 북한의 핵 폐기 여부에 초점을 두지 않고 대북 지원에 먼저 뛰어든다면, 또 협상을 통한 통일에만 집착하여 북한 내부의 급변 사태에 뒷짐만 지고 있을 생각이라면 전시작전통제권 분리 이후의 한·미 간 전략공조는 설 땅이 없을 것이다.

전시작전통제권 문제가 불거져 나와서 한미관계가 나빠진 것이 아니라 이미 나빠진 한미관계의 여파로 전작권 문제가 터진 것이다. 제도가 아무리 바뀐다 해도 결국 이를 떠받치는 것은 동맹정신이다. 이점을 이해하는 포스트 '노무현-부시 조합'이 과연 등장할까.

(조선일보 2007년 3월 1일자 칼럼원고를 수정함)

41. 부시 정권 임기 말의 대북정책 조급증

김계관 북한 외무성 부상의 일주일에 걸친 방미 일정(2007년 3월초)을 지켜본 많은 전문가는 당혹감을 감추지 못했다. 이번 북·미 양자회담에서 감지된 분위기는 북한이 핵문제 해결에 적극 협조할 것처럼 나서고, 미국은 이런 북한에 대해 금융제재도 풀어주고 수교에도 응할 것처럼 나오고 있다는 것이다. 지난해 연말까지만 해도 적대시 정책을 먼저 철회하라는 북한의 요구와 핵문제 해결이 우선돼야 한다는 미국이 입장이 팽팽하게 맞서던 것을 기억하는 사람이라면 현기증을 낼 만한 반전(反轉)이다.

미국과 북한이 왜 이렇게 변하고 있는 것인지 그 이유는 중요치 않다. 중동 문제로 고립무원(孤立無援)에 빠진 미국이 북한 문제만은 결과를 내야겠다는 집착 때문이어도 좋고, 이번 기회에 미국과 담판을 지어 정권의 존립을 확실하게 보장받으려는 김정일 위원장의 도박 때문이어도 상관없다. 문제는 미·북 관계가 급변하더라도 한국의 외교 목표에 부합하도록 변해야 한다는 것이며, 이를 위해서는 정확한 판단과 대책이 필요하다는 것이다. 미·북 관계 급진전의 전제조건으로 제기할 한국의 입장은 '북한 핵의 완전하고도 분명한 폐기' 하나면 족하다.

북한은 2007년 3월 7일 뉴욕에서 가진 미국과의 양자회담에서 2.13합의의 60일 이내 영변 원자로 폐쇄 약속을 준수할 것임을 확인하였다. 비록 영변 핵시설이 핵물질 추출에 필요한 '소임'을 이미 다하긴 했지만 이의 폐쇄는 핵 활동의 동결이라는 상징적 의미에서 평가할 만하다. 이에 더하여 고농축우라늄(HEU) 관련 장비를 도입한 사실을 시인했고, 이의 사용처를 밝히는 미·북 간 전문가 점검 팀도 구성하기로 했다. 우라늄 핵폭탄을 제조할 의도가 있었음을 간접적으로 인정한 의미 있는 변화다.

하지만 두 가지 중요한 문제가 아직 빠져 있다. 하나는 북한이 이미 제조한 핵탄두와 추출해놓은 플루토늄을 제거하는 문제다. 또 하나는 영변 이외의 핵시설들을 북한이 꼼꼼하게 신고하여 추가적 핵 개발의 포기 의지를 확실히 하는 문제다. 북한 핵의 '과거'가 온존(溫存)하고 '미래' 또한 불완전하게 봉합된 상태에서 김계관 일행이 미국에 요구한 내용들은 무척 거창하다. 테러지원국 리스트에서 북한을 해제해주고, 한반도 평화협정도 맺으며, 연락사무소의 설치도 생략한 채 북·미 수교를 맺자는 것이다.

미국은 방코델타아시아(BDA) 은행의 북한 계좌를 풀어주기로 함으로써 2.13합의를 이끌어낼 수 있었듯이 지금 거론되는 북한에 대한 물질적·정치적 보상들이 북한의 핵 폐기를 유도하는 전략적 카드일 뿐, 원칙도 없이 북한에 무모하게 다가서는 것은 아니라는 입장이다. 물론 시작이 없으면 결과도 없으므로 무한정 북한을 압박만 해서도 안 될 일이다. 그렇다고 북한의 핵 해체가 시작되기도 전에 미국이 북한과 우방국 관계를 선언하도록 방치할 수는 없다. 한국이 지금부터 할 일은 북한이 핵만 수출하지 않는다면 상황이 애매모호하더라도 대북관계를 개선하겠다는 '이상한' 생각을 미국이 하지 않도록 예방외교(preventive diplomacy)를 펴는 것이다.

북한의 핵무장은 한국 안보태세의 무력화와 다름없다. 북한과 미국이 평화협정을 논한들, 북핵 폐기와 남북 적대관계 청산이 있기 전까지는 서명할 평화의 내용이 없다.

작금의 미·북 해빙 무드를 덥석 반기기로는 아마도 한국 정부가 일등이지 싶다. 2.13합의의 60일 이행 기한을 기다리는 것도 안달이 나서 쌀과 비료의 제공을 먼저 약속한 모양이다. 남북 정상회담의 군불 때기도 본격화될 조짐이다. 미·북 관계의 전환기를 계기로 꼬였던 안보 문제를 하나씩 풀어가려는 진중한 자세는 보이지 않고 무작정 평화를 외치며 달려 나가는 모습이 걱정스럽기만 하다.

(문화일보 2007년 3월 9일자 칼럼원고를 수정함)

42. 노 대통령 '지금' 미국에 간들

2006년 9월 14일 미국에서 열릴 한·미 정상회담은 아무런 궁금증이나 기대도 자아내지 않는다. 예상되는 모양새는 이제까지 다섯 차례의 만남에서 그랬듯 함박웃음을 띤 두 사람이 악수를 하며 한미관계의 중요성을 재확인하는 것이다. 북핵문제의 평화적 해결이라는 '상용(常用) 문구'에 더하여 이번 회동에서는 미국의 한국에 대한 전시작전통제권 이양 원칙을 못 박고 한·미 자유무역협정(FTA) 협상의 타결을 위해 노력한다는 점이 추가될 것으로 보인다.

미국의 주요 당국자들이 사석(私席)에서 밝히는 솔직한 심정은 노무현 대통령이 이번에 왜 미국에 오려고 하는지 잘 모르겠다는 것이다. 6자회담은 북한이 응해야 열릴 것이고, 전시작전통제권은 한국이 원하는 대로 줄 것이며, FTA 협상은 실무진에서 논의하는 중인데 대통령끼리 새로 얘기할 주제가 없다는 것이다.

청와대가 한·미 정상회담을 원하는 이유는 회담의 내용보다는 한미관계가 건재하다는 것을 국민에게 확인시킬 필요성 때문일 것이다. 국내에서 갈수록 거세지는 전시작전통제권 이양 논의 중단 요구에 '그대로 추진' 의지를 밀어붙이는 동시에, 한·미 양국 간 신뢰에 문제가 없으니 한국 안보에 대한 미국의 지원도 보장된다는 메시지를 부각시키려는 복안이다.

북한 변수의 불확실성이 증대되는 시점에 한국에 미칠 군사 · 경제적 파장은 논외로 하더라도 미국이 한국 정부의 제안에 장단 맞추는 것을 마치 한미관계가 긴밀한 것처럼 호도하려는 것은 국민을 우롱하는 처사다. 미국은 어디까지나 한국이 먼저 요구해온 전시작전통제권 이양에 응하되 신속하고도 확실한 처신을 통해 명분도 실익도 얻겠다는 결심을 한 것이지, 한국이 앞으로 겪게 될 각종 걱정거리를 대신 떠맡겠다는 뜻은 아니다.

신중한 논의 없이 덥석 제기해놓고 의외로 미국이 적극적으로 나오니까 어차피 상대방이 원했던 것이라고 둘러대서는 안 된다. 미국은 자신의 필요성 때문에 결코 한국을 버리지 못할 것이라는 막연한 확신으로 그간 용감한 반미(反美)를 불사해왔다. 이러한 무모함이 급기야는 미국으로 하여금 '한국의 요구에 따라' 자연스럽게 한미관계를 재조정하게끔 만든 셈이다.

미국이 볼 때 한국은 중요한 나라이지만 세계 전역에 걸쳐 관리하는 여러 동맹국 중 하나일 뿐이다. 한국이야말로 한미동맹 없는 어떤 대안도 찾지 못하는 처지 아닌가. 한 · 미 간 기본적인 신뢰관계마저 훼손해가면서 "역대 어느 정권이 이만큼 당당하게 미국과 협상한 적이 있느냐"고 떠벌릴 것인가.

제 살을 깎아먹는 자주외교 말고도 한미관계를 겉돌게 만드는 보다 근본적인 이유는 우리 정부의 말과 행동의 불일치에 있다. 북핵 반대, 북한 인권 문제 중시, 국제 불법 행위 근절 등의 원칙에 입으로만 동의했지 실제로 미국과 정책 공조를 편 사례는 찾아보기 힘들다.

노 대통령은 2003년 취임 후 조지 W. 부시 미 대통령과의 첫 정상회담에서 북핵문제가 풀리지 않으면 외교·경제적 압박을 통한 '추가적 조치'에 함께하겠다는 약속을 해놓고도 이를 저버렸다. 한국 정부의 맹목적인 대북 지원이 북한 당국의 벼랑 끝 전술에 힘을 실어주어 사태를 더욱 어렵게 만든다는 것이 미 정부의 인식이다. 북한은 온갖 핑계를 대며 핵 동결을 거부하고 미사일까지 쏘는데도 우리 지도자는 미국이 너무 쏘아붙여서 북한이 불안해한다는 인식을 갖고 있는 것이다.

그렇다면 일반 국민이 감지하는 한미관계의 적신호를 우리 대통령은 제대로 보고 있을까. 한미관계가 나쁘다는 것을 국가 지도자가 제대로 인지하지 못한다는 점이 바로 한미관계를 걱정하게 만드는 또 다른 이유가 된다. 노 대통령은 지난주 루마니아에서 열린 교민간담회에서 약효가 그리 길게 가지는 않지만 자신이 조지 W. 부시 대통령을 만나면 한미관계는 한동안 조용해지곤 했으며, 이번에도 양국 관계를 탈 없이 조정하겠다고 말했다. 한미관계의 무엇이 어떻게 어긋나 있는지에 대한 진지한 고민보다는 그저 눈앞에 닥친 현안에 대한 이견만 조율하겠다는 안이한 사고가 배어 있다.

국가전략 자체가 잘못돼 있으면 제아무리 미국의 대통령과 회담한다 해도 알맹이가 빠진 인사치레만 반복할 뿐이다.

(동아일보 2006년 9월 11일자 칼럼원고를 수정함)

43. 트럼프의 미국, 어떻게 상대할 것인가

그래도 설마 아니겠지 하던 일이 일어났다. 도널드 트럼프(Donald J.

Trump) 후보의 그간의 행적과 발언을 두고 미국인인 것이 부끄럽다고 얘기했던 사람들은 허탈감에 빠졌다. 정반대의 결과를 일관되게 예측한 여론조사 결과는 밖으로 드러나지 않은 민심을 읽어내는 데 실패했다.

트럼프의 극적인 대통령 당선은 현재 미국이 맞닥뜨린 현실에서 이성보다는 감성이 득표 전략에 주효했음을 보여준다. 재정적자, 사회문제, 대외관계를 막론하고 미국이 고전하는 모든 문제의 책임을 외부 세력에 전가하는 '책임 투사(投射)' 캠페인은 미국 대중의 마음속에 꿈틀대던 불만 코드를 자극했다. 미국 대선 결과는 경륜과 안정감의 이미지를 내건 힐러리 클린턴(Hillary R. Clinton) 후보를 타성에 젖은 반(反)개혁주의자로 판정 내린 셈이다.

그렇다고 트럼프가 외치는 개혁과 변화가 미국 자신은 물론 국제사회에 어떤 영향을 미칠지는 미지수다. 공화당 후보로 나와 대통령이 된 그의 대외정책 기조는 전통적 공화당 기조와 정면으로 배치된다. 강력한 힘과 리더십을 기반으로 세계 문제에 적극적으로 간여(engage)하고 자유무역과 민주주의를 확산시켜 번영과 평화의 저변을 강화하는 것이 본래 공화당 대외정책 노선이다.

해외에 나가 있는 미군을 철수시켜 동맹국들이 더 이상 미국 안보 우산에 무임승차하지 못하게 하고 다른 나라의 각종 비관세 장벽과 통상(通商) 편법에 극단적 보호무역주의로 대응하자는 트럼프의 주장은 그 실현 가능성과 효과 측면에서 검증이 필요하다.

필자의 지도교수였던 존 미어샤이머(John J. Mearsheimer)와 스티븐 월트(Stephen M. Walt) 교수는 2016년 여름 학술지 '포린 어페어스(Foreign

Affairs)'에 공동 기고한 글에서 미국이 이제는 역외 세력균형(offshore balancing) 전략을 펴야 할 시점이라고 주장했다. 미국이 유럽과 중동을 과감히 떠나더라도 세상은 멀쩡할 것이라는 것이다. 북대서양조약기구(NATO)가 사라지면 영국·프랑스·독일이 알아서 유럽의 안보를 지키기 위해 노력할 것이고, 미국의 부재(不在)로 반미주의가 경감될 중동은 극단적 테러리즘의 공포에서 해방될 것이라고 예측한다. 단, 동아시아 지역은 예외로 부상(浮上)하는 중국이 역내 질서를 갑자기 바꾸지 못하도록 개입 기조와 동맹 공조를 유지해야 한다고 주장한다.

미국의 이익을 침해하는 중국을 공격적으로 견제해야 한다고 보는 트럼프의 견해는 위의 '선별적(selective)' 역외 세력균형자론과 맥을 같이한다. 이는 세계의 특정 지역에 특정 패권국이 등장하지 못하도록 필요한 선에서만 적절히 개입하고 국가역량을 안으로 모아 미국을 재건하는 데 집중하자는 논리에서 기인한다. 미국의 고립주의로 이라크·아프가니스탄의 민주화 과정이 퇴보하더라도 상관없다는 입장은 민주주의·인권·자유무역과 같은 규범의 추구가 미국 이익과 무관하다는 몰가치성(沒價値性)을 대변한다.

쇠락한 러시아를 불필요하게 몰아세우고 유럽연합(EU)의 외연(外延)을 동유럽으로 확장해 미국이 푸틴(Vladimir Putin) 러시아 대통령의 크림반도 병합을 유발했다는 역외 세력균형론의 분석 역시 이상하리만큼 러시아를 두둔해온 트럼프를 변호하는 셈이다.

평생 국정(國政) 경험이 전혀 없는 트럼프가 국제정치 이론의 맥락을 충분히 이해하고 대외관계를 설파했는지는 단정할 수 없다. 다만 이제까지 트럼프가 주장한 역외 세력균형론에 가까운 외교관(觀)은 2017년 1월에 출범할 트럼프 행정부의 공식 외교기조로 현실화되기는 어려울 것이다. 역대 미국 어느 행정부도 어김없이 힘과 가치의 외교를 병행함으로써 세계질서의 규칙을 주도하고 이를 보편타당한 규범으로 뒷받침하고자 했다.

한국 문제와 관련하여 지금부터 트럼프 당선자에게 필요한 것은 북한 체제의 속성을 올바르게 이해하고 북한 정권의 대외전략에 담긴 이면(裏面)의 의도를 정확하게 파악하는 일이다. 그는 북한판(板) 미·북 평화협정에 담긴 파급효과를 이해해야 한다.

한국과 일본의 핵무장을 과감하게 용인할 것이 아니라면, 동북아시아의 평화를 지켜내고 한반도의 통일을 추구함에 있어 동맹국과 맺은 신뢰와 협력이 긴요하다는 점을 확고히 천명해야 한다. 트럼프는 또한 국제사회에서 누군가와 60년 넘게 뜻을 공유하고 어려움을 함께 이겨낸다는 것이 돈으로는 따질 수 없는 귀중한 외교 자산임도 인식해야 한다.

미국에 들어설 신(新)행정부의 인물도 정책도 아직 유동적인 이 시점에 한반도 문제의 당사자인 우리가 선제적으로 워싱턴의 담론과 기류를 주도하는 노력이 필요하다. 그러한 역량과 돌파력을 지금 한국 정부로부터 과연 기대할 수 있을까. 한국사회 일각(一角)에는 다른 견해가 있을 수 있지만 이것이 대한민국 대외전략의 정론(正論)이라고 힘 있게 말할 수 있는가. 남보다 우리가 걱정이다.

(조선일보 2016년 11월 10일자 칼럼원고를 수정함)

44. 미국은 북한보다 한국을 궁금해한다

지난주(2017년 3월 말) 워싱턴에 가서 미국 대외정책 수립에 직간접적으로 간여하는 인사들을 두루 만났다. 그들의 공통 관심사는 한미관계였다. 앞으로 북한이 어떻게 나올지는 (이미 알고 있기 때문에) 궁금하지 않다면서 새로 등장할 한국의 리더십이 북한과 미국에 어떻게 나올지 예의주시할 것이라고 했다. 무디스(Moody's)와 같은 글로벌 신용평가기관, 대규모 투자가들의 한국에 관한 주된 관심도 한국의 경제보다는 한미관계의 향방에 쏠려 있었다.

그들의 생각을 보다 정확히 표현하자면, 이제까지 드러난 한국의 여론 추이가 통합민주당 문재인 후보의 대통령 당선 가능성을 강력히 시사하는데, 만일 이것이 현실화된다면 한미관계의 악화는 예견된 수순이라는 것이다. 한미관계에 닥칠 도전이 부분적이고 일시적일지, 아니면 양국 관계의 기초 자체가 흔들리는 치명적인 결과로 이어질지는 속단하기 이르다고 했다. 의사표현이 직설적인 트럼프 미 대통령과 한국의 새 대통령이 관계의 첫 단추를 어떻게 꿸지도 변수일 것이다.

트럼프 행정부가 당장 궁금해하는 것은 사드(THAAD)와 개성공단에 대한 차기 한국 행정부의 태도다. 전임 정부 때 이미 시작된 사드 배치를 인정하고 협력할 것인가, 방치할 것인가, 아니면 아예 철수를 요구할 것인가에 따라 한미관계의 진로는 판이해질 것이다. 현찰을 북한 당국에 지급하는 기존 방식대로 개성공단·금강산 관광이 재개될 경우, 이는 UN안보리결의안 2321호에 정면 위배될 뿐 아니라 북한 핵 · 미사일 능력 차단에 (중국을 제외하면) 한목소리를 내온 국제공조 체제에서 한국이 낙오하리라는 것이 워싱턴의 대체적인 시각이다.

트럼프 행정부의 대북정책 슬로건은 새롭게 포장될지라도 핵심 기조는 오바마 행정부의 그것과 별반 다르지 않다. 그것은 북한의 핵 폐기 의사 없는 핵 동결 약속에 다시는 기만당하지 않고, 북한 위협을 약화시키고 억지하는 정책과 수단을 구비하면서, 북핵을 포함한 모든 북한 문제를 해소하기 위해 한반도의 자유민주통일을 추진하는 것이다. 트럼프 행정부는 북한의 핵 · 미사일 능력 강화를 더 이상 용인할 수 없다는 판단하에 좀 더 구체적이고 강력한 정책 패키지를 마련하고자 할 것이다.

1994년의 제네바합의를 시작으로 9.19 비핵화공동성명(2005년), 2.13/10.3합의(2007년), 2.29합의(2012년)를 거치며 도발-제재-협상-합의-지원-파기의 똑같은 주기가 반복됐다.[18] 그러면서 북한에 다소 개방적(liberal) 태도를 보였던 미국의 민주당은 북한 정권의 행동지침과 존재 이유는 오직 자신의 권력 유지로 귀결됨을 깨달았다.

한국의 민주당은 아직도 대북 협상과 지원의 마법을 믿고 있다. 대

---

18 1994년의 미 · 북 제네바합의, 2005년의 6자회담 9.19합의, 2007년의 6자회담 2.13/10.3합의는 모두 북한의 핵 활동 동결 착수와 핵 프로그램의 궁극적인 해체 약속을 전제로 대북 경제지원을 먼저 실시했으나, 결국 북한의 핵 활동 재개로 파국을 맞이했다. 2012년의 2.29합의('Leap Day' Deal)는 미국 오바마 행정부가 북한의 핵실험 · 미사일 시험 동결을 전제로 대북 '영양 지원(nutritional assistance)'을 약속한 것이나, 2.29합의 6주 뒤인 4월 13일 북한이 장거리탄도미사일 대포동2(은하3호)를 발사함으로써 미국이 영양 지원을 준비하기도 전에 미 · 북 합의가 무산되었다.

북 제재는 효과가 없고, 김정은 정권의 통치력은 건재하며, 통일은 비싸고 부담스럽다는 것이 문제인 캠프의 입장이다. 그들 어느 누구도 대한민국의 자유민주통일을 이루겠다고 떳떳하게 이야기하는 것을 들은 바가 없다.

지도자가 되려는 사람의 국가관이 불분명하다고 여겨지면 국민은 질문할 권리가 있다. 대답이 궁할 때마다 색깔 논쟁 하지 말자고 피해 갈 일이 아니다. 한국의 군사 방어 태세 구축 노력을 북한과 중국을 자극하고 전쟁을 유발하는 행위로 호도하고 우리의 무장 해제를 평화 보장의 지름길로 주장하는 사람들이 나라를 운영한다고 가정해보라. 문재인 후보 한 사람의 생각에 국한된 문제가 아니라 그를 둘러싼 원로 그룹과 정치적 동지들의 확고한 신념이 '대통령' 문재인을 압도할 것 같은 예감을 지울 수 없다.

사흘 뒤(2017. 4. 6) 열리는 미·중 정상회담은 트럼프와 시진핑 두 지도자의 상견례 자리이지 한반도 정책을 결정짓는 담판의 장(場)이 아니다. 중국은 대미 투자, 일자리 창출 방안을 제안해 미국의 '불만'에 일정 부분 화답하고, 대신 남중국해와 북한 같은 껄끄러운 문제는 차차 실무급에서 논의할 장기적 과제로 돌리려 할 것이다. 중국으로서는 한국의 차기 대통령만 잘 뽑히면 다 쉽게 풀릴 텐데 굳이 미국과 지금 한미관계로 다툴 이유가 없을 것이다.

영국 브리스틀(Bristol) 대학의 인지심리학자 스테판 르완도스키(Stephan Lewandowsky) 교수는 2016년 미국 대선에서 트럼프 후보를 지지한 사람의 절대다수가 어떤 정보라도 트럼프가 말했다고 하면 믿는 경향이 있으며, 설사 나중에 그 정보가 거짓으로 밝혀져도 투표장에서 트럼프를 찍겠다는 기존의 입장은 바뀌지 않았음을 입증했다. 국제 환경에 훨씬 취약하고 분단된 한국이 분열과 반목으로 인해 겪는 고통과 후과(後果)는 미국의 경우에 견줄 바가 아니다. 국민은 5주 뒤에 내릴 자신의 선택이 가져올 국가의 운명이 혹시 애초의 기대와 적지 않게 다르더라도 불평 없이 받아들여야 할 것이다.

(조선일보 2017년 4월 3일자 칼럼원고를 수정함)

45. 엇갈린 속내로 맞이하는 한미 정상회담

국제정치학계의 거두(巨頭) 케네스 월츠(Kenneth N. Waltz)가 1979년 『국제정치이론(Theory of International Politics)』을 통해 집대성한 신현실주의 (neorealism) 학풍의 영향력은 지난 40년 가까이 독보적인 영향력을 발휘해왔다. 신현실주의에 따르면 국제사회의 주요 행위자인 국가는 서로 생존과 국익을 놓고 끊임없이 경쟁하는 안보 딜레마(security dilemma)의 구조를 벗어나지 못한다. 국제 구조가 잉태하는 권력정치의 속성이 어떠한 도덕 · 윤리 외교도 무력하게 만들며, 다자 협력의 미덕을 신봉하는 국제연합(UN)과 같은 국제기구도 강대국의 이익을 반영하는 보조물에 지나지 않는다고 본다.

　신현실주의자들이 보는 국제질서는 소수의 강대국들이 벌이는 파워게임 무대와 다름없다. 스스로의 힘으로 자주국방을 갖추지 못한 나머지 대다수 국가는 강력한 동맹 파트너를 확보해 외부 위협에 대한 세력균형(balance of power)을 충족해야 한다.

　그렇다면 미국과의 동맹을 축으로 북한 위협을 억제하고 중국 · 일본·러시아 관계를 관리해온 대한민국이라는 나라의 대통령과 정부가 택할 수 있는 예외적이고 파격적인 대외정책의 공간은 그다지 넓지 않다고 할 수 있다. 주어진 전략 환경에서 스마트한 외교를 펴 국익의 극대화를 꾀하거나, 국제 구조가 알려주는 '정답' 대신 새로운 길을 모색하여 신현실주의적 구조주의(structuralism)의 운명론에 도전하는 두 가지의 선택이 존재한다.

2008년부터 불어닥친 세계 금융·재정 위기 속에서 G20 각국의 보호무역주의가 가져올 공멸(共滅)의 위험성을 지적하고 미국·유럽연합(EU)·중국·인도와 같은 거대 경제 세력과 자유무역협정(FTA)을 체결한 것은 국제 구조가 허락한 한국의 위상을 최대치로 활용한 경우다. 그에 앞서 2005년 주창한 동북아 균형자론은 주변 강대국 사이에서 외교의 주도권과 균형자 역할을 자처한 것으로, 미국 위주의 동맹외교에서 벗어나 자주외교를 표방했다. 그러자 미국과의 강력한 공조 관계에서 떨어져 나온 한국이 역내 질서에서 소외됐고, 당초 기대와는 달리 한국의 전략적 입지가 오히려 축소되는 결과가 초래됐다.

2017년 6월 현재 문재인 정부의 외교는 국제 구조를 뛰어넘는 이상론과 국제 구조를 활용하는 현실론 사이에서 갈등하고 있다. 마음속으로는 이제까지 국제 구조가 알려준 원칙론을 마구 뛰어넘고 싶지만 미국과 국제사회가 어떻게 나올지, 국민이 그러한 모험을 지지할지 고민하고 있다.

기왕 마음에 들지 않았던 사드(THAAD)이지만 전임 정부 때 이미 배치가 시작됐으니 한미관계의 충격을 무릅쓰면서까지 철수를 요구하기는 어려웠을 것이다. 하지만 사드 발사대 6기의 배치 과정이 왜 투명하지 않았느냐고 역정을 냄으로써 본디 품었던 생각과 소신에 변함이 없음을 재확인시켜 주었다. 주한미군과 한국의 중부 이남 지역을 북한의 탄도미사일 공격으로부터 보호하고자 하는 사드 본연의 취지에 한국의 대통령이 무관심하다는 인상을 대외에 천명한 결과가 되었다.

대통령을 포함한 외교·안보 진용의 대북관은 대개 일치하며 오래도록 일관성을 보여왔다. 북한 정권을 압박하기보다는 포용하고 지원해야 하며, 모든 문제는 남북 합의로 풀어야 한다는 입장이다. 미국과 일본은 대북 경제제재를 북한의 핵 포기 결심을 유도하는 필요 조치로 인식하지만, 한국과 중국은 대북 압박이 북한을 고립시키고 자극만 할 뿐 대화의 성사를 가로막는 걸림돌이라 여긴다.

새 정부의 대북정책 기조를 햇볕정책 2.0으로 부르든 달빛정책으로 부르든 이를 뒷받침하는 국내외의 정치적 공간(political space)은 김대중·노무현 정부의 햇볕정책 시기에 비해 매우 축소됐다. 25년에 걸쳐 반복된 북핵 협상과 파국의 주기가 북한 정권의 대외 이미지에 돌이키기 힘든 불신을 초래했기 때문이다.

쉬운 남한 정부는 나중에 상대하고 미국과의 담판에 우선 올인(all in) 하겠다는 것이 북한의 복안이다. 워싱턴 당국은 때가 되면 북한과 대화를 하더라도 기존의 대북 압박 기조가 잘 유지돼야 '올바른' 대화가 가능하다고 여긴다. 친북(親北)과 친중(親中)을 모토로 한 한국의 '자주외교'가 부활한다면 한미동맹의 신뢰에 금이 가는 것은 시간문제일 것이다.

그들은 왜 정답이 있어도 논쟁하는가

한·미가 생각이 같아야 중요한 정책을 공조할 텐데 속내가 서로 다르고 이를 피차 알고 있으니 정상회담에서 어떠한 외교적인 언사로 동맹관계를 포장할지 걱정이다. 세계질서를 만드는 강대국은 입맛대로 선택지(選擇肢)를 바꿀 수 있다. 우리는 그런가. 생각 있는 국민이라면 지도자가 시원하게 내지르는 자주외교와 '우리 민족끼리'의 이상론보다는 꼼꼼하게 원칙과 실리를 직시하는 현실론을 지지할 것이다.

(조선일보 2017년 6월 3일자 칼럼원고를 수정함)

46. 문-트럼프 회담, 북 위협 인식 공유가 관건이다

2017년 6월 28일 워싱턴에서 열리는 한·미 정상회담에 이목(耳目)이 쏠리는 이유는 그간 공고히 유지됐다고 평가받는 한미동맹의 앞날이 불투명하기 때문이다. 지난 몇 주 사이에 발생한 돌출 악재들은 양국 정상이 첫 대면을 하기도 전에 동맹 균열이 시작된 것 아닌가 하는 의구심을 자아내기에 충분했다.

문재인 대통령의 6월 5일 환경영향평가 기준 확대 지시로 사드 발사대 배치가 중단됐고, 16일에는 대통령 통일외교안보 특보의 북한 핵 미사일 실험 동결과 한·미 군사훈련 축소 연계 발언이 나왔다. 6월 10일엔 2018년 평택 이전을 앞둔 주한미군 제2사단 송별 콘서트가 좌파 시민단체의 방해로 파행을 빚었다.

문재인 정부는 이러한 '해프닝'들이 코앞에 닥친 회담에 재를 뿌리는 형국이 되지 않을까 염려하면서 적극적인 대응을 취했다. 국가

안보실장을 통해 사드 환경영향평가가 사드 철회를 뜻하지 않는다고 미 당국에 설명했다. 대통령 특보의 방미 중 발언은 정부의 공식 입장과 무관하다는 청와대 브리핑이 뒤따랐다. 문 대통령은 미 2사단 콘서트 파행 사흘 뒤 이에 대한 유감의 뜻을 밝힌 뒤 곧장 한미연합사령부를 방문해 "We go together(함께 갑시다)"를 외쳤다. 당초 대통령 일정에 없던 6월 23일의 현무-2 탄도미사일 시험 발사 참관 자리에서는 "북한과의 대화도 강한 국방력이 있을 때 가능하다"고 언급했다.

이러한 문 대통령의 '우(右) 클릭 변신'에는 얼마만큼 진정성이 실려 있는 것일까. 미국이 문재인 정부에 바라는 협력의 기대 수준은 어디까지인가. 문-트럼프 회담의 성패를 좌우할 1차적 기준은 북한 위협에 대한 양국 지도부의 인식 공유 여부다. 문 대통령은 6월 20일 방송된 미국 CBS 인터뷰에서 김정은 정권이 "핵과 미사일로 뻥을 치지만 속으로는 대화를 간절히 바랄 것"이라고 언급했다. 국가 안보의 최종적 책임자는 적의 1%의 도발 가능성에도 대비 태세를 구축해야 한다. 99%는 문제가 없겠지 하는 생각이라면 북한 핵 위협을 안보정책 1순위로 설정한 트럼프 행정부와 인식의 불협화음을 피하기 어려울 것이다.

문 대통령은 북한의 핵과 미사일을 미국과 평화협정을 맺어 안전 보장과 체제 보장을 받으려는 협상 카드로 인식하는 것 같다. 이제까지 미국은 '비핵화된' 북한을 공격하지 않겠다고 누차 밝혔다. 다시 말해 안전을 보장했다. 그러나 북한 정권이 핵과 미사일로 달성코자 하는 궁극적 목표는 주한미군 철수와 한미동맹 파기, 나아가 한반도의 연방사회주의 통일이다. 다시 말해 북한 체제의 보장과 이의 확산이다.

제네바합의(1994년), 9.19 비핵화공동성명(2005)이 나올 때만 해도 많은 사람은 대량 경제지원을 받은 북한이 핵 동결에 이어 핵 폐기를 이행할 것으로 기대했다. 지금 워싱턴에서 김정은 정권이 핵과 미사일의 진정한 폐기를 전제로 미국, 한국과의 대화를 고민하고 있다고 믿는 사람은 찾기 힘들다.

미국이 이따금씩 북한 당국을 접촉하는 것은 상황을 관리하고 상대방의 의중을 파악하는 정보 판단의 성격이 짙을 뿐, 대북정책의 원칙과 목표를 놓고 타협하는 것은 아니다. 문재인 정부가 명심할 것은 김대중 정부의 2000년 6.15선언과 노무현 정부의 2007년 10.4선언처럼 북핵문제는 한마디도 담지 않은 남북 합의는 이를 주도한 남북한 당국자와 중국 말고는 국제사회의 그 누구도 반기지 않을 것이라는 점이다. 정부의 행보를 보면 북한 당국이 언제 대화의 문을 열어줄까 학수고대하는 마음이 느껴진다. 지도자가 북한 정권의 실체와 의도를 꿰뚫어보지 못하면 우선 한미동맹이 망가지고 그다음은 대한민국이 흔들릴 것이다.

전시작전통제권 행사를 주권 행사의 문제로 규정하는 문 대통령의 시각도(2017년 6월 20일자 미 워싱턴포스트 인터뷰) 대북 위협 인식의 안이함에서 비롯된다. 한·미 간 현행 합의는 북핵 위협이 해소되고 한국의 독자 방위 능력이 충족되는 것을 전시작전통제권 전환의 조건과 시기로 규정한다. 전쟁 상황을 한·미 양국 정상이 합의하여 규정하고 한·미 연합군이 같이 싸우되 전투 지휘와 전쟁 승리의 책임을 한미연합사령관이 지는 현 체제는 북한 정권이 느낄 핵과 미사일 선제공격 유혹을 무력화하는 역할을 수행한다.

북핵문제 해결이 난망한 상황에서 미군의 역할을 배제하고 혼자 전쟁하는 권한을 확보하겠다는 발상은 우리 국민 모두가 원치 않는 전쟁의 가능성을 더욱 높이는 지름길이 될 것이다. 전시작전통제권을 독차지하지 못해 국민 주권 차원에서 자존심이 상하고 일이 손에 잡히지 않는 국민이 얼마나 될까.

이번 워싱턴 회담에서 주목할 것은 두 정상이 악수하는 사진보다 북한을 이야기하는 비공개 대화다.

(조선일보 2017년 6월 27일자 칼럼원고를 수정함)

그들은 왜 정답이 있어도 논쟁하는가

14

제4장

중국과 일본은 그리 어려운 상대가 아니다

"A nation is imagined because the members of even the smallest nation will never know most of their fellow-members, meet them, or even hear of them, yet in the minds of each lives the image of their communion."

(국가는 상상의 공동체이다. 아무리 작은 국가라도 구성원들은 서로 알지도, 만나지도, 들어보지도 못한 사이다. 그럼에도 그들의 마음 속에는 공동체 의식이 살아 숨쉰다)

- Benedict Anderson (1936~2015), 정치학자 · 역사학자

논점해설

한국 사회에는 중국과 일본이 다루기 어려운 상대라는 통념이 강하다. 한국인의 인식 기저(基底)에 중국은 부담스러워하고 일본은 불신하는 경향이 있다. 과거에 한국의 경제발전 비결을 열심히 배워가던 중국이 점점 덩치가 커지면서 이제는 한국을 제 뜻대로 조종하려 하고 뜻대로 되지 않을 때는 업신여기기까지 하는 지경에 이르렀다. 중국과 달리 일본은 한국이 따라가면서 배워야 할 경제 대국이었다. 한국은 일본과 교류하고 협력하면서 일본의 과거사에 대한 사과와 배상을 촉구하는 이중적 관계를 이어왔다. 일본은 이제 과거 반성은 할 만큼 했고 한국의 합의 번복과 추가적 요구에 질렸다는 입장이다.

한중관계와 한일관계를 한국의 뜻대로 가져가는 비결은 바로 '일관성'이다. 정권이 바뀔 때마다 대외정책이 뒤집히고 남들이 한국의 행보를 예측하기 어렵다면 국제사회에서 신뢰받기도 존중받기도 어려울 것이다. 그렇다면 한국이 일관되게 추진해야 할 대중(對中)·대일(對日) 외교의 정론(正論)은 무엇인가. 우선 한국의 안보와 안전 확보라는 결정적 이익을 최우선시하는 것이다. 둘째, 한국이 지향하는 자유민주주의와 인권, 그리고 시장경제 가치를 확고히 지키는 것이다. 셋째, 이웃 나라와 합의한 것은 반드시 지켜 신뢰를 쌓고, 상대방이 합의를 어길 때는 단호하게 대응하는 것이다. 한국 외교의 중심전략이 흔들릴 때마다 중국과 일본은 한국의 허점을 공략했다.

특히 중국은 한미관계가 취약해질 때마다 한국을 함부로 대했다. 2004년 동북공정(東北工程) 프로젝트를 가속화하여 고구려 · 발해의 역사를 중국 역사에 묻어버리고자 했을 때도, 2005년 8월 중국이 러시아를 끌어들여[19] 한반도 동서 해역에서 무력시위 성격의 군사훈련을 했을 때도, 한국은 미국에 '자주외교'를 주장하면서 동맹 신뢰의 위기를 겪고 있었다. 주한미군의 사드(THAAD) 배치 문제가 2014년 6월 공론화되기 시작한 이후 한국 정부가 2년 동안 입장을 정하지 못하고 좌고우면(左顧右眄)하는 동안 중국은 사드 이슈를 한미동맹을 이간시킬 절호의 카드로 여기게 되었다. 2016년 7월 한국의 사드 배치 결정 발표 이후부터 수년간 이어진 중국의 각종 보복조치에 대해 한국은 아무런 결기(決起)를 보여주지 못했다.

중국의 한반도 정책은 자신이 펴는 대미전략 총론의 부분집합이다. 한미동맹을 이완(弛緩)시키고 북한을 존속시켜 미국의 한반도 영향력을 견제하고자 한다. 중국은 북한 핵문제 해결에 소극적인 차원을 넘어 북한 핵이 자신의 대미(對美) 전략에 쓸모가 있다고 여기는 것 같다. 그러지 않고서야 이렇게 긴 세월 동안 북핵문제를 해결 불능 상태에 빠지도록 방치하면서 북한에 에너지와 식량을 공급할 이유가

---

19 2019년 들어 중국과 러시아의 군용기가 한국방공식별구역(KADIZ)에 무단 진입하는 사례가 부쩍 늘었다(2019년 1~10월 기간 중국 25회, 러시아 13회). 7월 23일에는 중국과 러시아가 사전에 계획한 것처럼, 같은 날 몇 시간에 걸쳐 KADIZ와 한국의 영공을 넘나들었다.

없다. 한·중 경제관계가 중요하니 우리의 안보정책을 중국의 입장을 보아가며 정하자는 주장은 종국에 한국의 경제도 안보도 중국의 손에 좌지우지되는 결과를 초래할 것이다.

많은 한국인은 중국에 과도하게 관용을 베푸는 반면 일본은 과도하게 의심한다. 일본이 독도를 자신의 영토라고 아무리 우긴들 자위대를 동원하여 한국을 공격하는 시나리오는 꿈에도 꾸지 않는다. 미일동맹이 일본 군사력의 역할과 범위를 통제하기 때문이다. 한국은 일본과 공(共)히 맺은 대미(對美) 동맹관계를 적극 활용하여 북한과 중국의 오판을 막고 역내 협력의 공간을 주도적으로 확장해 나가야 한다. 한국 정부의 지소미아(GSOMIA) 파기 시도 해프닝(2019. 8. 22)은[20] 일본의 경제보복에 대한 화풀이가 될지 몰라도 한·미·일 안보협력 관계와 한미동맹의 분열을 자초했다. 중국과 북한이 반길 일이다.

한국을 정작 위기에 빠뜨리는 나라는 바로 한국 자신이다. 정부가 현명한 책략(策略) 없이 정책 오류에 빠져 갈 길을 찾지 못할 때, 정치가 내부 분열로 허송세월하면서 국민의 원망과 적개심을 밖으로 돌리려 할 때, 국민이라도 두려움을 느낄 줄 알아야 한다.

---

20 2019년 8월 22일 발표한 지소미아 파기 방침을 한국이 철회하지 않을 경우 지소미아 효력은 세 달 뒤인 11월 23일 자정부터 자동 종료될 예정이었다. 한국 정부는 11월 22일 오후 6시, 지소미아 종료 확정 시한을 6시간 남기고 파기 선언 유예 입장을 발표했다. 미국이 한·미·일 3각 안보 공조 와해로 인한 동아시아 전략의 차질을 우려해 한국에 지소미아 유지를 강하게 압박한 결과다.

47. 중국을 다시 보는 계기

연구 프로젝트 논의차 국방부에 들렀다. 그간 '한·미 미래동맹정책 구상(FOTA: Future of the ROK-US Alliance Policy Initiative)' 회의에 임해온 실무 협상진도 참석해 있어, 주한미군 재배치를 포함해 한미관계 전반의 현안들이 자연스럽게 화제로 떠올랐다. 오고 간 여러 대화 중 필자의 뇌리에 강력하게 꽂힌 대목은 동북공정(東北工程) 스캔들에 대한 탄식이었다. 한국 사람의 가슴에 못을 박고 한중관계의 앞날에 먹구름을 드리우는 불미스러운 일이 오히려 한국의 외교안보를 위해서는 도움이 될 수도 있다는 평가는 최근 한미관계가 그만큼 큰 고초를 겪어왔다는 사실을 반증하는 것이다.

중국 정부의 역사왜곡 움직임은 한국 사회 내에서 강력하게 부상해온 '중국 대안론'에 경종을 울렸다. 중국도 엄연한 이기주의적 민족국가일 뿐, 역사와 문화를 오래도록 가까이에서 공유했던 사이라고 해서 특별히 믿고 의지할 상대가 아니라는 생각이 커지고 있다.

한·중 교류의 확대일로 속에서 싹튼 우리 국민의 막연한 친중(親中) 정서는 상대적으로 반미(反美) 정서를 과감히 표출하도록 하는 탄성 역할을 했다. 믿는 구석이 있으니 좀 세게 나가도 되겠지 하는 심리 기저가 작용했다. 그러나 이제는 반세기 역사의 한·미 혈맹관계를 간단히 끝내기에는 중국이라는 대안(代案)이 너무 불안하고 미심쩍다는 결론이 모아지고 있다.

물론 중국 정부의 행동도 입장을 바꿔보면 이해는 간다. 티베트, 신장, 위구르 지역의 소수민족들은 틈만 있으면 분리해 나가겠다고 하고 대만까지 독립 운운하는 판에 한국마저 덜컥 통일이 되면 고구려의 민족정기가 되살아나 중국 땅의 200만 조선족들이 동요하게 되는 사태를 방지하고 싶을 것이다. 차제에 한민족의 북방역사를 중국 역사에 흡수시켜 '후환(後患)'을 없애자는 포석인 셈이다.

그러나 여기서 우리는 국가가 국익을 위해 국민을 결속시키는 문제와 이를 위해 동원하는 수단의 정당성 문제를 구분하게 된다. 뜻이 옳아도 그 방법이 진실을 왜곡하고 이웃 국가의 역사마저 재단(裁斷)하는 것이라면 국가의 품위를 의심받게 된다.

21세기 한국 외교의 지향은 이웃 국가들과 성숙한 동반자 관계를 가꾸고 상호 의존과 협력의 국제규범을 선도하는 일이다. 이러한 '고상한' 단계의 공동체 질서가 탄생하려면 우선 넘어야 할 과제들이 있다. 남북한 간 적대적 분단, 역내 국가 간 안보 불신, 과거사의 잔재와 후유증 등이 그것이다. 테러 · 환경 · 난민 문제와 같은 새로운 위협에도 다자간 협력이 필요하다.

풀기 힘든 국제적 사안일수록 힘센 나라의 목소리에 더 큰 힘이 실리는 법이다. 그나마 한국의 힘은 한미동맹을 바탕으로 한 대(對)일본 · 중국 · 러시아 균형외교의 묘미에서 찾아야 한다. 중국은 분명 한국에 중요하고 더욱 중요해질 나라다. 하지만 현재로서는 우리 군사 관계의 우선순위 대상으로 보나 국격(國格)의 선진화 수준으로 보나 아직은 지켜봐야 할 상대다.

(국방일보 2004년 8월 16일자 칼럼원고를 수정함)

48. 중·러 합동군사훈련과 한반도

한반도 주변에서 벌어지는 미·일과 중·러의 외교 각축전이 군사 분야로까지 번지고 있다. 2005년 8월 18일부터 진행된 중·러 간 사상 첫 합동군사훈련은 23일 그 마지막 3단계인 첨단 공격무기의 타격 능력 시험에 들어감으로써 절정으로 치닫고 있다.

이번 훈련의 목적을 두고 미국 패권에 대응하는 시위 내지 일본 우경화에 대한 경계의 메시지로 보는 시각이 대세인 가운데, 한반도 급변 상황에 대한 독자적 대응태세의 확보 시도로까지 해석되기도 한다.

미국 태평양함대 게리 러그헤드(Gary Roughead) 사령관은 중·러 훈련 직전에 가진 해외 언론과의 인터뷰에서 "중·러 군사훈련에 큰 관심을 갖고 있으며, 두 나라가 어떤 장비를 사용하여 어떻게 훈련하는지 지켜볼 것"이라고 했다. 미국은 블라디보스토크(Vladivostok)와 산둥성(山東省) 등 훈련 지역 주변 해역에 첩보 수집 항공기와 함정, 인공위성 등 첨단 군사장비를 동원하여 입체적인 정밀 감시망을 펼치고 있다. 이에 러시아는 전자정찰기를 수시로 출격시켜 미국의 정찰행위를 방해하고 있으며, 중국과 러시아는 2중 3중의 복잡한 암호체계로 통신하여 도청에 대비하고 있다.

제아무리 러시아의 전투기가 위력적이고 중국 미사일의 사거리가 길어졌다 해도 몇 세대 앞선 무기체계를 보유한 미국의 눈에는 아직 우습게만 보일 것이다. 중국, 러시아 스스로도 미국과 맞싸워 이길 무슨 가능성을 믿고 그런 훈련을 하는 것은 아니다.

그들은 왜 정답이 있어도 논쟁하는가

미국이 정작 염려하는 것은 동아시아 무대에서 왕따 당하는 외교적 고립이다. 미일동맹을 더욱 견고히 하여 먼저 힘의 우위를 확보한 뒤 중국·러시아와 협력안보를 꾀하는 양면전략을 구사하는 까닭도 여기에 있다. 일본이 2005년 방위백서에서 중국 군사력의 현대화에 대한 경각심을 일깨우는 것 역시 당장 중국과의 군사력 경쟁을 불사하겠다는 뜻보다는 대미(對美) 혈맹관계를 업고 대중(對中) 협력·경쟁관계의 양면성을 병행 관리하겠다는 전략에서 기인한다.

결국 이번 중·러 군사훈련을 통해 우리 한국은 네트워킹 외교를 잘해야 살아남을 수 있다는 교훈을 새삼 되새겨야 한다. 모든 국가와 같은 수준의 네트워킹을 구축하는 것은 가능하지도 바람직하지도 않다.

지금 중국과 러시아가 시위하고 있는 그들의 네트워킹이란 미국 주도의 세계질서에 의지하여 발전을 도모하되 아시아 차원에서의 역내 주도권을 독자적으로 구축하겠다는 뜻을 포함하고 있다. 합동군사 훈련에 인도, 카자흐스탄, 우즈베키스탄, 키르기스스탄, 타지키스탄의 대표단만 참관인 자격으로 따로 초청한 이유도 거기에 있다. 그러나 중·러 파트너십은 미·일 동맹관계보다 훨씬 취약하다. 이들의 편의적 협력관계 이면에는 상호 견제와 불신의 심리가 도사리고 있기 때문이다.

이렇게 본다면 중·러 군사훈련을 지켜보며 가장 큰 소외감을 느낀 나라는 바로 북한일 것이다. 아직도 굳게 빗장을 닫아걸고 살면서 믿고 의지할 바깥 네트워크라고는 대남 민족공조의 외침 외에 시도해본 바가 없기 때문이다. 한국도 마음 놓고 있을 처지가 못 된다. 미국과 일정 거리를 둔다고 해서 중국, 러시아가 함께 군사훈련을 하자고 손을 벌릴 리 만무하다.

또 일본의 소아적(小兒的) 역사관은 끊임없이 꾸짖는다고 치유될 일이 아니다. 한국이 이제까지 미국, 일본과 맺어온 네트워킹은 하기에 따라서는 훨씬 건강하고 세련되게 발전시킬 수 있다. 강력하기만한 네트워크는 다른 나라의 견제를 불러오지만, 강력하고도 선진화된 네트워크는 그 자체가 동경의 대상이 되어 엄청난 흡입력을 발휘하게 된다.

미국, 일본과의 협력 강화는 패거리 진영(陣營)외교가 아니라 개방과 자유를 향한 열린 네트워크의 취지에서 추진되어야 한다.

(문화일보 2005년 8월 24일자 칼럼원고를 수정함)

49. 싼샤 댐의 긍지와 고뇌

만리장성(萬里長城)에 이은 중국 최대의 역사(役事)이자 세계 최대의 토목공사인 싼샤(三峽) 댐. 필자가 속한 신아시아질서연구회(회장 이상우) 일행은 2006년 6월 중순 중국 공산당 대외연락부의 안내로 이곳을 둘러보았다. 중국 측과 동북아 정세와 한중관계의 앞날을 논함에 더하여 중국이 딛고 있는 개혁과 발전의 현장을 직접 체험해보는 계기가 되었다.

삼국지의 초(楚)나라 지역으로 유명한 후베이성(湖北省)의 이창(宜昌)시는 명실상부한 싼샤 댐의 도시로 변모해 있었다. 이곳 인민대표대회 상무위원회의 간부들은 앞으로 자신들의 고장이 중국의 에너지,

공업, 교통의 중심지로 부상할 것이라는 기대와 자부심에 부풀어 있었다.

이번 방문에서 필자가 정작 알고 싶었던 것은 국가 차원의 숙원사업인 싼샤 댐이 완공되는 중요한 순간에(2006. 5. 20) 어찌하여 후진타오(胡錦濤) 국가주석은 물론이고 중국 지도부의 실세 어느 누구도 나타나지 않았는가 하는 점이다.

하나의 수력발전 댐이 연간 1,820만kW의 전력을 생산한다면 이는 중국 전체 발전량의 20%, 남한 발전량의 약 40%에 이르는 어마어마한 규모다. 창장(長江)강의 물줄기를 막아 방류량을 조절할 수 있게 되므로 10년 주기로 찾아오곤 하던 대홍수의 피해를 막을 수도 있다. 게다가 댐 옆의 수로 공사를 2009년까지 마무리하면 3,000t급의 배들도 하류에서 상류로 거슬러 오를 수 있게 되어 서부 내륙에서 동부 해안을 가로지르는 거대한 운송로가 탄생한다.

이렇듯 중국 정부가 소개하는 전력 생산, 홍수 방지, 수로 건설의 3대 기능을 충족시키는 싼샤 댐의 개가를 감안하면 그 준공식이 의외로 초라했던 것이다. 싼샤 댐 건설이 내포하는 잠재적 위기 요인을 파악하려면 댐 건설의 타당성과 향후 파급 효과에 비추어 논의를 재구성할 필요가 있다.

창장강에 댐을 건설해 에너지 자원을 확보한다는 발상을 처음 낸 사람은 신해(辛亥)혁명의 주역 쑨원(孫文)이었다. 그가 1919년 이러한 계획을 검토한 뒤로 중국의 역대 지도자들은 한결같이 이 댐 건설을 숙원사업으로 여겼고 기술력과 경제력의 한계로 인해 유보해오던 꿈을 오늘에야 이룬 것이다.

하지만 지금 우리는 수력이 아닌 원자력의 시대에 살고 있다. 전력 생산이라는 목적만을 놓고 볼 때, 환경 파괴와 기후 변화를 필연적으로 몰고 오는 수력발전보다는 기술력으로 더 큰 효율성을 보장받는 원자력발전이 시대적 추세인 것이다.

홍수로 인한 피해를 막기 위해서라도 댐은 어차피 필요하다는 논리는 어떠한가. 본디 창장강은 수많은 지류를 갖고 있어 본류에서 넘치는 물을 흡수하는 완충 작용을 수행하고 있었다. 이러한 습지와 호수를 무차별적으로 매립하여 진행한 난개발이 창장강의 수위를 상승시켰고, 커가는 홍수의 위험성에 둑을 끊임없이 쌓아 대응함으로써 결국 주변 마을보다 훨씬 높아진 강바닥(천정천)이 대홍수의 위협으로 귀결된 것이다. 말하자면, 자연의 재앙을 싼샤 댐이 예방한다기보다는 사람이 불러온 홍수를 새로운 인공구조물로 막으려는 꼴이다.

결국 운송 수로를 확보하여 대규모 물류 이동을 가능하게 한다는 명분이 가장 설득력 있게 들리지만 이 역시 거대한 자연에 도전하는 사람의 노력이 극복해야 할 어려운 숙제 하나를 남기고 있다. 흙탕에 가까운 창장강의 방대한 물이 댐에 가로막혀 토사를 거듭 강바닥에 내려놓을 것이다. 댐의 수문을 열어 토사를 일제히 황해 쪽으로 밀어내는 일이 가능할 것인가. 그렇다 하더라도 한국 서해의 오염과 어장의 피해를 우려해야 한다. 중국의 사회주의 지도력과 방대한 노동력이 결합하여 대역사(大役事)가 탄생하였지만 자연의 섭리를 거스르는 개발이 새로운 도전 요인을 낳고 있는 것이다.

물론 싼샤 댐 하나로 중국의 개혁 개방 노력 전체를 폄훼할 수는 없다. 중국의 지도자들이 국가경영에 대한 전문성과 책임의식을 확보

그들은 왜 정답이 있어도 논쟁하는가

하는 한, 발전 과정에서 경험하는 시행착오는 점차 줄어들 것이다. 중국을 갈 때마다 또 달라진 중국이 있는 이유는 당과 인민이 서로 자신들의 변화를 신바람 나게 즐기고 있기 때문이다. 다만 상부에서 내린 결정이 크면 클수록, 그리고 그 결과를 다시 돌이킬 수 없는 경우 지도자가 갖춰야 할 판단의 무게는 더욱 커진다는 점을 명심해야 할 것이다. 이 점 우리 한국에 있어서도 예외는 아니다.

〈중국 싼샤 댐에서〉

(동아일보 2006년 6월 19일자 칼럼원고를 수정함)

50. 좋은 한중관계는 긴밀한 한미관계와 공존 가능하다

지난주(2014년 6월 마지막 주) 베이징에서 만난 중국의 당국자와 전문가들은 하나같이 시진핑(習近平) 국가주석의 방한(訪韓)에 큰 기대감을 나타냈다. 중국의 국가 정상이 한국 한 나라만을 위해 해외에 나간다는 것 자체가 이례적이고, 이는 한중관계의 현주소를 반영한다는 해설이었다.

베이징 대학에 교환학생으로 가 있는 학생을 만나서는 그동안 중국에 살면서 보고 느낀 점이 뭐냐고 물었다. 세계 각국의 친구도 많이 사귀고 좋은데 학교 수업 중에 역사 속의 조공책봉(朝貢冊封) 제도를 자꾸 강조해서 한국인으로서 마음이 편치 않았다는 답이 돌아왔다.

이 두 가지 메시지는 오늘(2014. 7. 3) 개최되는 한 · 중 정상회담에서 한국 정부가 어떠한 문제의식을 가져야 하는지 시사점을 제공한다.

이번 정상회담으로 인해 한 · 중 양국의 정상이 서로를 존중하고 신뢰하는 마음이 우리 국민에게 잘 전해져올 것이다. 시 주석의 대학생들과의 대화는 좀 더 열린 한중관계가 차세대로 이어질 것이라는 희망을 줄 것이다. 하지만 '좋은' 한중관계는 격식과 분위기보다는 내용(콘텐츠)에 의해 좌우된다는 사실을 잊어서는 안 된다.

정상회담의 결과로 발표될 한·중 공동성명은 수사(修辭)의 차원에서는 훌륭할 것이며, 그 현실성의 차원에서는 모호하거나 시기상조라는 인상을 주는 대목이 몇 있을 것이다. 북한이라는 어려운 상대를 갑자기 바꿀 묘안이 없기 때문이고, 한·중 양국이 각자 표방하는 장기적 전략의 속내를 일반인들에게 풀어서 설명할 수는 없는 노릇이기 때문이다.

한국은 북한의 위협으로부터 안전하기를 바라며 궁극적으로는 자유롭고 번영된 통일국가를 염원한다. 나아가 주변의 강대국들에 내둘리지 않고 역내 평화와 번영에 적극 기여하는 당당한 통일 대한민국의 모습을 기대한다. 이제까지 우리에게 중국이 다소 불편했던 것은 도발을 일삼는 북한 정권을 중국이 묵인 내지 두둔하는 인상을 주었기 때문이다. 그래서 한국이 주도하는 통일을 중국이 꺼릴 것이라는 인식이 자리잡은 탓이다. 하지만 중국이 시대와 역사의 흐름까지 거스를 수는 없다. 북한 체제의 모순은 어떤 식으로든 한계에 봉착할 것이고 한반도의 통일은 시간의 문제라는 것을 중국 당국이 누구보다도 잘 알고 있다.

앞으로 한국과 중국은 장차 다가올 한반도와 동북아의 새로운 모습을 함께 대비하고 구상해가는 전략적 협력을 꾀해야 한다. 화기애애한 언사(言辭) 이면에 가려진 전략목표의 충돌 요인을 잘 극복해야 한다.

중국은 역내 라이벌 일본이 맺고 있는 미일동맹으로부터 한미동맹이 가능한 한 거리를 두기를 희망한다. 나아가 북한의 위협을 더 이상 걱정할 필요가 없는 통일 대한민국 시대가 되면 지금 같은 한미동맹은 더 이상 없어도 되는 것 아니냐고 추론한다. 한일관계가 전례 없이 나빠진 요즈음 중국이 과거사에 대한 일본의 책임을 부쩍 자주 지적하는 것은 한중관계 차원뿐 아니라 동북아 안보 지형에서의 치열한 두뇌게임으로 이해해야 한다.

한국은 '좋은' 한중관계가 '긴밀한' 한미동맹과 모순을 일으키지 않는다는 점을 보여주어야 한다. 한국이 자유민주주의 세력과 가치를 공유하고 주변 이웃들 누구에게도 휘둘리지 않도록 외교의 자율권을 행사하고자 할진대, 하나를 버리고 하나를 택해야 하는 상황을 자초해서는 안 될 것이다. 동북아에서 미국의 안보 역할이 사라질 경우 한국과 일본이 군사역량 강화에 더욱 매진하게 되고 중국이 최우선시해온 역내 안정 질서의 확보는 더욱 어려워질 것이다. 한·중 자유무역협정(FTA)[21]을 잘 결정지어 북한의 변화와 중국 동북 지역의 발전에 기여하는 한·중 경제협력의 촉진제로 삼아야 할 것이다.

---

21 한·중 FTA는 이명박 정부 시기인 2012년 5월 2일 공식 협상이 개시되었고, 박근혜 정부 시기인 2015년에 정식 서명(6. 1)과 국회 비준동의안 가결(11. 30)이 이루어졌다. 2011년 11월에 한·미 FTA가 국회 비준을 거친 이후부터 중국 정부는 한·중 FTA 협상을 하루속히 개시하자며 매우 적극적인 '구애 공세'를 폈다. 중국의 이러한 조바심에는 한국이 미국과 경제동맹을 맺었으니 중국도 그렇게 해야 한다는 다분히 정치적인 계산이 깔려 있었다.

중국에 사대(事大)하여 위계질서 속의 평화를 선택해야 했던 시대에 미국의 존재는 없었고 세상은 바다에 가로막혀 닫혀 있었다. 힘도 없고 전략도 없던 19세기 후반 구한말(舊韓末) 시대의 처지와 지금의 대한민국은 많이 다르다. 명분과 실리에 따라 새로운 해결책을 내놓는 지혜가 곧 힘이 되는 시대가 도래한 것이다. 과거나 지금이나 우리가 경계해야 할 점이라면, 내부에서 편이 갈려 사상과 이념의 투쟁에 골몰한 나머지 외부의 그 누가 아닌 스스로가 자신의 운명을 그르치는 일일 것이다.

(문화일보 2014년 7월 3일자 칼럼원고를 수정함)

51. 중국을 상대할 대전략(大戰略) 없는 한국 외교

지난주(2014년 12월 둘째 주) 베이징(北京)과 상하이(上海)의 안보 관계자들과 회의를 하면서 든 느낌은 중국이 현재의 자신 모습과 미래의 꿈 사이에서 혼돈을 겪고 있다는 것이다. 그들은 하나같이 당 지도부가 최근 새로이 규정한 '중국 특색의 대국외교'를 강조하면서 그 실천 방안은 '일대일로(一帶一路)'로 요약된다고 했다. 쉽게 말하자면, 중국 주변의 20개 인접국 모두를 아우르는 대륙경제협력 실크로드를 구축하고 이를 동아시아 해양 루트와 연결하겠다는 취지였다.

세상의 중심을 중국으로 보고 나머지 나라들은 위계적인 평화를 받아들이라던 과거의 조공질서 개념을 21세기에 부활시키자는 것이냐고 우리 측 참석자들이 물었다. 또 미국의 경우 자유민주주의와 시장경제라는 가치와 제도를 내걸고 이에 대한 동참 여부를 국제사회

각자의 판단에 맡겼다면, 중국이 세계에 내놓고자 하는 소프트웨어는 과연 무엇이냐는 질문도 제기했다.

베이징에서는 함께 발전하는 상생이 그 명분이라고 했고, 상하이에서는 중국은 아직 글로벌 국가가 아닌 지역 차원의 나라이기 때문에 세상에 보편적인 기준을 내놓을 처지가 아니라는 대답이 돌아왔다.

우리 일행은 베이징으로 출발할 때도, 상하이에서 돌아올 때도 비행기가 제때에 출발하지 못해 1시간 반 이상을 기내에서 대기해야 했다. 거의 매일 이런 일이 반복된다고 했다. 중국의 수도 베이징 상공의 오존층과 최대 경제도시 상하이의 관제 시스템은 급팽창한 국제 교통 수요를 감당하지 못하고 있었다.

베이징 엘리트들의 논조에는 예전에 비해 한층 자신감이 배어났지만 각론에 대한 정확성이 결여된 '당위론'이라는 인상을 지울 수 없었다. 이에 비해 상하이 관계자들은 고급 정보는 덜 가지고 있었지만 논리 자체가 보다 객관적이었고 중국만의 특수성으로부터 상대적으로 자유로운 모습이었다.

국가 간 외교에서 대외적으로 공표하는 말과 실제로 의도하는 생각 사이에 어느 정도의 괴리는 있기 마련이다. 하지만 보다 많은 나라가 공감하고 공유할 수 있는 명분과 대안을 제시하는 외교일수록 그 효과가 배가될 것이다. 중국이 성장할수록 국제사회는 중국과 협력해야 한다. 하지만 남들이 그러한 중국을 불편하게 느끼거나 두려워한다면 중국 정부가 지향하는 '일대일로'는 상호 신뢰가 부족한 실리적인 교환 관계의 실크로드에 그치게 될 것이다. 중국이 앞으로 감당해야 할 딜레마는 시진핑(習近平) 국가주석을 정점으로 더욱 일사불란해지고 있는 국가통치의 컨트롤타워가 과연 13억의 인민과 국제사회의 기대치를 얼마나 충족시킬 수 있을 것인지의 문제라고 본다.

중국이 미래에 대한 마음이 앞서 지금의 현실 상황을 건너뛰는 강박관념에 빠져 있다면, 우리나라는 나아가야 할 미래로 성큼성큼 나아가지 못하는 자중지란(自中之亂)의 늪에 빠진 게 아닌가 생각된다. 집권 자민당의 12월 14일 중의원 총선 압승을 계기로 아베 신조(安倍晋三) 내각이 더욱더 공세적인 외교를 펼칠 것이란 전망은 있어도, 한일관계를 어떻게 가져가고 이를 한·미, 한·중 관계와 어떻게 연결지을 것인지에 대한 대전략(大戰略)은 분명해 보이지 않는다.

중국이 우리의 사드(THAAD) 배치를 반대한다는 걱정만 하지, 우리가 안보 차원에서 무엇을 해야 하고 이를 중국에 어떻게 설득해야 하는지에 관해 나서는 당국자는 보이지 않는다. 분명 워싱턴에서는 한국이 너무 친중(親中)으로 기우는 게 아니냐고 우려하고 있는데도 한미관계는 어느 때보다도 좋다는 자평만이 들려올 뿐이다.

당국자들은 자신이 잘하고 있는데도 바깥에서 칭찬에 인색하다는 생각을 하기 쉽다. 대다수 국민은 공익보다는 각자 사적인 입장에서 현상을 보기 때문이기도 하다. 하지만 정부가 국민이 걱정하는 문제에 대해 쉽고 명쾌한 설명과 해법을 제시하지 못한다면 나랏일에 대한 자평(自評)과 타평(他評) 간의 간극이 커질 수밖에 없다. 세상의 변화를 선제적으로 담아내도록 입법 기능을 담당해야 할 국회가 과거와 현재 정부의 잘잘못을 따지는 데만 골몰하고 있다면 이는 나라의 장래에 대한 콘텐츠가 없다는 방증밖에 되지 않는다. 미래는 시간이

그들은 왜 정답이 있어도 논쟁하는가

흐른다고 그냥 오는 것이 아닌, 어떻게 만들어가느냐에 따라 달라지는 노력의 결과물이다.

(문화일보 2014년 12월 16일자 칼럼원고를 수정함)

52. 북핵에 대한 중국의 속마음

"중국의 묵시적 지지가 없이는 김정은이가 결코 저렇게 할 수 없을 겁니다." 김일성 종합대학을 나와 모스크바 국립대학교에서 핵물리학을 전공한 어느 탈북자는 2016년 9월 9일 단행한 북한의 5차 핵실험을 두고 이렇게 말했다. 중국이 북한의 핵 포기를 이끌어내기 위해 전력투구하지 않는다는 것은 세상이 다 아는 일이다. 그런데 중국이 북한의 핵 보유를 넌지시 반길지 모른다는 분석은 그간의 통념을 뛰어넘는 새로운 차원의 이야기다.

시진핑(習近平) 국가주석을 비롯한 중국의 고위 당국자들은 일관되고도 분명한 어조로 북한의 핵 개발에 반대한다는 입장을 되풀이해 왔다. 아울러 북한 핵·미사일 실험이나 대남 도발이 발생할 때마다 남과 북 쌍방이 냉정을 지키고 자제하여 한반도에 긴장이 조성되지 않도록 해야 한다고 언급했다. 먼저 위협을 가해온 쪽도 나쁘지만 여기에 대응하는 것도 옳지 못하다는 논리라면, 북한은 언제 어디라도 보복과 처벌에 대한 두려움 없이 제2의 천안함·연평도 도발을 감행해도 된다고 생각할지 모른다.

노무현 정부 5년 동안 6자회담에 나왔던 북한은 2008년 이후부터는 핵 포기는 불가하니 핵 국가로서 미국과 군축회담을 갖겠다는 태도로 돌아섰다. 1993년 이후 2016년 3월까지 UN의 대북 제재 결의안이 7건 나왔지만 북한 정권이 핵 카드를 쥐고 버틸 수 있었던 것은 북·중 경제 관계가 북한 정권의 생명줄로 작용해왔기 때문이다. 중국은 단둥(丹東)의 지하 파이프라인을 통해 매년 원유 50만t을 북한에 공급하고 북한의 지하자원을 수입하며, 자국 내 은행을 통한 북한의 계좌 거래를 허용하는 방식으로 북한 정권의 전략물자 확보 루트를 열어주었다. 6자회담의 실패는 다른 여러 요인도 있지만 주최국인 중국이 회담 목표인 북핵 저지에 팔을 걷어붙이지 않았기 때문이다.

2002년 10월 북한의 고농축우라늄 프로그램이 새롭게 알려지고 이듬해 1월 북한이 핵확산금지조약(NPT)을 탈퇴하자 미국과 중국은 북한에 3자회담에 나오라고 촉구했다. '절대로' 응하지 않겠다던 북한이 갑자기 태도를 바꾸어 4월 23일 회담이 열린 것은 중국이 아무런 사전 통보 없이 대북 송유관을 며칠 동안 잠갔기 때문이다. 한·미·일 3국의 대북 식량 지원이 줄어들었던 1996년과 1997년 중국의 대북 연간 식량 지원은 평소 수준(30~40만t)을 훨씬 웃도는 88만t과 114만t을 각각 기록했다. 이후 김대중 정부가 출범하고 대북 식량 지원이 급증하자 중국은 이에 맞춰 대북 식량 공급을 줄였다. 중국의 이러한 행동은 북한 체제가 붕괴하는 사태만은 막되, 누가 하든 최소한의 대북 식량 지원이 이루어지면 된다는 생각에서 비롯된다.

미국의 오바마 행정부가 기존 UN안보리 결의안 2270호를 뛰어넘는 더욱 강력한 대북 조치를 주문하고 있지만 '인도주의' 차원의 대북 지원은 별개로 이루어져야 한다는 중국의 입장은 변하지 않을 것이다. 중국의 핵심 당국자들은 북핵에 정말로 반대하지만 자칫 북한이 와해돼 한국에 흡수 통일될까봐 염려하는 것일까. 아니면 북한의 핵 카드 그 자체가 중국의 대외 관계에 쓸모 있다고 보는 것일까. 북핵은 한국의 안보를 볼모 삼아 미·일의 동북아 외교를 위축시킨다는 점에서 중국의 이해관계와 맥이 닿는다.

북한이 지속적으로 제기하고 중국이 찬동하는 미·북 평화협정 체결은 주한미군 철수와 국가보안법 철폐 논의로 옮겨가는 징검다리의 포석이다. 친구가 되어 평화 문서에 서명하는 마당에 한국과 미국으로부터 적대 관계를 거두는 가시적 조치가 먼저 나와야 핵 포기를 검토하겠다고 할 것이다. 나아가 낮은 단계이든 높은 단계이든 연방제 논의를 꺼낼 것이 분명한데, 남과 북의 입법기관 대표들이 각기 동수로 모여 연방통일국가의 새로운 청사진을 논의하고 결정하는 것을 뜻할 것이다.

사드(THAAD) 배치 반대를 위한 백악관 청원 서명 운동에 국회의원 30여 명이 나서는 판국에 알 듯 모를 듯 모호한 연방사회주의 통일국가가 한반도에 출현하는 거짓말 같은 사건이 일어나지 말라는 보장도 없을 것이다.

중국은 한국에 통일을 지지한다고 했지 어떠한 통일이라고 말한 적이 없으니, 이러한 방식의 남북통일은 중국이 볼진대 미국과 일본을 전략적으로 견제해 나가는 최적의 지렛대가 될 것이다.

안보는 미국이 지켜줘야 하는데 경제도 중요하니 중국을 자극하지 않으면서 외교를 해야 한다는 생각이 다소 한가롭게 들리는 것은 언제 풍전등화(風前燈火) 처지에 빠질지 모르는 대한민국의 처지가 딱하기 때문일 것이다. 냉철한 대중(對中)정책을 찾는 것도 중요하겠지만 세상 무서운 줄 모르고 집안싸움에 몰입해 있는 국내 정치가 더 급한 개혁 대상 같다.

(조선일보 2016년 9월 24일자 칼럼원고를 수정함)

53. 공자(孔子)를 극복해야 동아시아가 화목하다

중국 5대 명산 중에서도 으뜸으로 꼽히는 태산(泰山)은 2016년 10월 첫째 주 국경절(國慶節) 연휴를 맞아 각지에서 모인 등반객들로 북적였다. 4시간에 걸쳐 7,412개의 돌계단을 힘겹게 올라 1,532m 정상의 옥황정(玉皇頂)에 다다랐다. 기원전 219년 진나라 시황제(始皇帝)를 시작으로 한나라 무제(武帝), 청나라 건륭제(乾隆帝)를 포함한 많은 황제가 태산에 올라 봉선(封禪) 의식을 행했다.

인근에 있는 공자(孔子)의 탄생지 취푸(曲阜) 역시 중국인들이 매우 성스럽게 여기는 곳이다. 작은 도시 인구 64만 명 중에서 5분의 1을 차지하는 공자의 직계 후손들은 공씨 성을 지니고 있음을 매우 자랑스러워했다. 왕권이 강력해진 송나라 때부터 본격적으로 꾸며지기 시작한 공묘(孔廟 · 공자 사당)의 규모는 대단했다. 한참을 걸어 역대 주요 왕들이 증축한 커다란 여섯 개의 문을 통과한 후에야 2,500년 전 공자가 제자를 가르치던 대성전(大成殿)에 도달했다.

만세사표(萬世師表) 사문재자(斯文在玆). 공자는 세상 모두의 스승이요, 중국의 문화는 바로 여기에서 비롯된다는 현판 글씨는 사회주의 국가 중국에 이르러서도 여전히 드높은 공자의 위상을 체감하게 했다. 만주족이 세운 청나라의 강희제(康熙帝)가 1686년 공자 사당에 세운 기념비의 돌은 무게 65t으로, 베이징에서 취푸까지 운반하는 데 1년이 걸렸다고 한다. 백성의 다수를 차지하던 한족(漢族)의 민심을 얻기 위해 공자의 통치 철학을 빌려왔던 것이다.

시진핑(習近平) 국가주석도 취임 첫해인 2013년 어김없이 이곳을 찾았다. 예(禮)를 통해 인(仁)을 실천하고자 한 공자의 가르침은 그 내용이 방대하지만 '상호 신뢰를 바탕으로 한 상하 관계'를 강조한 대목은 중국의 역대 왕조가 유교를 국가 이념으로 채택하여 통치자의 지배 이념으로 정당화하는 데 긴요하게 활용되었다.

공자의 가르침을 중국의 대외정책에 응용한 것이 친성혜용(親誠惠容) 원칙이다. 이웃 나라들과 친밀한 관계를 유지하고 성의를 다하며 상대방을 포용한다는 것이다. 중국 정부가 자국 외교 노선의 근간인 '평화공존 5원칙'을 다듬어 2014년 발표한 '신(新) 6대 원칙'의 핵심은 나라마다 주권이 평등하고, 서로 안전을 위협하지 않으며, 협력을 추구하자는 것이다.

중국과 동아시아 국가들 사이에 선린 우호 관계가 정착되려면 '서로 다른 것을 존중하면서 공통의 이익을 확대하는(求同存異)' 노력이 필요하다. 한국이 북한의 핵미사일을 막으려고 미사일 방어 체계를 놓겠다는데 용납할 수 없다면서 으름장을 놓거나 자국의 어선들이 이웃 나라의 바다를 유린하고 폭력을 행사해도 사과 한마디 없는 중국의 태도는 주변의 작은 나라를 대하던 중화사상(中華思想)과 조공질서(朝貢秩序)에 대한 향수에서 비롯되는지도 모른다.

자신에 대한 주권 개입은 반대하면서 이웃에 대한 주권을 자의적으로 침해하는 중국에 대해 과연 한국은 자신의 주권을 지켜내기 위한 노력을 얼마나 기울여왔는가. 북한이라는 난제를 다루면서 반미(反美)와 반일(反日) 정서가 우방 간의 공조를 저해하는 일이 빈번했던 것 이상으로 막연한 친중(親中) 정서가 한국 외교의 원리원칙과 입장을 개진하는 데 걸림돌로 작용해왔다.

근거도 없는 광우병 괴담을 시작으로 한·미 자유무역협정(FTA) 체결을 3년간 반대하던 사람들이 똑같은 협정을 중국과 맺을 때는 별말이 없었다. 일본 자위대가 독도를 공격할지 모른다는 (근거가 희박한) 가설에는 집착하면서 중국 정부가 북한의 핵 개발과 대남 도발에도 계속해서 북한에 경제 지원을 하는 현실을 좀 더 엄중하게 다루는 대중(對中) 정책은 펴지 못했다.

나라의 존망이 달린 안보의 위태로움을 무릅쓰면서까지 상대국의 입장을 존중하는 것이 유교의 가르침은 아닐 것이다. 핵과 미사일 위협을 지렛대로 내세워 한국을 국제사회에서 고립시키고 내분을 조장하려는 북한 정권의 심기를 거스르지 않으려는 예의(?)는 공자와 유교의 법도와는 아무 상관도 없는 편의주의(便宜主義) 정치의 산물이다. 북한이 반발한다고 인권 문제를 방치하고 안보태세를 등한시하면서 '한시적 평화'에 기댄 채 더 큰 우환이 자라나도록 방치했다.

중국이라는 덩치가 부담스러워 할 말과 해야 할 조치를 유보하고 북한을 끊임없이 달래고 도와야 언젠가 문제가 해결된다고 믿는 것은 남의 자비로운 선택에 나라의 운명을 맡기는 형국이다. 정치권력은 하늘이 아닌 민심에서 나오고, 평화는 도덕이 아닌 능력과 냉철한 전략의 조합에서 비롯된다. 과거의 공자를 현재에 당면한 문제에 맞게 새롭게 투영해야 한다. 중국이 못한다면 우리라도 먼저 공자를 극복해야 한다.

(조선일보 2016년 10월 22일자 칼럼원고를 수정함)

54. 과거사의 짐은 한국 아닌 일본의 문제다

2003년 6월 7일 도쿄에서 열린 노무현 대통령과 고이즈미 준이치로 (小泉純一郎) 총리 간의 한·일 정상회담은 난맥상에 놓인 북한 핵문제와 미래지향적인 한일관계를 이야기해야 하는 시점에서 꼭 해야 할 행사였다. 21세기 들어 우리 국가원수의 첫 방일이기도 하다.

하지만 현충일이라는 미묘한 시점에, 일본 집권 자민당 유력인사의 창씨개명 합리화 발언이 있은 지 며칠 지나지 않아, 일본 참의원의 유사법제(전쟁대비법) 처리 직후에 진행된 이번 한·일 회담은 애당초 어수선한 분위기에서 치러질 수밖에 없었다. 양국 국민의 환영과 기대 대신 섭섭함과 우려감 속에 열렸기에 그 효과가 반감되었다는 아쉬움이 있다.

양국은 공동성명을 통해 북한 핵문제의 평화적 해결과 동북아 안정을 위해 외교안보 협력을 보다 구체화할 것이라는 의지를 재삼 확인했다. 또 자유무역협정(FTA) 추진의 가속화, 차세대를 염두에 둔 각계각층의 활발한 인적·문화적 교류 논의 등 한일관계의 심화를 꾀하는 여러 조치에 합의했다.

아쉬움이 있다면, 정부 차원에서는 한·일 정상회담을 통해 여러 실무적 합의를 추진한 반면, 한국의 시민사회 차원에서는 한국에 대한 일본의 '원죄(原罪)'를 재차 강조하는 관례를 답습했다는 점이다. 미래를 과거의 굴레에 계속 묶어두고자 한다면 성숙하고도 건설적인 한·일 동반자 관계는 쉽게 오지 않을 것이다.

일본의 보통국가화를 우경화로 매도해선 안 된다. 일본이 원하는 변화는 외부로부터의 안보위협을 이제는 스스로 막을 수 있는 권한과 태세를 갖추자는 것이다. 국제사회에서는 경제력에 걸맞은 정치력을 발휘하자는 것이다. 일본이 핵무장을 거부하고 동북아시아를 독선적으로 관리하려는 의도가 없는 한, 일본의 안보역할 확대를 한국의 안보이익에 부합하도록 활용할 줄 아는 지혜가 필요한 때다.

상호 군사투명성을 제고하는 가운데 가깝게는 북한 위협의 억지를, 멀게는 지역 안정과 공동 번영을 위해 협력을 다져가야 한다. 평화헌법의 족쇄를 풀지 못하고 자위대를 군대라 부르지 못한 채, 국내법 보완을 반복하며 헌법의 자의적(恣意的) 해석에 급급할 수밖에 없는 현실은 우리가 아닌 일본의 딜레마인 것이다.

과거사 문제로 불미스러운 일이 생길 때마다 우리 국민이 집단적으로 보인 무조건적인 일본 혐오 증세로부터 이제는 좀 더 자유로워져야 한다. 일본 정부가 일제시대의 일본군 '위안부(慰安婦)' 동원을 국가 차원에서 인정하고 배상하려 하지 않는 것이나, 한국인들의 끊임없는 일본 사죄에 대한 갈증을 역으로 원망하는 심리상태나, 원폭 투하에 의한 피해자 의식은 반복해 주입하는 대신 전쟁책임과 관련한 가해자 의식에 소홀한 정규교육 과정 등 모든 뒤틀림은 한국의 문제가 아닌 일본의 문제인 것이다.

독일 수준의 철저한 과거 청산과 미래를 향한 환골탈태를 거부하는

　　　　그들은 왜 정답이 있어도 논쟁하는가

일본의 '왜소함'은 한국이 해결해줄 수 없는 일본의 숙명이다. 역설적으로 일본이 지금의 국력에 성숙함을 동반한 지역 리더십까지 겸비한다면 우리에겐 한층 두려운 대국일 것이 아닌가. 한국이 힘과 실력을 키워 필요한 존재가 돼 있으면 역사는 저절로 제자리에 돌아올 것이다.

이번 한·일 정상회담의 아쉬운 점을 하나 지적하자면, 한반도의 평화와 한미관계를 좌우할 북한 핵문제에 대해 보다 긴밀하고 구체적인 협의를 폈어야 했다. 일본은 우리보다 한 단계 높은 대미(對美)공조를 바탕으로 북한에 대한 '추가적 조치'에 이미 돌입한 상태다. 한국은 무력충돌을 피해가는 북핵문제의 해결을 도모해야 하겠으나, 그러한 조심스러움이 지나쳐 한·미·일 공조에 게으르다는 인상을 주어서는 안 된다.

명분과 체면에 사로잡혀 한일관계를 더 이상 과거의 틀에 묶어두지 말자. 이제는 보다 크게 보고 넓게 생각하여 양국 관계를 리드해 나가도록 하자.

(중앙일보 2003년 6월 9일자 칼럼원고를 수정함)

55. 한·일 정상외교와 향후 과제

2004년 7월 21일 열린 한·일 정상회담 장소는 일본 내 한류(韓流) 붐의 시발점이 된 우리 영화 '쉬리'의 촬영지라는 점에서 양국 간 우호관계를 확인하는 상징적 효과가 컸다. 이번 회담에서 일본 정부가 바란 주요 성과는 최근 참의원 선거의 부진한 결과와 하락세에 있는 고이즈미 내각의 지지도를 적극적인 외교로 돌파하는 동시에, 일본의 대북(對北) 수교 의지를 한국 측에 확인시키고 이에 대한 한국의 협력을 구하고자 함일 것이다. 물론 최우선 과제인 북한 핵문제가 여전히 주요 의제라는 전제 위에서 그러하다.

일본은 중국·러시아가 이미 남북한 양측과 외교 관계를 맺고 있는 상황에서 북한과의 수교 성사를 숙원 과제로 삼고 있다. 일본으로서는 대북 관계가 정상화되면 안보의 고민도 대폭 줄고 남북한 사이에서 보다 유연하고 적극적인 한반도 정책을 펼 수 있는 지렛대를 얻게 된다. 이에 한국은 북한을 국제사회로 이끌어내는 데 일본과 함께 힘써야 하지만 일본이 대북 수교를 남북 간 등거리 정책의 발판으로 삼지 않도록 유념해야 한다.

노무현 대통령은 북한의 핵 포기 결정을 구입해야 할 물건에 비유하면서 지불할 가격(대북 보상)을 관련국들이 대략 산정해두는 것이 바람직하다는 견해를 전달했다. 이에 고이즈미 총리는 값이 꽤 비쌀 것이라는 농담으로 받았다. 아쉬운 점은 양국이 왜 북한의 고농축우라늄(HEU) 핵무기 의혹을 언급하지 않았는가 하는 점이다. 북한이 이 문제를 인정하여 장차 포기할 핵 프로그램 범위에 포함시키지 않는 한, 구입할 상품의 내용과 품질은 아직 결정되지 않은 것이다. 사야 할 물건이 제대로 갖춰지지 않았는데 치를 값부터 매길 수는 없는 노릇이다. 다만 최근 들어 미국이 북한에 대한 입장을 대폭 완화하고 있는 만큼, 한·일 양국은 미국과 함께 보다 구체적인 대북 협상 전략을 마련해야 할 것이다.

남북 정상회담 개최 추진과 관련, 한국이 회담 자체의 성사에만 매달려 서두르지는 않겠다고 밝힌 것은 바람직하다. 북한 핵문제의 해결을 미룬 채 남북 정상이 다시 손잡는 상황은 일본이 현재 시점에서 북한과의 수교에 집착하는 상황만큼이나 우려스럽기 때문이다.

이번 한·일 정상회담에는 북한 문제 이외에도 주목할 만한 의제가 몇 가지 더 포함돼 있다. 2005년 3월부터 6개월간 일본에서 열리는 'IT(정보기술) 만국박람회' 기간 중 한국 관광객들에게 입국 비자(visa)를 잠정 면제해주겠다고 한 일본 측의 제의는 양국 간 항구적 비자 면제 체제[22]로 가기 위한 초석이 될 것으로 기대된다. 필요성에 대한 합의와 실무 검토를 일찌감치 끝내놓고도 실천에 옮기지 못하고 있는 한·일 자유무역협정(FTA)의 추진 의지를 확인한 것도 평가할 대목이다.

문제는 이러한 사안별 협력관계를 뛰어넘어 진정한 한·일 동반자 관계로 거듭나기 위해서는 역시 과거사 문제의 매듭이 풀려야 한다는 과제가 남는다. 한국의 대통령이 임기 중 문제 삼지 않겠다고 한다고 해서 자동적으로 없어질 문제는 아니다. 민간 차원의 교류가 국가 차원의 신뢰로 이어지겠거니 하는 안이한 태도로는 과거를 온전히 치유할 수 없다. 일본군 위안부 문제에 대한 배상과 신사 참배의 대상으로부터 전범(戰犯)의 위패를 분리하는 문제에 있어 일본 정부의 결단을 기다리는 이유가 여기에 있다.

(국방일보 2004년 7월 27일자 칼럼원고를 수정함)

---

22 2005년 3월부터 한시적으로 시행하던 한·일 간 '90일 비자 면제 조치'는 2006년 3월 1일부터 무기한 연장되었다. 이에 따라 관광, 제3국으로 가기 위한 통과, 비즈니스(시장 조사, 회의 참석 등)의 목적으로 일본에 입국하는 한국인은 비자 없이 최장 90일까지 일본에 체류할 수 있다.

56. 반일(反日) 넘어 극일(克日)로 나아가야

요즘처럼 일본 탓하기 쉬운 시절도 없을 것이다. 신사 참배에서 일본군 위안부 강제 동원의 부정에 이르기까지 아베 신조(安倍晋三) 내각이 지난 1년 반 동안 이어온 행보가 한일관계를 끝없이 악화시킨 진원지라는 명제에 토를 달 한국인은 별로 없을 듯하다. 며칠 전에는 일본 정부와 재판부가 조선에서 약탈해간 귀중한 책자와 유물의 목록을 지속적으로 은폐했다는 사실이 알려지면서 일본에 대한 국민의 실망감은 더욱 커졌다. 2013년 2월과 2012년 12월 한·일 양국에 새 정부가 들어선 지 2년이 되도록 정상회담을 입에 담지도 못하는 기이한 상황 속에서 모든 것은 일본의 각성과 결단에 달렸다는 평론은 그간 수없이 개진됐다.

그렇다면 이제까지 한국 쪽에서 간과한 것은 혹시 없을까. 일본을 성토하고 꾸짖는 감정의 분출 말고 우리는 일본이라는 상대방의 무엇을 어디까지 바꿀 수 있을 것인지, 또 대한민국의 미래를 위해 한일관계를 어떻게 이끌어갈지 과연 냉철하게 접근하고 있는지 자문해 볼 필요가 있다. 나라 안팎의 정세를 직시하고 한일관계를 한국의 뜻대로 주도할 수 있어야만 일본에 대한 어떠한 도덕적 비판도 그 정당성을 부여받을 수 있다.

첫째, 양국 간 현안 가운데 위안부 문제처럼 시급하고 긴요한 것은 총력을 기울여 해결해 나가야 한다. 2012년 6월에 예정대로 한 · 일 군사정보보호협정(GSOMIA)[23]이 체결됐더라면 그해 8월까지 위안부 문제는 이미 해결됐을 것이다. 위안부 할머니들에 대한 일본 총리의 사과와 일본 정부의 배상금 지불은 이미 합의된 원칙이었다.[24] 우리 외교 당국은 위안부 문제에 대한 일본의 국가적 · 법적 책임 문제를 담아내는 데 있어 보다 유연해질 필요가 있다.[25] 상대방이 이를 온전히 수용치 못할 정치적 이유가 있다면 적절한 표현과 해법을 찾아 결말을 이끌어내는 것이 외교의 지혜. 일본의 지도자와 정부가 나서서 해결하는 형식 자체가 국가의 책임을 포함하는 문제 아닌가.

1965년 한 · 일 청구권협정에 명시해 일본 측의 배상책임이 소멸

---

23 결국 한 · 일 지소미아(GSOMIA)는 박근혜 정부 들어 2016년 11월 23일 체결되었다.

24 2012년 당시 청와대 대외전략기획관이었던 필자는 6월에 한 · 일 지소미아 체결이 마무리되면 8월 15일 광복절 이전까지 일본군 위안부 문제의 타결을 마무리하기로 하고 일본의 노다 요시히코(野田佳彦) 총리 비선(祕線) 라인과 협상을 진행하고 있었다.

25 일본군 위안부 문제도 박근혜 정부로 넘어와 2015년 12월 28일 타결됐다. 일본 정부는 10억 엔의 '화해치유재단' 기금을 제공하는 형식으로 인도적 · 정치적 책임을 표현했다. 일본 총리가 직접 사과하지 않고 외무대신을 통해 메시지를 전달한 점, 박근혜 정부 출범 후 3년째 한일관계가 악화일로를 걷다가 (미국의 압박으로) 위안부 합의가 갑자기 서둘러 추진된 점, 위안부 당사자들을 포함한 국민과의 사전 교감이 충분히 이루어지지 않은 점 등이 작용해 위안부 합의에 대한 국내 호응은 그다지 크지 않았다. 문재인 정부 들어 2018년 11월 '화해치유재단'의 해체 결정이 내려졌다. 일본 정부는 2015년 한 · 일 위안부 합의가 '최종적이고 불가역적'이라고 명기돼 있으므로 위안부 문제는 종결되었다는 입장이다.

됐다고 양국이 합의한 강제징용 피해자 문제[26]는 위안부 문제[27]와는 성격이 다르다. 우리 대법원이 일본 기업들의 배상책임을 아무리 촉구한다고 해도, 이미 이뤄진 국가 간 합의를 국제사법재판소(ICJ)에 제소해 확인받겠다는 일본 측의 의지만 부추길 뿐이다. 정부가 아닌 개인의 청구권을 보살펴야 한다면 강제징용 피해자 문제는 우리 정부

---

26 1965년 6월 22일 한·일 기본조약과 함께 서명된 한·일 청구권협정은 일본이 3억 달러의 무상자금과 2억 달러의 차관을 한국에 제공하고 한국은 대일 청구권(請求權)을 포기하는 내용을 담고 있다. 청구권 협정문 제2조의 1항과 3항에 관련 내용이 구체적으로 기술돼 있다. 1965년 7월 정부가 발간한 『대한민국과 일본국 간의 조약 및 협정 해설』에도 협상 당시 한국 정부가 국민의 개인 청구권을 일괄 대리하여 일본의 지원금을 수령하기로 한 것을 한·일 양측이 인지했음을 확인하고 있다. 이에 따라 한국 정부는 1974년 특별법을 제정해 강제징용 피해자들에게 구제배상을 실시했다. 노무현 정부 시기인 2005년에 한·일 수교 당시의 외교문서 일체가 비밀 해제되어 공개되자, 정부는 민관합동위원회를 구성하여 한·일 협상 기록을 모두 검토한 끝에 대일(對日) 청구권을 요구할 근거가 없다는 결론을 재차 내린다. 이에 2007년 다시 특별법을 제정하여 7만 2,000명에게 6,124억 원을 배상했다. 2018년 10월 대법원이 내린 대일 개인 청구권 인정에 관한 확정 판결은 1965년 이후 한국 정부가 53년간 유지한 입장과 배치된다. 이러한 대법원의 판지(判旨)는 개인의 인권을 부각시켜 국내 법적 사고를 국제법적 차원으로 투사한 것이다. 그러나 국가가 개인 청구권을 대리하여 체결하는 일괄보상협정(lump-sum settlement)은 그 실정성(實定性)과 합법성(合法性)을 널리 인정받고 있다.

27 일본군 위안부 문제는 1991년 8월 김학순 할머니의 공개 증언으로 세상에 처음 알려졌으므로 강제징용 문제와 달리 새롭게 등장한 대일 청구권 의제다. 2006년 6월 일본군 위안부 피해자 109명이 1965년 한·일 청구권협정에서 정한 분쟁 해결 절차에 따라 위안부 문제를 해결할 것을 촉구하는 헌법 소원을 헌법재판소에 제기했다. 5년 뒤인 2011년 8월 30일 헌법재판소는 국가가 위안부 피해자의 배상 청구권을 실현할 의무가 있다고 판결했다. 이에 따라 이명박 정부는 2011년 12월 한·일 정상회담을 시작으로 일본군 위안부 문제의 해결에 적극 나서게 된다.

그들은 왜 정답이 있어도 논쟁하는가

와 기업이 나서서 해결해야 할 과제다.

둘째, 역사 교과서 왜곡 등 당장 해결되기 어려운 과제는 상대방에게 무작정 설교하기보다는 차차 해결할 역량과 국제적 환경을 구비하는 데 힘써야 한다. 일본의 리더들이 자라나는 후대에 과거의 아픈 역사를 제대로 알리지 않는 것은 장래의 한일관계에 앙금으로 남을 것이다. 이것은 한국인이 분개하고 답답해할 일이지만 결국은 일본 스스로 자신의 미래와 결부해 감당해야 할 몫이다. 이웃 나라 국민의 믿음과 존경을 얻지 못하고서는 동북아시아와 세계의 리더 역할을 자처하는 성숙한 대국이 될 수 없으며, 이는 중국과 한국을 마주하는 일본이 넘어서야 할 숙제다.

셋째, 과거사 이슈에 어깃장을 놓는 일본이 아무리 밉더라도 우리에게 필요한 안보협력마저 방치하는 우(愚)를 범해서는 안 된다. 지난 주(2014년 7월 셋째 주) 미국에서 개최된 한·미·일 1.5트랙(半官半民) 외교국방회의에서 미국과 일본의 참가자들은 우리 측에 공통된 질문을 던졌다. 북한의 도발이 발생하고 한반도에 급박한 사태가 전개되더라도 아베 정권이 밉다고 일본과의 안보협력을 거부할 것이냐는 물음이었다. 일본이 제3국의 도발에 맞서 우방들과 함께 싸울 수 있다는 집단자위권은 평화헌법 제9조를 고치지 않는 한, 논리적인 비약임은 분명하다. 그렇다고 미국과 동맹관계를 공유한 처지이자 같은 민주주의 인권 국가로서 대한민국이 일본을 적대국 보듯이 해서야 될 일인가.

박근혜 대통령이 어려운 양국 관계의 와중에 7월 25일 아베 총리의 안부를 전하러 온 마스조에 요이치(舛添要一) 도쿄도지사를 접견했다. 한·일 간 고위급 파이프라인이 새롭게 구축돼야 할 시점이다. 반일(反日)에만 매몰돼서는 극일(克日)로 나아갈 수 없다. 이제까지 많은 사람이 대안도 없이 국민을 선동하면서 애국자인 듯 행세해왔다. 옥석(玉石)을 가려야 할 때다.

(문화일보 2014년 7월 31일자 칼럼원고를 수정함)

57. 사과받는 나라, 사과하는 나라

2015년 6월 22일 한·일 국교 정상화 50주년을 맞아 양국 정상이 서울과 도쿄에서 열린 기념식에 차례로 참석할 때만 해도 3년간 얼어붙었던 한일관계가 회복될 전기(轉機)가 마련되었나 싶었다. 양국 정상 간 첫 회담 개최에 대한 전망도 커지고 있었다.

한일관계가 다시 뒤틀리면서 심상치 않은 국면으로 접어든 것은 일본 메이지 산업혁명 시설의 유네스코 문화유산 등재 과정에서 한·일 외교당국이 논의한 한국인 징용자에 관한 '표현' 문제가 파국으로 치달으면서였다. 7월 5일 세계유산위원회(WHC)에서 발표한 성명에서는 한·일 외교당국이 사전에 합의한 대로 '강요된 노동(forced to work)'이라고 통일하여 표현했지만, 한국은 막상 회의 결과를 언론에 브리핑할 때는 '강제노동(forced labor)'으로 발언한 것이다.

화들짝 놀란 일본 정부는 강제 노동 표현을 부인하며 반발했고, 우리 정부는 세상이 다 알고 인정하는 것을 비켜가려 해서는 안 된다며 일침을 놓았다. 우리 국민은 진실 게임의 일부 퍼즐만 접한 상황에서 일본의 소극적인 과거사 해결 노력을 내심 질책하였고, 한편으로는 유네스코에 등재될 일본의 문화유산에 일본이 저지른 식민지 시대의 잘못이 기록된다는 사실에 안도하였다.

일본의 어느 일간지는 7월 11일자 보도에서 "외무장관회담 합의 무시한 한국, 한국의 악의에 넘친 행위" 등을 운운하며 일본 내 격앙된 분위기를 대변했다. 또 다른 신문은 7월 14일자 보도에서 이번 일을 한국의 "정치 공작"으로 규정하면서 그간 양국이 위안부 문제를 놓고 공식 외교 라인 말고도 한국의 대통령 비서실과 일본의 국가안보국(NSC) 간 비선 협의가 진행돼왔음을 밝혔다. 한일관계의 최대 쟁점인 위안부 문제를 양국 정상의 최측근 고위 관료들이 협의했다는 것을 '폭로'한 것은 일본이 박근혜 정부와 이 문제를 더 이상 거론하기 싫다는 뜻을 불쾌감을 실어 드러낸 것이다.

일본에 대한 한국의 불만은 아무리 나열해도 성에 차지 않을 것이다. 추가적으로 드러나는 과거의 불편한 진실들을 부인하거나 약화시키고자 하는 일본 정부의 일관된 시도는 국제사회의 그 누구도 정당화하지 못한다. '과거사'라는 굴레 앞에서 반일감정은 한일관계의 다른 많은 것들을 압도하는 대중 정서의 구심점이기까지 하다. 한국의 국력과 한국인의 자신감이 커지면서 역사 갈등과 한·일 협력을 병행하는 문제는 더욱 어려워졌다.

한국과 일본이 서로 협력해 얻을 혜택이 안보와 경제 영역을 망라하여 즐비한데도 그 필요성을 역설하려면 '친일' 낙인이라는 크나큰 정치적 위험을 무릅써야 하는 상황에까지 이르렀다. 어떤 여론조사 결과건 한국인과 일본인이 서로를 불신하고 미워하는 마음이 역대 최고치를 나타내고 있다. 문제는 한국인의 감정은 몇 년을 주기로 커다란 변화를 보이는 반면, 일본인의 마음은 한번 바뀌면 몇십 년을 간

다는 것이다. 사과받을 한국인이 화가 나 있는 것은 알겠는데, 사과해
야 할 일본이 정부·지식인·일반 대중을 막론하고 한국에 화가 나
있는 것은 왜인가.

일본인의 마음을 단순하게 축약하면, 약속하고 합의한 내용을 어
기는 한국을 못 믿겠다는 것이다. 강제징용 문제는 분명히 1965년
수교 당시 정부 간 약속으로 명문화해 사과하고 보상했는데 한국 법
원의 판결과 한국인의 여론은 아직도 일본의 책임을 묻고 있어 곤혹
스럽다는 것이다. 이번 '강제노동' 표기 사태도 결국 1965년 한·일
협정문을 고수하려는 일본의 방어 심리와 일본의 불충분한 과거사
반성은 계속 따끔하게 지적해야 한다는 한국의 도덕관이 충돌한 결
과다.

아베 내각의 과거사 문제에 대한 '공포심'은 여기서 끝나지 않는
다. 위안부 문제에 관하여 일본이 사과를 해도 과연 한국인들이 이를
마지막 사과로 받아들일 수 있겠는가, 나아가 그러한 합의에 동의한
한국 정부가 과연 국내 여론을 만족시킬 수 있겠는가 하는 걱정이 그
것이다.[28]

한국의 기대를 완벽하게 충족시킬 만큼은 아니더라도 충분히 충
족시키고자 노력할 마음이 상대방에게 있다면 우리도 과거사 문제에
관한 원칙과 입장을 재점검할 때가 되었다. 지난주(2015년 7월 마지막

---

[28] 이후 2015년 12월 한·일 간에 타결된 일본군 위안부 합의가 3년 만인 2018년
11월 '화해치유재단' 해체 결정을 통해 사실상 파기됨으로써 일본 정부의 우려
는 현실화되었다.

주)에 필자는 상하이 회의에 이어 난징대학살 기념관을 찾았다. 방대한 전시물들을 접하고 상념에 젖어 나오려는데 기념관 출구 모퉁이 천정에서 12초마다 물방울이 떨어지고 있었다. 1937년 12월 13일부터 6주에 걸쳐 30만 명의 시민이 일본군에 의해 12초마다 한 명씩 희생됐다는 의미였다. 일본의 잘못을 또렷이 기억하면서 일본과 실리적 협력을 적극 추진하는 중국의 두 얼굴을 보았다. 한국 정부는 사건 하나하나에 일희일비하지 않고 원칙과 처방을 조화롭게 엮어내는 무게감 있는 대일정책을 구사해야 한다.

(조선일보 2015년 8월 3일자 칼럼원고를 수정함)

58. 이혼 없는 미·일 동맹

주한미군의 이라크 차출 결정을 계기로 한미동맹의 신뢰관계에 대한 의견이 분분해지고 있는 가운데 미일동맹은 오히려 날이 갈수록 더욱 공고해져가는 느낌이다. 군사대국 미국과 경제대국 일본을 부부관계에 비유한다면, 이들은 1951년 인연(동맹조약 체결)을 맺은 이래 오늘에 이르기까지 때로는 서로의 신뢰를 의심하기도 하고 다툼도 벌였지만 별거(동맹 와해)나 이혼(동맹 파기)과 같은 중대한 고비 한 번 없을 만큼 돈독한 군사관계를 유지해왔다.

양국 간 동맹은 각자가 절대적으로 필요로 하는 전략적 이해를 서로가 담보해주는 완벽한 교환관계에 기초한다.

일본은 제2차 세계대전에서 자신을 패전시킨 미국을 장래의 후견인으로 새로이 인식하고 미국이 제공하는 안보우산과 경제지원에 전적으로 의존하는 방식으로 현대국가의 재건을 꾀했다. 국가안보는 대미(對美) 군사관계에 의지하고, 자체 방위력에 대한 투자는 국내총생산(GDP)의 1% 내외 수준에 묶어두며, 국가 역량은 경제발전에 집중한다는 이른바 '요시다 독트린'은 동맹체결 협상 과정에서부터 지금에 이르기까지 굳건히 유지되고 있다.

미국이 일본의 성장을 지지한 것은 서유럽을 부강하게 만들어 구(舊)소련에 대한 든든한 대항세력으로 키우고자 했던 것과 같은 맥락에서였다. 일본은 '무임승차'만 하는 외교가 없는 나라라는 비아냥을 사는 대신, 값싸고 확실한 안보우산을 확보하면서 '평화국가' 이미지를 쌓는 데 주력해왔다.

한국과 일본이 소련이라는 거대한 공통 위협을 마주한 냉전기 동안 양국 모두 미국을 안보의 후견인으로 삼은 점에는 별반 차이가 없다. 다만 미일동맹이 동북아 지역 질서의 안정을 유지하는 데 주 기능을 담당했다면 한미동맹은 북한의 도발이라는 구체적인 위협을 억지하는 것이 주된 목표였다. 지금은 어떠한가. 논리상으로는 소련 위협이 사라졌으니 미일동맹은 정체성의 위기를 맞이해야 하고, 북한 위협은 커졌으니 한미동맹이 오히려 강화되어야 할 것이다. 그러나 현실은 그 반대로 흘러가고 있다.

일본은 1990년대의 급변하는 국제질서 속에서 동맹 정책의 새로운 방향과 비전을 모색하는 담론을 미국에 앞서 주도해 나갔다. 소련 위협의 소멸 이후에도 동북아시아 역내 영향력을 지키고자 하는 미국의 전략을 미리 간파한 일본은 미일동맹 유지 방침을 기정사실화하고 그에 걸맞은 동맹의 명분과 역할을 새롭게 규정함에 있어 대단

그들은 왜 정답이 있어도 논쟁하는가

히 신속한 모습을 보였다.

그 첫 결과가 1996년 미·일 신안보공동선언이며, 이는 이듬해인 1997년 미·일 신방위협력지침(이하 신가이드라인으로 표기)이라는 문건으로 구체화되었다. 기존 미일동맹의 역할이 일본 본토의 안전 확보에 국한돼 있다면, 1997년부터는 본토뿐 아니라 아·태 지역 전체의 안보사안에 관해 작동하도록 동맹 활동의 지리적 범위를 획기적으로 확대했다. 다만 이러한 미·일 간 '신(新)가이드라인'은 일본이 군대를 갖지 못하고 타국에 대항해 싸울 수 없다는 일본의 헌법 규정을 뛰어넘지 못한다. 대신 일본이 영토 밖에 나가 미국과 작전할 때 미군의 전투 행위를 후방 지역(rear area)에서 40가지 영역에 걸쳐 지원할 수 있다는 구체적 내용이 신가이드라인에 명기되었다.

일본 정부는 미국과 약속한 동맹 강화 방침을 적극적으로 국민에게 이해시키면서 필요한 국내법 제정 작업을 일사천리로 진행했다. 1999년 주변사태법, 물품용역에 관한 상호지원법(ACSA), 자위대법을 구비하여 일본이 주변 안보사태를 어떻게 규정하고, 미국을 어떻게 지원하며, 자위대를 어떻게 동원할 것인지에 관해 구체화하였다.[29]

---

29 '주변사태법'은 2015년 '중요영향사태법'으로 변경되어 일본 자위대의 대응 여부를 결정하는 기준이 일본 주변이라는 지리적 조건에서 일본의 평화와 안전에 영향을 주는 환경적 조건으로 대체되었다. 또 주변사태법하에서는 미군에 대한 지원만 가능했으나, 중요영향사태법은 UN헌장의 목적을 달성하기 위한 활동에 참여하는 외국 군대 또는 조직으로 자위대의 지원 범위를 확대했다. 한편 2003년에 제정된 '무력공격사태법'은 일본의 무력 사용 조건을 일본에 대한 직접적인 공격이 이루어지거나 임박한 경우로 한정했으나, 이 법안이 2015년에 '존립위기사태법'으로 개정되면서 일본뿐 아니라 타국에 대한 무력 공격이 발생하더

2001년 9/11테러가 발생하자 '테러대책특별조치법'을 신속하게 만들었고, 아프가니스탄 전쟁과 이라크 전쟁을 목도(目睹)한 이후로는 외부로부터의 위협 대응뿐 아니라 국제 안보에 기여하는 방안을 담은 법안들을 재정비하였다.[30]

한국이 일본처럼 거침없이 대미(對美) 군사관계를 조정하지 못하는, 혹은 않고 있는 이유는 한반도의 분단 체제가 아직 탈냉전의 신세계에 적응하지 못하고 있기 때문이다. 잔존하는 북한 군사력의 위험성은 한미동맹의 기존 역할을 확인해주지만, 북한 위협의 시대 이후 양국이 새롭게 지향할 군사 목표와 기능이 무엇인지 서로 툭 터놓고 얘기할 기회가 없었다. 그만큼 나라 안팎으로 도전이 끊이질 않았다. 북한은 핵 모험을 멈추지 않고 있고, 분단 상황에 처한 한국이 냉전 50년의 긴장과 위압감을 쉽사리 떨치기는 어려울 것이다.

새로운 한미관계의 밑그림이 미완성인 가운데 주한미군의 재조정

라도 그 나라가 일본과 긴밀한 관계에 있는 경우 일본의 무력 행사 요건을 구성하게 되었다. 이는 2015년 일본이 천명한 집단자위권 행사에 대한 국내법적 근거를 마련하고자 함이었다. 상위 법체계인 헌법(평화헌법 9조)이 일본의 교전권(交戰權)을 원천적으로 부정하고 있으므로 이러한 하위 법률이 일본의 집단자위권을 허용한다고 보는 것은 위헌적 해석이라는 것이 일본 헌법학계의 주류 시각이다.

30 9/11테러가 발생한 2001년에 일본이 신속하게 제정한 '테러대책특별조치법'은 인도양과 중동 지역에 파병하기 위한 목적으로, 2003년 제정한 '이라크특별조치법'은 이라크 전쟁에 비(非)전투 자위대 요원을 파병하기 위한 목적으로 추진되었다. 일본 정부는 2015년 '국제평화지원법'을 새롭게 제정하여 국제 평화유지활동(PKO)을 위해 해외로 자위대를 파병할 때마다 특별법을 제정해야 하는 제약을 없애고, UN안전보장이사회의 결의안이 채택될 경우 정부의 결정으로 신속하게 자위대의 해외 파병이 가능하도록 했다.

을 포함한 동맹 변화는 급속히 진행되고 있다. 일본이 우리에게 주는 교훈은 대미관계의 평등성은 일관되고 현명한 전략에 의해 하나씩 차츰 확보될 수 있다는 것이다. 일본의 힘이 계속 커지니 미국도 일본의 입장을 보다 많이 경청하게 되었다. 저간의 사정상 한미동맹의 재정립이 늦어지긴 했으나 한국으로선 지금도, 통일이 된 이후에도 미국과의 동맹이 여전히 필요하다는 점은 부연할 필요가 없다.

이혼할 수 없다면 서로 돕고 이해하면서 심혈을 기울여야 하는 것이 부부관계요, 군사관계다.

(한국일보 2004년 5월 25일자 기획시리즈 칼럼원고를 수정함)

59. 공중(恐中)과 혐일(嫌日)이 빚은 한국 외교의 모순

중국 외교부의 어느 고위 간부는 최근 베이징을 찾아간 민주당 의원들에게 "인민의 감정을 무시하는 정책을 쓸 수 없다"며 한국의 사드(THAAD) 도입에 대한 중국의 각종 보복 조치가 자국의 여론에 근거함을 주장했다. 지난달(2016년 12월) 대통령 탄핵소추안 가결로 한국의 대외정책 컨트롤타워가 붕괴한 이후, 중국은 한국 정부와 소통을 단절하고 사드를 반대하는 야당 인사들과의 공감대를 과시하는가 하면, 중국과 사업을 하는 우리 기업들을 전방위로 압박하여 그들이 겪는 경제적 고통이 마치 한국 정부의 그릇된 판단(즉 사드 배치)에서 비롯된 것처럼 호도하며 국내 여론의 분열을 부채질하고 있다.

이웃의 일당(一黨) 독재 국가가 민심을 언급하니 어색하고, 한 발 더 나아가 옆 나라의 국론 분열을 조장하니 그 의도가 불순해 보인다.

하지만 상대에게 업신여김 당할 빌미를 준 것은 우리 자신이니 어찌하랴. "사드를 고집해 북한을 자극할 것이 아니라 미국이 먼저 대북 적대정책을 거둬야 한다"는 중국의 궤변에 동조하는 한국의 시민, 학자, 정치인, 언론인이 적지 않다. 2017년 1월 9일에는 중국 폭격기 비행편대가 한국과 일본의 방공식별구역을 넘나들며 무력시위를 벌였다. 중국이 한국에 바라는 바는 명확하다. 경제에 이어 안보 문제도 중국 쪽에 줄을 서라는 것이다. 또 한국이 미일동맹 편에 서서 중국을 불편하게 만들지 말라는 것이다.

한국의 전체 수출 규모에서 중국이 4분의 1을 넘게 차지하니 중국 덕분에 밥 먹고 산다는 말이 나올 법도 하지만, 나라의 존립 기반인 안보가 허물어지면 다 소용없는 일이다. 2011년 10월 이명박 대통령의 미국 국빈 방문을 두고 미국 언론들은 백악관의 레드카펫이 이보다 더 붉을 수는 없다며 한미관계가 절정에 도달했음을 축하했다. 얼마 뒤 가진 한·중 비공개 고위전략대화에서 중국 측은 안보의 핵심 파트너는 미국으로 하고 경제협력은 중국을 중시하는 한국의 안미경중(安美經中) 원칙을 잘 이해한다고 했다.

박근혜 정부의 첫 3년 동안 일본과는 거리를 두고 중국을 한번 믿어보자는 '외교적 실험'이 이루어졌다. 순탄치 않은 시행착오 끝에 내린 결론은 안보 문제에 관한 한, 중국은 믿을 수 없고 일본과의 협력은 긴요하다는 것이다. 한·일 과거사 갈등의 격랑 속에 미국과 일본은 한국이 중국 편으로 떨어져 나가는 것이 아닌지 우려했고, 이러한 분위기에 고무된 중국의 기대치는 더욱 커졌다. 한·일 분쟁을 즐기는 차원을 넘어 한국이 미국과의 동맹을 약화시킬 것을 대놓고 요구하고 압박하는 상황에까지 이르렀다. 팽창하는 근육을 주체하지 못하고 감정 조절 기능까지 상실한 중국만 탓하기에는 한국 자신의 전략 부재와 분열상의 책임이 매우 크다.

태평양 건너에 미국이 없던 조선시대까지는 역내(域內) 질서의 절대자인 중국에 사대(事大)하는 수밖에 도리가 없었다. 20세기 들어 일제 식민지배, 민족 분단, 6.25전쟁을 겪으면서 천신만고 끝에 나라를 일으켜 세운 과정을 한미동맹의 역할을 배제하고 설명하기는 힘들다. 21세기의 한미동맹은 중국, 일본, 러시아를 상대함에서 한국의 전략적 가치를 극대화하는 지렛대 역할을 하도록 가꾸어야 한다. 노무현 정부 시절의 동북아 균형자론은 대미(對美)관계를 약화시켜도 대중(對中)관계를 강화하면 안보 이익에 균형이 맞춰진다는 발상에서 비롯되었다. 여전히 같은 생각을 가진 그 시절의 그 사람들이 주인 노릇을 하는 민주당의 외교노선은 탄탄한 한미동맹이 없다면 한국이 중국으로부터 겪을 고초가 얼마나 클지 별 관심이 없는 것 같다.

중국을 필요 이상으로 두려워하고 일본을 무조건 거부하는 한국인의 보편적 정서는 한국 외교전략의 정석(定石)과 배치된다. 지난 연말 정부는 시민단체가 부산의 일본 총영사관 앞에 위안부 소녀상을 세우는 계획을 알고도 여론의 뭇매가 두려워 이를 막지 않았다. 일본이 흥분하여 과민 반응한다고 비판하기 전에, 2015년 12월 위안부 문제 타결 조건으로 서울 일본 대사관 앞의 소녀상 철거(또는 이전) 노력을 약속받은 일본이 또 다른 소녀상이 자국 공관 앞에 들어서는 것을 어떻게 여길지 지적하는 사람이 보이지 않는다. 인기영합주의의 결정판인 정치권은 여론의 반일감정만 믿고 하늘에 대고 효력도 없는 호통만 친다. 어느 언론은 여와 야가 모처럼 한목소리를 낸다며 칭찬이다.
안보만이라도 한·미·일 세 나라가 일관되게 한목소리를 낸다면 평
양과 베이징은 결코 지금처럼 행동하지 못할 것이다.

제대로 된 국가전략도 없이 시류에 영합하고 국민감정에 편승해
권력을 잡으려는 무리가 난무한다. 나라의 앞날이 걱정스럽다.

(조선일보 2017년 1월 16일자 칼럼원고를 수정함)

60. 첫걸음 뗀 한·중·일 안보협력

'아세안(ASEAN)+3' 정상회의 참석차 발리를 찾은 한·중·일 세 나라
정상은 2003년 10월 7일 별도의 3국 정상회담을 가진 후 14개 항에
이르는 공동선언을 채택했다. 1999년에 시작돼 5회째를 맞은 '아세
안+3' 정상회담에서 처음으로 3국 공동선언이 나온 것이다.

한·중·일 3국은 군축과 관련한 협력을 강화해 대량살상무기
(WMD)의 수출 통제를 포함한 정치·외교·행정적 조처를 취하기로
합의했으며, 한반도 비핵화[31]를 위한 평화적 노력을 약속했다. 또 군
사방위 분야 인사의 교류협력을 증진해 나가기로 했다.

3국은 이러한 안보현안에 대한 합의 외에도 자유무역협정(FTA)과
투자협정 체결에 관한 공동연구를 촉진하기로 하는 한편, 세계무역기

---

31 '한반도 비핵화'는 중국과 북한이 쓰는 용어다. 북한의 비핵화뿐만 아니라 한국
의 비핵화도 이행되어야 하며, 여기에는 주한미군의 핵무기 배치 금지도 포함
된다는 주장이다. 중국은 다자외교 무대에서 북핵 관련 문구를 조율할 때마다
'북한의 비핵화'가 아닌 '한반도 비핵화'를 강력히 주장한다.

그들은 왜 정답이 있어도 논쟁하는가

구(WTO)의 협상무대와 에너지 · 물류 · 유통 · 정보기술(IT) 분야에서의 협력을 약속함으로써 포괄적 분야에 걸친 '동북아 지역 네트워크' 구축의 시발을 사실상 선언했다. 공동선언의 협력 내용을 지원하기 위한 3자 위원회를 설립하기로 한 사실이 말해주듯 이번 합의는 구체적 실천을 전제로 했다는 점에서 평가할 만하다.

특히 이번 한 · 중 · 일 선언은 군사 · 안보 측면에서 주목을 끈다. 불행한 과거사의 굴레를 벗지 못해 3국의 국민들 간에 상호 불신이 여전히 남아 있는 상황에서 안보관계를 다져 나가자는 공식적 약속이 최고지도자 레벨에서 나온 것이다.

첫째로 눈여겨볼 대목은 WMD의 수출 통제에 대해 공조를 약속했다는 점이다. 이는 다분히 북한을 의식한 것으로서 북한의 핵탄두나 관련 물질이 '불순한' 의도를 가진 제3자에게 넘어가서는 안 된다는 인식에 대한 실천적 합의로 간주될 수 있다. 그동안 미국 주도의 대량살상무기 확산방지구상(PSI)[32]에 한 · 중 · 일 3국 중 오직 일본만이 참가해온 터에 한국과 중국이 PSI의 정신에 간접적인 동의를 보낸 셈이다. PSI의 해상경계가 물샐 틈 없다 해도 대륙을 통한 핵 유출 방지는 중국의 협조 없이는 어렵다는 점에서 중국의 이번 동의는 의미심장

---

32 대량살상무기 확산방지구상(PSI: Proliferation Security Initiative)은 2003년 6월 미국 조지 W. 부시 대통령 주도로 미국, 영국, 호주, 프랑스, 독일, 이탈리아, 일본, 네덜란드, 폴란드, 포르투갈, 스페인의 11개국이 발족한 국제협력체제다. 핵물질, 미사일, 불법무기의 유통을 감시하기 위해 항공기나 선박을 압수, 수색할 수 있도록 회원국 간 공조가 이루어진다. 한국은 2009년 5월, 북한의 2차 핵실험 직후 PSI 회원국으로 가입했다. 2019년 현재, 105개국이 회원국이며 중국은 가입하지 않은 상태다.

하다.

다음으로 지적할 이번 3국 공동선언의 의의는 과거를 뛰어넘고자 하는 미래지향적인 자세다. 상호 안보정책에 대한 불신으로 말미암아 동북아 지역 다자안보협력체는 항상 공식 제도권 밖을 맴돌아온 것이 사실이다. 이번 3국 선언을 계기로 안보협의체를 결성하여 상호 군사투명성과 군비(軍備) 통제 노력을 제고해 나가야 할 것이다.

이제 막 운을 뗀 한·중·일 안보협력 논의가 한반도와 동북아 지역의 평화질서로 직결된다고 낙관하기에는 아직 이르다. 세 나라는 역사·문화·인종적 측면에서 유사성이 많다고 하지만 대외정책의 이해관계에 있어서는 아직 괴리가 크다. 또 역내질서에서 차지하는 미국의 존재가 큰 비중을 차지하고 있어 미국을 도외시한 한·중·일 3자 공조는 별 의의가 없다. 한국과 일본은 미국과의 동맹관계를 안보정책의 근간으로 삼고 있는 만큼 한·미·일 3자 공조가 중국과의 갈등을 최소화하는 것이 한·중·일 안보협력 발전의 전제조건임을 유념해야 한다.

핵심 현안인 북한 핵문제에도 같은 논리가 적용된다. 6자회담의 당사자인 세 나라는 북핵문제의 평화적 해결을 다짐하는 원론적 수준을 넘어 북한의 바람직한 변화를 유도하는 적극적인 처방까지 내놓아야 한다. 그리고 그것은 핵확산금지조약(NPT) 체제의 수호를 위해 가장 큰 노력을 기울이는 미국과의 협력을 전제로 할 때 온전한 효력을 발휘할 수 있다.

동북아 지역에서 안보협력 공동체를 이뤄내는 것은 단일경제 공동체를 만드는 것 이상으로 어려운 일임에 틀림없다. 안보는 경제적 이해타산의 수준을 뛰어넘어 국가 안위가 걸린 문제이기 때문이다. 한·중·일 3국 협력은 정부의 리더십과 국민의 공감대가 어우러질 때 한 발씩 나아갈 수 있을 것이다.

(한국일보 2003년 10월 10일자 칼럼원고를 수정함)

61. 미(美) 대학 장서에도 적용되는 '중·일·한 5:4:1' 원리

자료 검색 방법을 안내하던 UC버클리의 도서관 사서가 말했다. "학교가 소장하고 있는 1,200만 권의 책 중에서 동아시아 관련 도서는 100만 권 정도인데 이 중 중국어와 일본어로 된 것이 각각 44만 권과 40만 권, 그리고 한국어로 된 책이 10만 권쯤 됩니다. 최근 몇 년 사이에 중국 책이 일본 책보다 많아졌고 앞으로 이 격차가 조금씩 커지리라고 봅니다. 아마 미국 사회에서 세 나라가 받는 관심의 정도를 종합해서 비교해도 대개 5:4:1의 법칙이 적용된다고 봅니다." 마치 현재의 국제정치 상황을 압축한 듯한 설명이었다.

올해(2015년) IMF(국제통화기금) 자료를 기준으로 미국의 국내총생산(GDP)은 18조 1,000억 달러이고, 중국은 11조 2,000억 달러, 이어서 일본은 4조 2,000억 달러로 세계 3위다. 한국은 1조 4,000억 달러로 세계 11위 경제 규모다. 국토 면적 109위, 인구 26위밖에 되지 않는데도 전쟁의 폐허를 이겨내고 여기까지 달려온 것만 해도 현대 세계사의 커다란 사건이다. 그간 우리는 한국의 존재를 세계에 널리 알리려고 노력해왔다. 이제 한국을 모르는 나라는 없다. 다만 그들은 예전보다 중요해진 한국을 상대로 자신의 실리를 어떻게 지키고 확대할

지에 관해 골몰하고 있다.

　중 · 일 · 한 5:4:1의 원리는 우리에게 무엇을 시사하는가. 일본의 경제 규모가 대략 우리의 4배인 것은 맞지만, 중국의 살림 규모는 이미 일본의 3배 가까이에 육박한다. 그럼에도 일본이 세계 도처에서 중국에 버금가는 관심과 비중을 차지하는 이유는 어떤 이유로든 많은 나라가 일본을 필요로 하기 때문이다. 한국인들이 해외에 여행하거나 체류하면서 일본 자동차와 일본 음식이 차지하는 맹목적인 호감을 접하고선 한국을 제외한 세상에서는 한국 편보다 일본 편이 더 많은 것 같다는 느낌에 휩싸이곤 한다.

　지난 2015년 9월의 미 · 중 정상회담과 4월의 미 · 일 정상회담의 무게에 견주기는 어렵겠지만 미국이 10월 16일 한 · 미 정상회담을 중시한 이유는 한미동맹이 미국의 동아시아 전략 완성도를 좌우하는 중요한 연결고리(linchpin) 역할을 하기 때문이다. 미 동아시아 전략의 커다란 밑그림은 미일동맹을 주축으로 하여 중국과의 관계를 주도하는 것이며, 이와 결부된 하나의 세부 그림은 북한 변수를 관리하면서 한국 주도의 한반도 통일을 지지하는 것이다. 박근혜 대통령의 방미를 계기로 오바마 행정부는 한국이 구상하는 중국, 일본, 북한 정책의 총론과 각론이 자신의 전략과 얼마나 잘 부합하는지 확인하고자 했다.

　한미동맹이 미국에 중요하다면 한국에는 국가전략을 좌우하는 결정적인 존재다. 북한의 위협을 억지할 강력한 힘도, 중 · 일 · 한 관계의 5:4:1 핸디캡을 극복할 지렛대도 바로 한미관계에서 나오기 때문이다. 어찌 보면 지금 한국이 안팎으로 처한 많은 어려움들은 그간 한미동맹을 너무 과신하고 의지한 안이함에서 비롯되었는지도 모른다.

핵과 미사일을 앞세워 한국의 안보를 볼모 삼으려는 북한의 의지가 집요한데도 우리 사회는 대북 군사 억지 태세를 강화하면 중국이 어떻게 나올지에 관한 논쟁에 더 큰 에너지를 소모하고 있다. 비무장 지대를 포함한 상대방의 관할 영역에서 일체의 적대 행위를 금하기로 한 정전협정의 약속(제1조 6항, 제2조 12항)이 유명무실해진 마당에 이것을 평화협정 문서로 대체하기만 하면 정말 평화가 올 것이라는 북한 당국의 주장을 믿는 사람도 꽤 많다. 한·일 양국이 지난 3년 동안 과거사 문제를 놓고 제대로 한판 붙었던 것도 미국이라는 안보우산이 두 나라를 너무 튼튼히 보호해서 비롯된 역설적 결과인지도 모른다.

중국이 한국을 각별히 생각하고 안보·경제 협력체에 동참시키려 하는 것은 한국 자체가 지닌 역량 때문이기도 하겠지만 그 뒤에 작동하고 있는 대미 유대(紐帶)가 더욱 큰 지렛대 역할을 한다는 것을 유념해야 한다. 한·미 전략공조에 관한 상호 확신과 신뢰를 바탕으로 중국과 일본이 동참할 수밖에 없는 동북아시아의 협력 메커니즘을 주도적으로 확대해 나가야 한다.

미국과 사이버(cyber) 안보공조를 강화하고 관련 국제규범을 확립하기로 한 것은 중국과 북한에 관해 한·미 양국이 가진 중요 이익의 접점을 제대로 짚은 것이다. 핵을 포기하면 밝은 미래를 보장하겠다는 한·미 공동성명에 북한 정권이 귀 기울일 것이라고 보는 사람은 많지 않겠지만, 한·미 양국이 북한 인권 문제를 지속적으로 제기하면서 통일에 관한 논의를 심화하기로 한 것은 한·미 전략동맹의 미래상에 부합한다.

　이산가족 상봉 행사를 치른 다음 대북 관계를 어떻게 가져갈지, 아베 내각과의 첫 정상회담을 계기로 대일 관계의 우선순위를 어떻게 자리매김할지 한·미 정상회담의 후속 과제가 잇따르고 있다.

(조선일보 2015년 10월 19일자 칼럼원고를 수정함)

05

제5장

북핵문제는 북한 정권의 미래에 관한 문제다

"The Italians having a Proverb, He that deceives me once, it's his fault; but if twice, it's my fault."

(한 번 속으면 속인 사람이 잘못한 것이고, 두 번 속으면 속은 사람이 잘못한 것이다)

- Anthony Weldon (1583~1648), 영국 정치가

논점해설

아래 열여섯 편의 글은 북한 핵문제의 시발부터 지금까지 일어난 주요 사건과 협상 과정 일체를 망라한다. 필자는 이제까지 언론사에 먼저 연락하여 글을 실어달라고 요청한 적이 한 번도 없다. 언론 매체들은 안보 현안의 중요성에 비추어 필자의 분석과 평론을 종종 요청했고, 필자는 여건이 허락할 때 이에 응했다. 북한 핵문제는 1990년대 초부터 줄곧 한국 안보의 핵심 현안이었기에 다룰 사건도 평론할 기회도 많았다. 과거로 거슬러 올라가면서 북핵문제에 관한 당시 갑론을박을 되짚어보기로 하자. 누구의 말이 정확하고 누구의 말이 그릇된 지 냉정하게 복기(復棋)해보자.[33]

---

33 북한 핵 프로그램이 베일에 가려 있을 때(1차 북핵 위기) 북한에 무슨 핵무기가 있느냐고 역정을 낸 사람들이 있었다. 플루토늄(Pu) 핵무기의 존재가 확인되고 고농축우라늄(HEU) 핵무기 의혹이 추가되자 무슨 그런 것이 북한에 있냐고 언성을 높인 사람들이 있었다. 북한 당국 스스로가 고농축우라늄 프로그램의 존재를 인정하자, 북한 핵무기는 협상용이니 북한이 요구하는 체제 보장과 경제 지원을 들어주면 핵을 포기할 것이라고 주장하는 사람들이 있었다. 북한 핵무기와 핵 탑재 장거리 탄도미사일이 완성 단계에 이르렀는데도 어떤 이들은 북한 핵이 대미(對美) 거래용이라는 주장을 굽히지 않는다. 북한은 이제까지 영변 이외의 핵 시설을 밝힌 적이 없으므로 부분적인 핵 폐기 내지 핵 군축을 이야기할 뿐이다.

북한 정권은 이제까지 핵 포기 의사를 행동으로 보여준 적이 한 번도 없다. 폐기 시한을 정하는 문제에서부터 핵 프로그램 내용을 신고하고 검증받는 데 이르기까지 핵 폐기의 진정한 의도를 보여준 적이 없다. 북한이 핵을 포기할 수 있다는 언급 뒤에는 늘 한국이 감당하기 어려운 정치·경제적 선결조건이 붙었다. 북한 주장에는 한국이 핵을 가진 미국의 보호 아래 있는 한, 북한도 핵을 가져야 한다는 논리가 깔려 있다. 아니, 언젠가 미국이 한반도를 떠나고 한국이 홀로 남겨지도록 유도하여 핵 무력을 소유한 북한 자신이 한반도의 연방제 통일을 완성하겠다는 궁극적 의도를 감추고 있다.

한국은 북핵 폐기 정책에 실패했다. 이것은 천재지변이 아닌 미숙한 외교에서 비롯된 인재(人災)다. 햇볕정책은 외교를 통해 평화적인 해법을 모색한다는 입장만 되풀이했다. 북한 핵문제를 북한 정권이 구사하는 대외전략의 총론에 비추어 입체적으로 보지 못했다. 북한에 압박을 가해야 한다는 주장을 강경정책으로 매도했다. 북한과 전쟁이라도 하자는 얘기냐며 대화만이 모든 것을 풀 수 있다고 했다. 북한은 핵 보유 의지가 결연한데, 한국은 자신의 안보를 지키는 데 결연하지 못했다. 북한 지도부를 정말 잘 이해하는 사람이라면 오히려 전쟁을 각오해야 전쟁을 막을 수 있음을 알 것이다.

과거의 북핵 협상은 바보들의 대행진을 연상케 한다. 1994년 제네바합의는 외형상 미국의 압박에 북한이 핵 동결에 응한 것으로 보이지만 실은 북한이 미국의 제재를 동결시키고 한·미 양국으로부터 각종 경제지원을 확보한 일방적인 거래였다. 2003년에 생겨난 6자회담은 2007년에 종언(終焉)을 고할 때까지 아홉 차례 열렸다. 2005년

9.19합의에서 비핵화라는 궁극적 목표에 합의했지만 그 종착점에 이르기 전 구비돼야 할 북한의 요구사항은 거창했다. 2007년 2.13합의는 북한이 가동한 모든 핵 프로그램의 목록을 밝히는 것이 애당초 목표였지만, 새로 드러난 고농축우라늄(HEU) 문제는 꺼내지도 못한 채 노후화된 영변 핵시설을 일시 동결시키는 대가로 북한의 요구사항[34]을 대부분 들어줬다.

북한 정권은 애초에 핵무기를 포기할 생각이 없었다. 보다 정확히 말하면 북한이 핵 포기 결심을 할 만큼 강력하고도 결연한 국제 공조가 마련되지 않았다. 중국은 6자회담 의장국을 맡고도 국제사회가 북한을 지나치게 압박하지 못하도록 바람막이 역할을 자처했다. 중국으로서는 북핵 해결보다도 북한 정권을 지키는 것이 보다 중차대한 전략 목표다. 러시아는 대체로 중국과 한목소리를 냈다. 미국은 정보·금융·군사·외교 분야를 망라한 강력한 대북 영향력을 갖고도 북핵 문제를 정면 돌파하지 않았다. 미국의 세계전략에서 북한은 중동에 비해 늘 후순위였다. 북한 문제로 중국과 충돌할 만큼 긁어 부스럼을 낼 마음도 없었다. 일본이 북핵에 관해 가장 엄격하고 일관된 태도를 취했지만 혼자 힘으로는 역부족이었다.

다른 모든 나라들은 나름대로 일관된 입장을 취한 반면, 북한 핵문제의 직접적 당사인 한국은 정권이 바뀔 때마다 오락가락했다. 북한

---

34 미국이 북한을 테러지정국 명단에서 삭제할 것, 방코델타아시아(BDA)의 북한 계좌 동결을 풀어줄 것, 6자회담 5개국이 100만t 중유에 해당하는 경제지원을 분담해 실시할 것, 이렇게 세 가지다.

이 회담 복귀 발표만 해도 환호성을 지르며 대북 지원에 몸이 달았다가, 합의한 내용에 따른 북한의 행동을 촉구하다 북한 정권의 거센 저항에 직면하기도 했다. 혹자는 이쪽도 저쪽도 대북정책에 실패한 것은 매한가지라고 주장하지만 옳은 정책을 일관되게 지속적으로 펴지 못했기에 결과가 충분히 축적되지 않은 것이다. 안보를 튼튼히 하면서 원칙을 지키되 유연하게 대하면 북한 정권은 한국을 함부로 대하지 못한다.

북한 핵문제는 단순한 밀고 당기기식 협상 의제가 아니다. 북한 핵문제는 곧 북한의 장래와 직결된 존재에 관한 문제다. 북핵 폐기는 궁극적으로 북한의 개방으로 이어진다. 즉 북한 정권의 진정한 핵 폐기 결단은 체제 개방에 대한 결심이 선행돼야 한다. 그러나 북한의 김씨 일가는 개혁·개방이 자신의 독재 권력을 위협할 것으로 믿고 있으므로 결국 북한의 자발적인 핵 포기는 일어나지 않을 것이다. 현재 모습의 북한 정권이 어떤 식으로든 변환되거나 사라진 뒤에야 북한 핵문제가 뒤따라 자연스럽게 해소될 것이다. 대북정책과 통일정책과 북핵정책이 모두 일맥상통하는 이유가 바로 여기에 있다.

62. 2차 북핵 위기 발발과 북한의 벼랑 끝 전술

2002년 크리스마스와 연말연시 분위기에도 아랑곳하지 않고 북한은 핵 위기를 고조시키는 데 여념이 없다. 1994년 핵 위기 때와 다른 점이라면 위협 수위를 높여가는 모습이 단계적이고 조절된 느낌을 준다는 것이다. 10월 초 미 국무부 동아태담당차관보 제임스 켈리(James

Kelly)가 특사(特使) 자격으로 방북했을 때 북한의 우라늄 핵폭탄 개발 계획이 드러남으로써 북한 핵문제가 새 국면을 맞은 이후 김정일 정권이 보여온 행보를 보면 그러하다.

우라늄 핵무기 프로그램으로 국제사회가 놀랐으나, 미국이 침착하게 관망세를 유지하자 북한도 함께 조용히 한 달 반 이상을 보냈다. 미국이 12월분 중유 공급을 거부하자 이로 인한 '전력 손실을 만회하기 위해' 핵시설을 재가동할 것이라고 응수했다. 이어서 국제원자력기구(IAEA)에 '핵 동결 조치를 해제하며 감시카메라 철거와 봉인 해체를 요구한다'는 편지까지 친절하게 보내 모종의 '절차'를 밟는 모습을 보였다. 여기에 대해 미국이 여전히 유감과 우려의 뜻을 표할 뿐 적극적인 협상 의지를 보이지 않자, 12월 22일 그 편지의 내용을 실행하는 모습을 보여주었다.

나아가 23일에는 폐(廢)연료에서 플루토늄을 추출하기 위한 재처리시설인 방사화학실험실에 대한 봉인을 제거하기에 이르렀다. 이는 곧 핵무기의 원료인 플루토늄을 추출하는 작업으로 돌입하는 과정이어서 북한 핵문제가 심각한 정면대결 양상으로 치닫고 있음을 천명한 것이다. 셋을 셀 때까지 자신의 체제 보장도 약속해주고 경제지원도 확실히 해줘야 할 것이라고 해놓고 '하나, 둘, 둘의 반, 둘의 반의 반…' 계속 헤아리고 있다.

핵은 북한과 미국 간 담판으로 해결될 수밖에 없다. 북한은 체제 생존을 위해 미국의 지원과 국제적 보장을 필요로 하고, 미국은 북한 핵 프로그램의 동결을 위해 가장 단호한 입장을 보이는 나라이기 때문이다. 미국은 평화적인 해결 원칙을 북한 측에 누차 확인해주고 있긴 하지만 미국 기업의 직접투자 금지, 수출신용 제공 금지 등 주요 경제제재 조치를 통해 북한 경제를 꾸준히 압박하고 있다. 미국이 물리력을 동반한 '비외교적' 수단을 선불리 결정하지 못하는 이유는 극단적인 경우 한국을 전장터화할지도 모르기 때문이다. 그러나 이라크의 경우처럼 UN안전보장이사회의 결의문 채택을 통한 외교·경제적 압박 수위를 높일 가능성은 충분히 있다.

북한은 1998년 이후부터 2002년까지 핵무기 개발에 필수적이며 핵실험 직전 단계인 고성능 폭발 실험을 70여 차례 실시했다. 핵의 실질적 보유라는 '최종 목표'를 아직 포기하지 않았음을 드러내는 증거라 할 수 있다. 경제적인 비용으로 재래식 군사력의 열세를 만회하려는 이유도 있으나, 핵 이슈의 환기를 통해 내부 단합을 고취하려는 의도도 내포돼 있다.

한국은 북한이 핵을 포기하고 개혁·개방의 장(場)으로 나오는 것이 살 길이라는 것을 깨닫도록 적극적인 대북정책을 펼쳐야 한다. 북한을 포용하고 핵 사태를 평화적으로 해결하는 것은 함께 추진해야 할 목표임에 틀림없다. 그러나 무분별하고 굴종적인 포용은 대북 지원의 명분도, 평화도, 모두 잃게 할지 모른다.

핵문제의 부분적이고 일시적인 해결을 전제로 한 협상은 통하지 않는다는 것을 북한 측에 인식시켜야 한다. 사태의 긴박성[35]과 심각성

---

35 북한 정권의 핵 포기를 관철하려면 네 가지 조건이 함께 충족돼야 한다. 첫째, 설득하는 나라보다 설득당하는 북한이 사태의 심각성(sense of urgency)을 더 크게 느끼도록 하는 것이다. 둘째, 위기가 고조될 때 북한 먼저 굴복하게 만드는 것이다(unacceptability of threatened escalation). 셋째, 합의를 어긴 측이

은 한국과 미국이 아니라 오히려 북한이 느껴야 한다는 점도 전해져야 한다. 북한이 핵 프로그램의 전면적 폐기를 전제로 한 협상을 희망할 경우 협상의 모든 절차와 방식을 평화적이고 동등한 입장에서 진행할 것임도 천명해야 한다.

북한이 핵에너지를 평화적으로 사용할 수 있는 장치를 마련해준다는 차원에서 경제적 인센티브를 제공하되, 핵 폐기 약속을 이행하지 않을 경우 이에 대한 대처 방안을 확고하게 합의해야 한다. 이 모든 원칙과 세부 실천지침이 조지 W. 부시 행정부와 긴밀하게 조율돼야 한다. 그래서 북한도 미국도 서로 체면을 살리고 납득할 수 있는 타협안이 나와야 한다.

핵문제가 가닥을 잡아야 남북관계의 중심이 다시 설 수 있다. 북한이 마지막 셋을 세도록 방치하지 말자.

(한국경제신문 2002년 12월 26일자 칼럼원고를 수정함)

63. 톰과 제리의 핵 모험

2003년 4월 23일, 어제부터 베이징에서 미 · 중 · 북 3자회담이 시작

감당할 처벌을 사전에 분명히 해두는 것이다(clarity of settlement terms). 넷째, 핵을 가지려는 쪽과 말리는 쪽 중에 누가 더 결의(決意)가 큰가(asymmetry of motivation) 하는 것이다. 필자는 1996년에 학술지 New Asia 여름호(vol.3, no.2)에 게재한 논문 "Small Power's Leverage Against the Great Power: the North Korean Crisis"(pp. 104~132)에서 위의 네 가지 조건이 모두 결여된 이유로 인해 1994년 맺어진 미 · 북 제네바합의가 붕괴할 것임을 예측한 바 있다. 지금 이 글은 2002년 하반기에 실제로 발생한 그러한 상황을 분석하고 있다.

됐다.[36] 회담장 안팎에서 벌어지는 북한과 미국 간 기(氣) 싸움을 지켜보는 한국의 마음은 조마조마하기만 하다. 한껏 긴장을 고조시켜 핵 카드의 주가(株價)를 높여놓고 시작하려는 북한과, 이에 아랑곳없이 마음의 준비가 덜 되었다면 상대하지 않겠다는 미국의 강경한 자세가 대립하고 있다.

북한은 2003년 4월 18일 "8,000여 개의 폐연료봉에 대한 재처리 작업까지 마지막 단계에서 성과적으로 진행되고 있다"면서 자신의 핵 프로그램을 방치할 경우 '완성 단계'에 돌입하고 말 테니 이를 막으려면 상당한 보상과 배려가 따라야 할 것임을 암시했다. 미국은 이에 대해, 실제로 그러한 과정이 진행 중인지 여부와 관계없이 북한의 플루토늄에 대한 집착이 그렇게 강하다면 대화 자체가 필요 없다는 인상을 내비쳤다. 중요한 만남 직전 으레 있어왔던 북한의 기선제압 전술이라는 한국 정부의 시각보다 훨씬 엄격하다고 할 수 있다.

게다가 북한의 주요 핵 과학자들이 탈북해 서방으로 망명했는가 하면, 함경북도 소재 대포동 미사일 실험장에서 폭발사고가 있었다는 2002년의 해프닝들이 최근 알려지면서 미국이 '일천한' 북한의 핵과 미사일 기술을 꿰뚫고 있다는 인상을 주고 있다.

미국이 힘센 고양이 톰이라면, 북한은 작고 약삭빠른 쥐 제리이다. 만화에선 제리가 온갖 꾀를 발휘하여 톰을 골려주고 생존의 위기를

---

36 바로 앞의 글에 나오듯, 2002년 10월 초 북한의 추가적 핵 프로그램의 존재가 드러남으로써 제2차 북핵 위기가 시작됐다. 북한은 이 문제에 관한 논의 자체를 거부하다가 2003년 4월에 이르러 미국, 중국과 대면하는 3자회담에 나왔다. 이 3자회담은 4월 23일부터 25일까지 사흘간 진행됐다.

벗어나는 것으로 결말이 나지만, 핵 사태를 둘러싼 미·북 간 대결은 다른 양상으로 전개될 가능성이 높다.

이번 핵 협상은 다시는 되돌리지 못할(irreversible) 완전한 의미의 핵 폐기를 전제로 한다. 북한 핵문제는 애당초 존재하지 않았어야 할 공공의 적(敵)이기 때문에 그런 몹쓸 존재를 없앤다고 해서 특별히 북한에 시혜를 베풀 필요가 없다는 것이 미국의 입장이다. 1994년의 제네바합의와 같이 '해방구'를 보장하는 타협안을 재차 이끌어내는 것이 쉽지 않다는 것을 북한도 알고 있다.

북한 지도부로서는 핵무기를 계속 고집하는 것도, 당장 포기하는 것도 모두 위험한 선택일 수밖에 없다. 국제사회의 압박을 뿌리치고 핵클럽에 가입할 경우 체제를 더욱 결속하고 한국에 대한 재래무기의 열세를 일거에 만회하며 함부로 하지 못할 국가로 발돋움하려는 목표를 이룰 수 있을 것이나, 핵 국가 북한의 존재를 용인하려 하지 않는 미국의 보복이 두려울 따름이다. 정교하고도 단호했던 이라크 전쟁은 미국에 대한 공포심을 배가시켰다.

반대로 핵무기에 대한 미련을 버리면 에너지 지원과 각종 경제 혜택을 기대할 순 있어도, 그동안 '원수' 미국에 대해 단단히 마음 무장을 시킨 군부 세력과 주민을 새롭게 설득할 논리가 궁핍해진다. 개혁·개방의 가속화로 나중에는 걷잡을 수 없이 북한 사회가 외부에 노출되어 체제 와해로 이어질 일이 가장 염려스럽다.

결국 북한과 미국이 벌이고 있는 모험은, 체제 유지의 열쇠를 끝까지 잃지 않으려는 집착과 어떤 방법을 써서라도 그 열쇠를 버리게 하여 핵 확산을 막겠다는 강경함이 맞서고 있는 모험이다. 모험을 이쯤에서 끝낼 수 있는 타협점은 단 하나뿐이다. 북한이 사찰과 검증을 포함한 확실한 핵 폐기 원칙에 동의하고, 미국은 속도와 내용에 있어 절제되고 완만한 대북관계 개선과 경제지원을 제의하는 것이다. 그러한 협상의 물꼬가 이번 미·중·북 회담에서 마련될 수 있을까.

미국과 북한이 서로를 불신하면서 상대가 먼저 움직일 때까지 버틸 이번 회의에 한국은 너무 많은 것을 기대하지는 말자. 다만 앞으로는 분명한 원칙을 세워 미국과 협의하고 북한을 설득하자. 즉 북핵 문제는 대량살상무기(WMD) 문제이고 여기에는 생화학무기는 물론 WMD의 투발(投發) 수단인 중장거리 미사일 문제도 포함된다는 것을 분명히 해 지금의 위기를 남북 간 군사신뢰 구축으로 가기 위한 전기(轉機)로 만들어야 한다.

또 북한이 선군정치(先軍政治)를 버리더라도 인민들의 마음을 살 지렛대를 미국과의 새로운 관계를 통해 만들어갈 수 있음을 인식시켜야 한다. 미국은 물론 일본·중국·러시아에도 이러한 밑그림에 공감하고 다자 접근에 동참할 것을 권해야 한다. 남북 교류의 내용과 속도도 군사신뢰 구축의 대전제를 촉진하는 방향으로 조절하고 다듬어가야 할 것이다.

핵문제를 둘러싼 충동 모험을 단호한 원칙과 합리적 이성으로 무산시키자.

(경향신문 2003년 4월 24일자 칼럼원고를 수정함)

64. 이제부턴 핵 사찰이 중심 의제

이렇게 여섯 나라가 공식적인 회의에 모인 것은 처음이다(제1차 6자회담). 동북아시아 지역의 모든 정부 대표가 조바심을 내며 머리를 맞대야 할 만큼 북한 핵문제는 중요하면서도 풀기 어려운 숙제다. 4개월 전 미·중·북 3자회담이 열리기 전에는 말을 아꼈던 북한이 이번 6자회담을 앞두고는 자신의 입장과 요구조건을 반복해서 천명했다. 북핵문제가 무언가 중대한 분수령에 이르렀다는 느낌을 갖게 한다.

대개 국제회의는 회담 시작 전에 실무진 교섭을 통해 회의 결과와 공동발표 문안을 미리 정해두기 마련이다. 어제(2003. 8. 29) 끝난 베이징회의는 회의 결과를 발표하는 마지막 순간까지도 세부 문안을 놓고 진통이 거듭됐다. 결국 참가국 모두가 동의한 합의문이 나오지 못했고 중국이 '주최국 요약문'이라는 것을 발표해 회의의 체면을 살렸다.

이번 6자회담에서 개진된 모든 내용의 결과를 종합하면 다음 세 가지로 요약된다. 첫째 북한 핵문제를 평화적으로 해결하자는 것이고, 둘째 북한에 대한 안보 우려 해소와 북한의 핵 포기가 서로 교환되어야 한다는 것이며, 셋째 가능하면 다시 만나자는 것이다.

이러한 회의 결과를 놓고 낙관론자라면 다음과 같은 평가를 내릴 것이다. 핵 갈등을 대화로 풀자는 데 모든 당사자가 인식을 같이했고 상황 악화의 동결을 다짐한 만큼, 한반도의 위기 상황은 일단 봉합되었다고. 또 제2차, 3차 6자회담을 통해 미국과 북한이 서로 요구하는 것을 주고받을 수 있는 환경만 조성된다면 새로운 미·북 관계와 새로운 남북관계가 열릴 것이라고. 대화의 모멘텀(momentum)을 유지한 것만 해도 큰 성과라는 것이다.

반대로 회의론자의 눈에는 아무런 새로운 합의도, 성과도 없는 단지 대화하는 모습만 보여준 행사로 비칠 것이다. 다음 회의의 필요성에 합의한 것 외에는 평화적 해결 원칙이나, 요구조건 맞교환 원칙이나 모두 회의 전부터 주장돼오던 내용이기 때문이다. 북한이 대화에 응한 것은 국제사회의 의심과 압박을 모면하기 위한 것이라고, 미국이 별 기대 없이도 6자회담에 나온 것은 차후 내릴지 모를 '추가적 조치'의 국제적 명분을 쌓기 위한 것뿐이라고 분석할 수 있을 것이다.

어느 쪽 분석이 타당한지는 앞으로 후속 회담을 지켜보면 판단할 수 있을 것이다. 그러한 판단을 다음 기회로 미루지 않고 이번에 내릴 수 있도록 해줬어야 하는 것이 제1차 6자회담이었다면 그 결과는 미흡하다고 할 수밖에 없다.

한편 이번 베이징회담이 서로 상대의 의중을 보다 정확하게 파악하는 기회로 작용했다면, 그래서 앞으로 상호 수용 가능한 조건을 저울질하는 계기로 작용했다면 나름대로 성과가 있었다고 평가할 수 있을 것이다.

앞으로 있을 후속 회의의 성공 여부를 판단하는 기준은 단 하나다. 그것은 바로 북한의 국제원자력기구(IAEA) 핵 사찰 수용 여부다. 북한이 결코 자발적으로 택하지 않을 그러한 결정을 나머지 5개국이 어떻게 끌어내는지가 관건이다.

미국이 북한에 대한 적대 정책을 거두어야 핵 개발을 그만둔다는 북한 정권의 주장은 설득력이 없다. 그렇다면 1994년엔 경수로를 만들어 에너지를 지원해주겠다는 조건에 왜 핵 동결을 약속했었나. 북한이 진정 두려워하는 것은 핵을 포기해야 하는 상황이 아니라 핵을 포기함으로써 맞이할 그 이후의 상황인 것이다.

그것은 북한 '정체성'의 변화에 대한 압력이 밀려드는 전혀 새로운 세계의 도래를 뜻한다. 이번 6자회담에서 미국은 북한의 마약 밀수, 위조지폐 문제 등을 거론하며 북한이 국제규범을 준수하고 인권을 존중하는 나라로 거듭나야 대북관계 개선에 나설 수 있다고 했다. 일본은 납치자 문제 해결과 미사일 위협 제거 없이는 대북 지원과 수교 교섭을 거론할 수 없다는 점에 있어 단호하다. 북한 핵문제는 단순한 대량살상무기(WMD) 이슈가 아니라 북한이 앞으로 어떻게 거듭나야 하는가의 존재적 물음인 것이다.

미국은 북한 지도부가 정권의 정체성까지 바꿔가며 타협하는 모험을 감수하지 않으리라고 본다. 북한이 두려워하는 것은 조지 W. 부시 행정부가 북한 정권의 변환 내지 교체를 도모할 개연성이다.

차기 6자회담의 과제는 분명하다. 북한의 핵 동결을 넘어 핵 폐기를 실현하기 위해 반드시 필요한 핵 사찰의 내용과 일정을 확정하는 것이다. 이것이 가능하려면 핵 포기와 정권의 위기를 동일시하는 북한 지도부의 생각을 국제사회가 바꿀 수 있어야 한다.

5개국이 각자 무엇을 어떻게 할지 업무 분담 계획이 나와야 한다. 나아가 개별 5개국의 역할이 북핵 해결이라는 분명하고도 궁극적인 목표에 수렴할 때 북한 정권의 결단을 유도할 수 있다. 반대로 북핵 폐기보다 다른 목표를 우선시하는 나라가 있을 경우 6자회담의 문제 해결 능력은 현저히 약화될 수밖에 없다.

(매일경제신문 2003년 8월 30일자 칼럼원고를 수정함)

65. 6자회담 지속과 북핵 해결은 서로 별개의 문제

2004년 새해에 들어 북한이 보이는 두 가지 움직임을 놓고 북핵문제 해결에 대한 기대가 커지고 있다. 우선 미국의 민간 대표단을 초청하여 1월 6일에서 10일까지 북한 핵시설 일부를 공개하는 행사를 가졌다. 또 1월 6일 조선중앙통신 논평은 북한이 핵실험과 핵무기 생산을 하지 않을 것이며 평화적 핵에너지 개발마저 포기할 수 있음을 내비쳤다.

곧 제2차 6자회담 일정이 잡히고 핵 해결의 실타래가 풀릴 것이라고 전망하는 견해의 분석은 다음과 같다.

민간인 자격의 방문이긴 해도 북한 당국이 미국 의회의 의원 보좌진, 핵 과학자, 전직 관료들에게 영변 핵시설의 가동 정지 상태를 확인시킨 것은 핵 동결 내지 포기를 전제로 한 6자회담에 참가하려는 수순을 밟고 있는 것이라는 견해다. 게다가 북한의 관영통신이 핵무기의 생산은 물론 경제적 용도로서의 핵에너지 포기 문제까지 언급한 것은 중대한 변화로, 드디어 미국과의 일괄 타결안을 구체화하는 절차가 시작되었다는 관측도 제기되고 있다.

또 지난해(2003년) 미국 행정부가 민간 핵 전문가의 방북을 만류하던 자세를 바꾸어 이번 방북단의 방문을 묵인한 것은 북한과의 대화 재개에 미국 정부 나름대로의 관심을 드러낸 것으로 봐야 한다는 것이다.

그러나 똑같은 현상을 놓고도 정반대의 해석이 가능하다.

만일 북한이 미국 방북단에 사용 후 연료봉의 재처리를 이미 끝낸 텅 빈 수조(水槽)를 보여줬다든지, 아니면 다른 모종의 증거물을 제시해 돌이킬 수 없을 수준의 핵 능력을 과시했다면 어떻게 되는가. 완성 단계에 있는 핵 능력을 포기하라는 것은 상당히 무리한 요구이니 이에 상응하는 크나큰 보상이 필요하다는 협상력 제고 차원의 메시지가 될 수 있을 것이다. 나아가서는 미국이 강경한 태도를 풀지 않고 북한만 일방적으로 몰아붙일 경우 협상을 끝내고 핵보유국 지위를 공식 선언할 수 있다는 극단적 시나리오를 암시한 것인지도 모른다.

북한이 핵 프로그램을 폐기할 의지를 정말 갖고 있다면 미국의 민간 방북단 대신 2002년 말 그들이 쫓아낸 국제원자력기구(IAEA) 인력을 다시 불러들였어야 했다. 그러기에 미국 백악관과 국무부는 6자회담 밖에서 활동하는 어떠한 단체나 개인도 미국 행정부를 대리해 활동하는 것으로 봐서는 안 된다는 입장을 명백히 하고 있다.

북한이 핵무기 생산 중지뿐 아니라 평화적 핵에너지의 포기 가능성을 처음으로 제기한 것은 분명 고무적인 일이다. 하지만 이 두 가지 행동의 전제조건으로 6자회담의 일괄 타결 요구조건이 여전히 명시돼 있음을 간과해서는 안 된다. 대북 경제제재 해제, 중유·에너지 지원, 미국의 대북정책 전환 등 북한이 핵을 해체하는 것만큼이나 중대하고 시간이 소요되는 근본적인 변화를 요구하고 있는 것이다.

우리는 여기서 6자회담이 이어지는 것과 북한 핵문제가 해결되는 것은 서로 별개의 문제임을 분명히 해둘 필요가 있다. 6자회담은 문제 해결을 도모하기 위한 다자간 협의체요, 따라서 북한의 핵 능력 제거라는 외교정책 목표를 달성하기 위한 수단적 성격을 가진다.

동북아 지역의 주요 행위자들이 모두 참가하는 대화 창구라는 점에서 성공한다면 가장 이상적인 방법으로 어려운 문제를 푸는 개가가 될 것이다. 그러나 북한 핵문제는 6자회담이 아닌 다른 방법과 절차를 통해 풀릴 수도 있으며, 아니면 문제 자체가 인위적인 어떤 노력으로도 해소되지 않고 북한의 명운과 함께 끝까지 남아 있을 수도 있다.

왜 그럴까. 미국이 조금만 친절하게 나와주고, 북한이 만족할 만한 경제 보상만 마련되면 북한이 결심할 것으로 보이는데 왜 자꾸 6자회담이 간단하지 않다고 하는 것인가.

이유는 두 가지다. 핵무기란 김정일 정권에 있어 안보 능력을 키우고 경제 보상을 끌어내는 외교 카드이기에 앞서 군과 주민을 결속시키는 북한 인민의 상징물이기 때문이다. 또 이번 6자회담은 1994년 미·북 제네바합의와는 달리 북한이 '정말로' 핵 포기 결심을 내리지 않으면 파기될 회의라는 것을 누구보다도 북한이 잘 알고 있기 때문이다.

싹을 보면 나무의 앞날을 알 수 있듯이 6자회담 논의의 시작이 기본 가닥을 잡아야 희망을 걸 수 있다. 기본이 바로 된 시작은 북한 핵 포기의 대원칙을 안심하고 믿어도 되는, 그래서 지금부터는 그것을 실행하는 방법론에만 집중하면 되는 그러한 시작을 뜻한다. 신사적인 대화로 풀 것인가, 아니면 한 번 더 행운을 빌며 벼랑 끝까지 가볼 것인가. 북한의 선택은 거의 임박했다.

(매일경제신문 2004년 1월 10일자 칼럼원고를 수정함)

66. 6자회담의 진실 게임

회의는 계속된다. 2003년 8월 발족한 6자회담의 후속 모임인 제2차 6자회담이 6개월 만인 2004년 2월에 열리더니 6월 하순의 제3차 6자회담은 4개월 만에 다시 이뤄졌다. 제4차 6자회담은 더욱 빨라져 3개월 뒤인 9월 하순에 있을 것이라 한다.

협상을 반복하면 합의의 가능성이 커질 수 있을까. 또 합의가 나온다 해도 1994년 제네바합의와 같은 실패가 예견된 합의를 피할 수 있을까.

그간 6자회담의 난관에 대한 상반된 해석이 서로 팽팽히 맞서왔고 사람들은 어느 쪽 주장이 진실인지 판가름하는 데 애를 먹었다. 북한의 핵 카드는 순전히 생존 차원의 외교적 협상 카드일 뿐 북한 정권을 용인하지 않는 미국의 강경한 태도가 걸림돌이라는 주장과, 1992년 이후 줄곧 집착해온 핵무기가 단순히 엄포용이라고 치부할 수 없으며 핵무기를 독재 권력 유지 수단으로 삼는 북한 정권의 생각이 바뀌지 않는 한 어떠한 보상도 무의미하다는 주장이 평행선을 달린다.

제2차 6자회담까지는 책임 전가 발언만 난무했을 뿐 실제로 어떻게 매듭을 풀어야 할지 아무런 논의가 이루어지지 않았다. 이번 제3차 6자회담은 분위기가 달랐다.

마주 보고 얘기하는 것도 불편해하던 미국과 북한은 2시간 20분간 별도의 협의 시간을 가졌다. 미국은 북한이 '모든' 핵 프로그램의 폐기를 전제로 핵 동결에 착수할 경우 안전 보장, 중유 공급 재개, 테러

지원국 명단 삭제, 경제제재 완화, 외교관계 수립 등으로 이어지는 순차적 조치들을 약속했다. 보상 조건을 알려줘야 북한이 포기 결심을 고려할 것 아니냐는 그간의 질책을 고려한 듯하다.

북한은 이에 대해 고농축우라늄(HEU) 핵 계획은 애초에 없으므로 동결할 '모든' 핵 프로그램에 포함돼 있지 않다고 전제하고, 플루토늄 핵시설 동결에 대한 대가로 200만kW 전력에 해당하는 에너지를 요구해왔다. 북한이 힘겹게 자체 충당하는 연간 에너지 생산량에 맞먹는 어마어마한 요구다.

최근 파키스탄 정부는 1997~2002년 사이 자신의 HEU 프로그램과 북한의 미사일 능력을 맞교환했음을 시인했다. 북한이 제네바합의 이행 기간 중 핵 동결을 준수하지 않았다는 것이 드러난 이상, 이제 6자회담은 두 가지 험준한 테스트를 통과해야 한다. 우선 북한이 HEU를 포함한 모든 핵 개발의 동결과 폐기를 약속해야 하고, 둘째로는 그 약속이 제대로 지켜질 것인지 검증할 수 있는 제도적 장치에 합의하는 일이다.

이번 3차 6자회담에서처럼 불완전한 범위의 핵 동결을 내걸고 거창한 경제적 보상을 요구하는 태도가 다음 회의에도 반복된다면 핵 보유에 대한 북한의 집착은 진실로 판명될 것이다.

(국방일보 2004년 7월 1일자 칼럼원고를 수정함)

67. 북, '6.17합의' 실천이 관건

김정일 북한 국방위원장의 깜짝외교가 다시 세상 사람들을 혼란스

그들은 왜 정답이 있어도 논쟁하는가

럽게 만들고 있다. 5년 전인 2000년 이맘때 그가 은둔의 베일을 벗고 남북 정상회담에 나와 민족단합의 메시지를 전했을 때 많은 사람들은 한반도의 진정한 평화에 대한 기대로 부풀었다. 그러나 기대는 이내 실망으로 바뀌어갔다. 남한은 매번 엄청난 사례비를 평양에 치러가며 각종 남북 교류 행사를 주선했고, 여기에 북한의 배고파하는 주민들이 초대받은 적은 한 번도 없었다.

2000년 6월 남북 정상이 감격의 악수를 나누던 그 순간에도 이미 파키스탄의 압둘 카디르 칸(Abdul Qadeer Khan) 박사는 북한에 고농축 우라늄 프로그램을 전수해주기 위해 평양을 드나들고 있었음이 드러났다. 그러한 핵문제가 곪을 대로 곪아 벼랑 끝까지 갔다고 보이는 이 시점에 김정일 위원장이 다시 나선 것이다. 그는 6월 17일 정동영 통일부 장관과의 회동에서 6자회담으로의 복귀 가능성을 시사했고, 이산가족 상봉, 남북 장성급 회담, 남북 육로 교통 등 그간 끊겼던 활동을 재개할 의사가 있음을 밝혔다.

미치광이 지도자로 부르던 조지 W. 부시 미국 대통령을 각하로 고쳐 부르며, 미국이 북한을 업신여기지만 않는다면 핵을 가질 이유가 없다고 말하기도 했다. 올해(2005년) 2월 10일을 기해 핵 국가가 되었으며 앞으로도 계속 핵무기를 만들겠다고 공언한 북한의 지도자가 하루아침에 핵도 포기할 수 있고 사찰도 받을 수 있다고 말하니 그대로만 되면 더 이상 바랄 것이 없을 것이다.

앞으로 북한은 변화의 조짐을 말이 아닌 행동으로 보여줘야 하며, 그렇지 않을 경우 이번의 '깜짝쇼' 역시 위선적 행사였음이 드러날 것이다. 그리고 그 이중성의 본질은 화해 제스처로 남한 사람들의 마음을 무장해제 시키고, 온갖 지원을 아끼지 않는 그들을 핵의 볼모로 가둬둔 채, 미국만 나쁜 나라로 매도하여 한미관계를 무력화시키고자 하는 전략과 다름없음을 확인하게 될 것이다.

북한 당국은 앞으로 있을 핵 협상은 반드시 자신의 핵 능력을 제거하는 것을 전제로 하는 협상이어야 함을 명심해야 한다. 북한이 설령 제4차 6자회담에 응한다고 해도 자신의 핵보유국 지위를 기정사실화하려 할 경우 이번 6.17 발언은 다시 한 번 역사의 오점으로 남을 것이다.

북한에 핵무기 프로그램이 없었을 때에도 북한을 공격하겠다고 한 나라는 아무도 없었다. 핵무기가 없으면 나라를 지키지 못한다는 주장은 핵무장 추구의 다른 정치적 이유를 숨기는 억지논리에 불과하다. 핵을 과감히 버리는 대신 국제사회의 지원을 끌어내어 개혁과 개방을 통한 살 길을 찾아야 한다.

아울러 북한은 자신의 인권 문제를 거론하는 미국과 국제사회를 적대시하지 말아야 한다. 또 그러한 논의에 앞으로 동참하게 될지 모를 한국의 발목을 잡지 말아야 한다. 인권을 탄압한다고 독재 권력이 강력해지는 것은 아니다. 길게 보면 오히려 사회의 폭발 잠재성을 키울 뿐이다.

경제 개혁으로 먹고사는 인권을 먼저 개선하고, 정치 개혁으로 생각하고 말하는 인권도 키워가는 문제를 김정일 위원장은 심각하게 고민해야 한다. 그리고 이 모든 것은 핵을 포기하여 국제사회의 적극적인 지원을 확보함으로써 가능하니, 핵문제는 곧 인권 문제나 마찬가지다.

그들은 왜 정답이 있어도 논쟁하는가

6.17합의를 살려나가는 데 있어 북한의 행동 못지않게 중요한 것이 한국 정부의 선택이다. 북한을 달래고 지원하는 데 앞장서면서 핵문제 해결을 진척시킨다면 한국의 외교적 입지는 강화될 것이지만, 북한이 하는 말만 가지고 나머지 국가들이 행동을 바꿔야 한다고 나설 경우 국제사회에서 남북한의 동반 고립만 자초하게 될 것이다. 결과는 말이 아닌 행동으로 드러나야 한다.

(문화일보 2005년 6월 20일자 칼럼원고를 수정함)

68. 북핵, 이제 승부를 걸어야 한다

북한의 핵실험 여부에 대한 논의가 급부상하면서 금년(2005년) 2월 핵보유 선언의 여파에서 잠시 주춤했던 북한 핵문제가 다시 긴장을 자아내고 있다.[37] 한국은 북한 핵 위기가 재발하여 2년 반이 흐르는 동안 설득을 통한 대화외교를 꾸준히 주창해왔다. 북한이 핵무기를 가지는 것을 허용치 않으며, 이를 평화적으로 해결하기 위해, 주도적인 외교력을 발휘한다는 3원칙에 입각해서다.

그런데 평화적인 해법을 모색함에 있어 압박외교와 제재를 포함시키느냐, 아니면 북한을 자극하는 대신 핵 폐기 시 제공할 반대급부를 구체화하는 데 중점을 두느냐의 국내 논란 속에서 한국 정부는 후자의 입장을 견고하게 유지해오고 있다.

이제 이러한 접근은 핵 사태를 해결하는 데 도움이 되지 않으며,

---

37 북한은 이듬해인 2006년 10월 9일 1차 핵실험을 강행했다.

오히려 위기를 가중시키고 상황을 장기화하는 데 기여할 뿐이라는 점이 명확해지고 있다. 협상은 아까운 무엇 하나를 포기하는 대신 다른 중요한 무엇을 택하겠다는 마음의 여유가 있을 때 성사된다.

그런 마음의 여유가 북한 지도부에 생길 수 있도록 힘써온 6자회담이 유명무실해지고 있다. 북한은 최근, 미국과의 양자 담판을 통해 무엇을 얻겠다는 뜻도 없으며 북한 정권을 '욕되게' 하는 적대적 표현과 정책에 저항할 뿐이라는 뜻을 밝혔다. 아무런 지원도 필요 없다는 속마음을 들여다보면 핵 프로그램은 애초에 포기를 전제로 진행시켜온 협상 카드가 아니라 성사(成事)를 유일의 필연 과제로 설정해둔 정권 차원의 숙원사업이었음이 드러난다. 현행 체제를 와해시킬 공산이 큰 개혁·개방보다는 핵무장을 통한 선군정치의 지속이 더욱 믿을 만한 정권 보장책이라는 확신이 너무나 견고해 보인다.

결코 포기할 의사가 없는 카드를 포기시키려면 북한의 그러한 결연함보다도 더욱 결연한 태도로 무장해야 하며, 그러한 우리의 결연함을 북한이 인지하도록 만드는 압박전략이 필요하다. 북한 같은 위험한 상대방을 몰아세우면 전쟁이 날지도 모른다는 논리에 우리 국민들은 결박되어왔다. 북한 지도부를 정말 잘 이해하고 있는 사람이라면 오히려 전쟁을 각오해야 전쟁을 막을 수 있음을 알 것이다.

1994년 제네바합의도 미국의 결연함에 북한이 타협한 것이다. 지금은 상황이 더욱 어려워졌으므로 한국과 미국이 함께 결연해지지 않으면 해결하기 힘들다. 미국의 요청에도 아랑곳 않고 석유만은 계속 북한에 공급하겠다는 중국에 보조를 맞출 경우, 한국은 북한 핵문

그들은 왜 정답이 있어도 논쟁하는가

제와 한미동맹 두 가지를 함께 위험에 빠뜨리게 될 것이다.

북한 핵문제를 단순한 밀고 당기기 식 설득 과제로 보는 오류에 더하여 그간 한국이 범해온 또 하나의 실수는 북한 핵문제를 그저 핵문제에 국한시켜 바라본다는 사실이다. 핵문제는 어렵더라도 천천히 해결하고 그간 진행해온 대북 사업과 경제지원은 묵묵히 계속한다는 것이다. 물론 일리가 있는 정책이다. 인도적인 견지에서 북한 주민들이 최소한의 생활을 견뎌낼 수 있도록 돕고, 남북 교류를 통해 장래의 통일 충격을 흡수할 수 있는 북한으로 변화시켜간다는 뜻이 있기 때문이다. 그런데 북한의 핵 프로그램이 20년이 넘게 하루도 그치지 않고 추진돼온 중차대한 사업이라면, 또 이것이 북한 정권의 명운이 달린 존재의 문제에 해당한다면 상황은 달라진다.

핵을 추구하는 집단의 생각을 바꿀 도리가 아무리 궁리해도 나타나지 않는다면, 이제는 그 집단을 끌어내리는 방도를 찾을 수밖에 없지 않은가. 그래서 자기 백성의 최소한의 인권을 보장하고 핵무기와 장거리 미사일에 대한 집착에서 자유로운 정권이 평양에도 들어서야 할 것 아닌가. 계속 '핵실험 쇼'의 진위(眞僞) 논란 연출에나 신경 쓰고 6자회담에 돌아오지 않을 경우 한국은 완전히 새로운 북한 정책을 구사할 것임을 천명해야 한다. 이제 승부를 걸어야 한다.

(조선일보 2005년 5월 10일자 칼럼원고를 수정함)

69. 4차 6자회담도 큰 기대는 무리

1년이 넘게 대화를 거부해온 북한이 다시 6자회담장으로 나오겠다는 발표[38]가 있자 그간 한반도를 뒤덮고 있던 안보의 먹구름이 걷히지 않을까 하는 기대가 부풀고 있다. 하지만 1차 북핵 위기의 발발 이후 12년을 넘게 공전(空轉)해온 북한 핵문제가 고작 며칠간의 협상으로 일단락되리라고 보는 사람은 많지 않다. 이번 회담이 산적한 문제를 하나씩 풀어가는 의미 있는 새로운 시작이 되기 위해서는 북한 핵 프로그램의 해체라는 본질적 목표를 위협하는 그릇된 인식으로부터 해방되어야 한다.

우선 지적할 것은 비핵화를 위해 진지한 노력을 기울이겠다는 북한 지도부의 약속을 너무 '진지하게' 받아들여서는 곤란하다는 것이다. 김정일 국방위원장이 자신의 말대로 부친의 유훈(遺訓)을 받들어 핵이 없는 한반도를 만들기 위해 노력해왔다는 말이 공감을 얻으려면, 1994년 체결한 제네바합의의 와중에 고농축우라늄을 새로 들여오고 이미 있던 플루토늄 핵무기 프로그램을 재가동하는 행동이 애당초 없어야 했다.

결국 북한의 속내는 스스로 핵을 포기할 수 있을 정도로 북한에 우호적인 정치적 환경이 먼저 주어져야 한다는 것이다. 북한이 희망하는 정치적 환경이란 미국이 북한의 현행 권력구조와 정치체제를 인

---

38 2005년 7월 9일 6자회담 미국 대표 크리스토퍼 힐(Christopher Hill)과 6자회담 북한 대표 김계관이 중국 베이징에서 만나 7월 마지막 주에 제4차 6자회담을 갖기로 합의했다. 북한이 2005년 2월 10일 외무성 성명을 통해 핵무기 보유를 선언하면서 6자회담에 무기한 불참하겠다고 밝힌 뒤 5개월 만에 이루어진 회담 복귀 선언이다. 이로써 2004년 6월 말 제3차 6자회담이 열린 지 13개월 만에 6자회담이 재개되었다. 제4차 6자회담은 2005년 7월 26일~8월 7일과 9월 13일~19일 기간에 개최되었고 그 결과로 나온 공동성명이 9.19합의다.

정하고, 나아가 남한과 북한을 동등한 우호국으로 대접하는 것이다.

물론 미·북 관계 개선은 궁극적으로 한반도 평화에 기여할 것이다. 그러나 지금과 같이 초보적인 수준의 자유도 주민들에게 보장해주지 않고 선군정치에만 매진하는 북한 정권을 미국이 친구로 삼을 경우 어떠한 일이 벌어질까. 여기에 아무런 대북 요구조건이 없는 햇볕정책이 지속된다면 북한으로서는 주한미군과 한미동맹의 존재를 부정하는 논리를 전파하기가 훨씬 용이해질 것이다. 민족공조의 구호가 외세 배척의 선동과 어우러져 국익 외교보다는 배타적 민족주의의 망령이 한국 국민을 호도하는 환경에 노출되게 된다. 북한이 현실 여건을 뛰어넘는 무리한 정치적 요구를 내걸 경우, 지금 말하는 비핵화를 위한 진지한 노력은 포장된 미끼로 판명될 것이다.

6자회담의 본질을 호도하는 또 다른 착각은 미국이 북한에 주는 것은 없이 결단만 강요하는 위압적 태도 때문에 일을 그르친다는 인식이다. 그러나 제네바합의에서 미국과 약속한 핵 동결을 북한이 어겼는데 이를 묵인하고 북한의 요구부터 수용하라는 논리는 또 다른 북한의 배반을 부추길 수 있음을 명심해야 한다.

체제 보장이 미흡해서 북한이 핵을 놓지 못한다는 믿음은 북한에 대한 무지에서 비롯된다. 북한에 핵 프로그램이 없었을 때에도 북한을 공격하겠다고 한 나라는 하나도 없었다. 핵을 끝까지 쥔 채 파행의 탓을 외부 조건에 돌리는 것은 핵에 대한 집착이 그만큼 크다는 점을 드러내는 것이다.

그간 제시된 경제지원 내용이 신통치 않아서 북한이 핵의 값어치를 계속 올리려 한다는 분석도 아직 두고 봐야 한다. 여타 6자회담국들은 신중한 입장을 보이는 가운데 우리 정부는 북한에 대한 전기 공급, 식량 지원, 기간산업 개발 등 과감한 인센티브를 주도적으로 제시하고 있다.

보상 규모가 못마땅해서 시간을 끄는 것인지, 아니면 보상 조건을 빌미로 시간을 벌며 핵 보유를 굳히겠다는 것인지 북한의 태도가 불분명하다. 북한이 기존의 주장처럼 받을 것을 먼저 챙기고 나중에 (핵 폐기가 아닌) 핵 동결부터 고려하겠다는 입장을 되풀이할지, 아니면 핵 폐기를 전제로 한 조치들을 이행하면서 국제사회의 상응조치와 맞바꾸려 할지 지켜봐야 한다. 이번 4차 6자회담 결과가 분명한 해답을 줄 것이다.

한반도의 비핵화 자체에 매진하지 않고 다른 부차적인 수사(修辭)에 말려들 때 오인은 커지고 문제는 더욱 어려워진다.

(세계일보 2005년 7월 14일자 칼럼원고를 수정함)

70. 지쳐버린 6자회담 공방

합의도 결렬도 아닌 휴회라지만 이번 제4차 6자회담은 분명 실패로 평가되어야 한다. 2005년 7월 26일의 공식 개막에 앞서 남·북, 미·북 간 양자 접촉을 사전에 벌이는 등 의욕적인 출발을 보였던 회의는 핵문제 해결의 대원칙에 관한 큰 합의가 이루어지는가 하더니 막판에 북한의 거부 입장으로 원점으로 회귀하는 꼴이 되고 말았다.

2주 동안 진땀을 빼고 3주 뒤 다시 만나 얘기하면 돌파구가 열릴까. 이번 6자회담 논의 내용을 통해 우리가 유추할 수 있는 분명한 사실은 북한이 핵무기를 완전하고도 투명하게 포기할 의사가 전혀 없다는 사실이다. 이는 앞으로 합의 도출 여부가 중요한 것이 아니라, 핵 폐기의 진정한 의도가 담긴 북한 지도부의 결심을 확인하는 일이 급선무임을 시사한다.

당초 한국 정부의 초미의 관심사는 북한이 과연 전력 공급에 관한 한국의 '중대 제안'[39]을 수용할 것인가에 있었다. 그리고 미국이 북한에 대해 향후 관계 개선과 경제지원의 약속만 구체화해준다면 북한의 핵 포기 의사 천명 같은 '넉넉한' 조건이 마련되리라고 기대하고 있던 터였다.

그러나 막상 협상의 뚜껑이 열리자 북한이 집착한 것은 핵에너지의 평화적 이용 활동에 대한 보장이었다. 대북 안전 보장과 북·미 관계 개선 등 정치적 조건을 줄곧 주장하던 북한의 이러한 입장 변화는 무엇을 의미하는가. 미국의 선제공격이니 적대시 정책이니 하는 것은 애초에 북한이 진정으로 걱정하는 문제가 아니었던 것이다. 이러한 정치적 수사(修辭)는 문제의 본질을 회피하고 사태를 장기화하는 데 기여할 뿐이었다.

핵무기는 포기할 수 있으되 핵에너지를 개발할 권리를 갖겠다는

---

39 노무현 정부가 2005년 7월 12일 발표한 대북 '중대 제안'은 북한이 핵을 포기할 경우 남한이 200만kW의 전력을 북한에 직접 송전하겠다는 내용이다. 3년 내에 핵 포기와 전력 공급을 맞바꾸자는 제안이었다. 김정일 국방위원장은 이 제안에 관한 설명을 남한 당국으로부터 직접 들었으나 결국 아무런 답을 주지 않았다. 북한이 대외에 주장한 핵에너지의 평화적 활동, 즉 원자력발전을 통한 전력 생산은 정작 북한의 관심사가 아니었던 셈이다.

주장은 얼핏 보면 실용적이고도 부드러운 요구사항으로 보일 수 있다. 그러나 핵무기 문제에 관한 한, 국제사회를 끊임없이 기만해온 북한이 하루아침에 평화적 핵 활동을 주장하고 나서는 것은 억지주장에 가깝다. 세계적 수준의 원자력발전 능력을 갖춘 한국조차도 20여 년 전 이뤄진 극소량의 플루토늄 추출 문제로 곤욕을 치를 정도로 제한적인 수준의 핵에너지 이용 권리를 행사하고 있다.

결국 핵에너지를 사용해 무기화하느냐 전력화하느냐의 경계선은 모호하고도 민감한 갈림길이어서 국가의 핵 능력보다는 핵 의도를 보고 판단할 수밖에 없는 문제다. 기존의 핵 프로그램을 동결하고 해체하겠다는 가장 기본적인 약속도 나오지 않은 시점에서 북한이 평화적 핵 이용을 고집하는 것은 핵 모호성을 끝까지 유지하고자 하는 불순한 의도를 드러내는 것이다.

4차 6자회담의 제2라운드를 준비하는 한국의 전략은 어떠해야 하나. 이전의 세 차례에 걸친 6자회담이 사흘 정도의 '안이한' 토론으로 이견만 확인하고 돌아선 회담이었다면, 이번 회담은 결판을 볼 때까지 끝낼 수 없다는 배수진의 성격을 띠고 있어 일단 고무적이다. 북한도 미국도 이번에 합의 결렬 이후 닥칠 장외 충돌을 부담스러워하기는 마찬가지이다.

그러나 교착 상황을 해소하기 어렵다고 해서 합의 자체만을 위한 합의 유혹에 빠지면 곤란하다. 참가국들 간 이견을 아예 합의 내용에서 제외하거나 모호하게 희석시켜 하는 합의는 1994년 제네바합의의 전철을 밟아 또 다른 파국을 초래할 것이다.

1차 북핵 위기 때와 다른 점은 지금은 미·북 양자 협의가 아닌

6개국 간 협의 구도로 진행된다는 것이다. 북한이 대미(對美) 협의 내용을 자의적으로 왜곡하거나 국제사회를 상대로 여론 게임을 벌일 여지는 일단 줄어들었다. 6자회담에 UN안보리 상임이사국이 셋이나 (미국, 중국, 러시아) 들어와 있으니 일단 합의가 이루어진다면 공신력이 클 것이다. 반대로 이들 3국 간 입장 차가 크다면 북한은 그 간극을 십분 활용할 것이다. 지루하고도 힘든 공방이 이어질 것은 분명해 보인다.

한국 정부는 모호하더라도 우선 합의문을 내어 국민을 안심시키고 이행 과정에서 미진한 부분을 풀어가려는 유혹에 빠지기 쉽다. 핵 폐기와 이에 대한 사찰의 시기·절차, 대북 지원의 내용과 국가 간 분담 내용 등 기술적인 문제를 공백으로 남겨두는 것은 무방하지만, 핵 폐기의 범위나 여부와 같은 본질적인 문제를 모호하게 처리해서는 안 된다.

추후 관련국들과의 전략 협의도 이러한 방향에 맞춰야 한다. 회담이 결렬되는 것보다 의제가 변질되는 것을 막고자 할 때, 회담의 성공 확률은 커질 것이다.

(매일경제신문 2005년 8월 8일자 칼럼원고를 수정함)

71. 9.19합의 타결은 먼 길의 첫걸음

또다시 아무 소득 없이 돌아섰더라면 한반도는 국제적 불안정의 구심점으로 떠오를 위기에 몰려 있었다는 점에서 이번 9.19합의 타결은 일단 고무적이다. 북한으로부터 자신이 보유한 모든 핵무기와 핵 프로그램을 자진해서 포기하겠다는 의사를 2002년 10월 제2차 핵 위기가 발발한 지 꼬박 3년이 지나 얻어낼 수 있었던 것은 긴 협상 과정에서 보여준 각국의 인내와 절제력의 미덕이 가져온 결과다.

또 6개국이 합의한 이번 공동성명은 단순히 한반도 비핵화[40]의 약속을 뛰어넘어 북한의 개혁·개방, 북·미[41] 북·일 관계 개선, 동북아 평화질서 구축 등 거시적 차원의 평화 로드맵(road map) 개념을 담고 있어 1994년 미·북 제네바합의보다 더욱 근본적인 문제를 다룬다.

하지만 우리는 이 시점에서 섣부른 기대에 부풀기에 앞서 지금 내딛는 머나먼 원정(遠程)의 첫걸음이 물거품이 되지 않도록 심사숙고해야 한다. 일반인들이 보기에 놓치기 쉬운 허점 요소가 이번 합의문 곳곳에 도사리고 있다. 그러한 염려사항을 사전에 관리하는 대비책이 구비돼야만 '말 대 말'의 약속이 '행동 대 행동'의 실천으로 나타날 수 있다.

우선 앞으로 무엇을, 언제까지, 어떻게 할 것인가에 대한 행동계획을 구체화해야 한다. 북한도 핵 포기 의사를 어렵사리 다짐했고 나머지 국가들도 경수로 제공 문제를 내키지 않아 하면서도 억지로 인정하면서 타결이 성사되었다. 상식적으로 통용돼야 할 원칙은 북한

---

40 북한과 중국의 주장으로 '한반도' 비핵화 용어를 채택했으나 문맥상 북한의 비핵화를 가리킨다.

41 북한과 제3국 명칭을 나열할 때 어느 쪽을 앞에 두는가의 문제는 부르는 사람의 기준에 따라 달라질 수 있다. 대한민국 헌법상 정식 주권국가가 아닌 북한의 전체주의 정권보다 자유민주주의 가치를 공유한 동맹에 방점을 둔다면 '미·북 관계'가 자연스러울 것이다. 남북한을 하나의 민족 개념으로 묶고자 할 때에는 '북·미 관계' 표현을 선호할 것이다.

그들은 왜 정답이 있어도 논쟁하는가

의 핵 폐기와 핵확산금지조약(NPT)으로의 복귀 그리고 국제원자력기구(IAEA)의 안전조치 이행이 먼저 이루어지면, 이에 대한 검증 절차와 함께 대북 에너지 지원이 개시되는 것이다.

경수로와 전력 공급, 북·미, 북·일 수교와 같은 대형 프로젝트들이 완성될 때까지 핵 포기의 범위와 시점을 잘게 쪼개어 유보하는 전략을 북한이 구사할 경우, 제4차 6자회담의 합의문은 무의미한 종잇조각으로 전락할 위험성이 있다. 서로 취해야 할 중요한 조치들을 세분화하고, 이를 언제까지 어떻게 이행할 것인지 다짐하는 절차가 남아 있다. 또 약속을 어기는 쪽에 대한 분명한 처벌조항도 명시되어야 한다.

그다음 유의해야 할 대목은 북한을 제외한 나머지 5개국 간에 이뤄져야 할 업무 분담 내용이 막막하다는 점이다. 한국이 약속한 200만kW의 전력 공급만 해도 그 실효성과 비용 충당 차원에서 많은 논쟁이 뒤따를진대, 경수로 사업마저 한국이 다시 떠맡다시피 하는 것은 바람직하지도 않고 가능하지도 않다.

북한과의 정치적 신뢰 회복이 전제되지 않고서는 미국과 일본이 팔을 걷고 나온다고 장담하기 어렵다. 그렇다고 중국과 러시아가 비용 분담을 자처하고 나오리라 기대하기는 더욱 어렵다.

경수로를 지어 건네준다는 것은 차후 북한이 이를 스스로 감당할 여건이 되어 있지 않다는 점에서 실효성이 떨어진다. 또 경수로 운용 과정에 핵물질이 군사적 용도로 전용(轉用)될 위험성 때문에 애초에 논란의 씨앗이 담겨 있는 문제다. 북한에 대한 에너지 지원과 북한과의 경제교류 협력을 단계적으로 어떻게 이행할 것인지 관련국들은 머리를 맞대고 논의해야 한다.

한반도의 영구적 평화체제에 관한 협상도 아주 복잡한 문제들을 내포한다. 현재의 정전협정(停戰協定)을 평화협정으로 바꾸는 것은 언젠가는 이뤄야 할 과제이지만, 정전 상태를 관리해온 UN사령부의 해체를 논의하는 과정에 주한미군의 지위와 존재 목적이 위협받는 정치공세에 직면할 가능성을 면밀히 검토해야 한다.

남북한 간의 한반도 비핵화 공동선언(1992년)을 이행하는 문제가 한미동맹의 본질까지 위협하는 문제로 번져서는 안 될 것이다. 한반도 평화체제는 남북한 간 군사신뢰 조치를 하나씩 이행해가면서 저절로 만들어지는 것이지, 협상과 선언을 통해 인위적으로 주어지는 것이 아니다.

결국 이번 9.19 공동성명은 내용을 액면 그대로 이해할 때는 그야말로 한반도 평화질서의 이상향을 그리는 한 편의 서사시와도 같다고 할 수 있다. 그러한 포부와 다짐이 구체적인 현실로 나타나기까지는 많은 나라들의 부단한 노력이 장기간에 걸쳐 축적될 때 가능하다.

현재의 합의사항들을 우선순위에 따라 구체적으로 세분하고 이에 대한 이행요강을 마련하는 작업이 11월 재개될 제5차 6자회담의 핵심과제가 되어야 한다. 지나친 비관도 바람직하지 않으나 아직 오지 않은 결과에 도취되기에는 너무 이르다.

(매일경제신문 2005년 9월 21일자 칼럼원고를 수정함)

72. 벌써 겉도는 9.19합의

점점 분명해지고 있는 사실은 북한 정권으로서는 애초에 핵무기를 포기할 의사가 없었다는 점이다.

2002년 10월 2차 북핵 위기가 불거진 이후 꼬박 3년의 진통을 거쳐 4차 6자회담 결과로 '9.19 비핵화 공동성명'이 나왔을 때, 우리 국민은 안도의 한숨을 내쉬면서도 그래도 다음 회의를 지켜봐야 한다는 반응을 보였다.

지난주 베이징에서 사흘간(2005. 11. 9~11) 열린 5차 6자회담[42]은 의제의 갈피조차 잡지 못한 채 좌충우돌 해프닝만 빚었고, 지난달 약속한 북핵 해결 합의 원칙은 잠시 내비쳤던 환상으로 전락하고 있다. 회의 속개 날짜도 못 잡았으니 북핵문제는 올해도 넘긴 것이나 매한가지다.

이번 회의에서 북한 대표단은 미국의 마카오 소재 은행 방코델타아시아(BDA)에 대한 북한 관련 거래금지 조치를 이유로 핵문제 논의를 유보하자고 주장했다. 이에 따라 회담 분위기는 급랭했으며, 9.19합의의 연장선상에서 북핵 해결 이행방안에 대한 구체적 논의를 기대하고 모인 각국 대표들은 아무런 성과도 거두지 못한 채 발길을 돌렸다.

북한으로서는 위조달러 유통과 마약 거래로 거둬들이는 불법자금

---

42 5차 6자회담은 16개월에 걸쳐 답보와 파행을 거듭하며 3단계에 걸쳐 진행됐다. 1단계는 2005년 11월 9~11일, 2단계는 12월 18~22일, 3단계는 2007년 2월 8 ~13일 개최됐다.

의 세탁 역할을 해온 은행의 발목이 묶이자 '돈줄'이 막힌 처지에서 다급해졌을 법하다. 하지만 불법행위를 차단하고자 하는 미국의 행동을 핵문제 협상이라는 별개 문제에 끌어들이는 것은 억지이다. 여기에 숨은 의도가 있다면 핵문제의 시간 끌기라는 오래되고도 일관된 전략일 것이다.

북한 지도부의 사고(思考) 체계를 국제사회에서 통용되는 일반 상식에 기초해 이해하려 해서는 곤란하다. 이전 회담에서 논란이 됐던 경수로 문제만 합의할 수 있다면 이번 회의에서는 구체적 행동방안을 논의할 수 있다는 생각은 애초 안이한 발상이었던 것이다.

불가침 약속, 전력과 에너지 제공 등 그 어떤 체제 보장 약속을 해준들 북한 정권으로서는 핵무장만큼 안전하고도 확실한 체제 보장은 없다고 믿고 있다. 지금이라도 그 인식을 꿰뚫지 못하면 핵문제 해결방안은 내내 겉돌 것이다.

북한에 인권 문제를 제기하고 체제 개방을 요구하는 것은 단순히 북한 정권을 쓰러뜨리기 위한 적대 정책으로 매도되어선 안 된다. 이들 문제 자체가 북핵문제의 본질적 해결을 방해하기 때문이다. 절대 권력자가 국민 삶의 질을 높이는 일보다 군부세력의 지지를 규합하고 권력을 연장하는 일을 지상 최대 과제로 여긴다면 핵무장 추구야말로 이러한 국내 정치적 목표를 추구하는 데 국제사회의 간섭을 차단하는 가장 효과적인 억지 수단이다.

미국이 2005년 9월 방코델타아시아로 하여금 취하게 한 대북 거래 금지 조치는 대량살상무기 확산방지구상(PSI)의 일환이다. 핵무기를 추구한다고 의심되는 국가가 이에 필요한 자금과 물질을 획득하는 것을 차단하고자 하는 국제공조 방안으로, 미국·러시아·일본·호주와 유럽의 주요 국가들이 중심 역할을 하고 있다. 북한에 대한 이번 금융제재는 마카오를 관할하는 중국의 암묵적 협조가 작용했다는 점에서 시사하는 바 크다.

북핵문제의 직접 당사자인 한국 역시 PSI에 참여함이 마땅한데도 우리 정부는 상대방을 자극해서는 일을 그르칠 수 있다는 논리를 펴고 있다. 과연 북한 정권의 마음을 편하게 해줘야 그들이 고마워서라도 핵무기를 단념할 것인가.

앞으로도 북한이 내걸 수 있는 시간 끌기용 주제는 얼마든지 있다. 미국이 북한을 테러지정국에서 해제하라든지, 한반도에 대한 미국의 핵우산을 철회하라든지, 북한이 자초해놓고 오히려 상대방에게 정책 전환을 요구하는 억지주장을 계속하면 논란은 확대되고 시간은 흘러갈 것이다.

미국의 이라크에서의 고전이 심화되기를, 그리고 한국의 국내 정치는 계속 북한의 입장을 강화시키게끔 분열과 혼돈상을 반복하기를 기대하면서, 어느 순간 완전한 핵 국가 북한을 선언할 수 있는 시점이 오기까지 시간 끌기와 뒤집기 전략을 지속할 것이다.

6개국 대표단은 곧 있을 APEC(아시아태평양경제협력체) 회의 때문에 사흘밖에 얘기할 수 없었노라고, 그래서 차기 회담에서는 북핵 폐기 이행계획에 관해 보다 분명하고 구체적인 협의를 할 것으로 기대한다고 했다. 그러나 북한의 의중을 큰 틀에서 짚지 못하는 상황이 지속된다면 6자회담은 계속 갈피를 잡지 못할 것이고, 결국은 붕괴의 운명에 처하게 될 것이다.

북한의 장단에 춤추지 말고 주어진 장단대로 북한이 따르도록 해야 한다. 어떻게 하면 북한을 그렇게 만들 수 있는지 나머지 5개국이 먼저 합의하지 못하면 어떠한 6자 협의도 불발로 끝날 것이다.

(매일경제신문 2005년 11월 15일자 칼럼원고를 수정함)

73. 다음 6자회담도 어려운 이유

1993년 창설된 아시아태평양안보협력이사회(CSCAP)는 민간 전문가와 전직 관료가 정부에 구애받지 않고 허심탄회하게 안보 현안을 논의하는 장(場)으로 성장해왔다. 이따금 현실과 동떨어진 허황된 내용이 거론되기도 하나 공식 외교 창구에서 개진하기 어려운 민감한 내용이 오고 가는 경우가 있어 많은 회원국은 정부 측 참관자를 파견한다.

CSCAP 내부에서 대량살상무기(WMD)의 비확산 문제를 다루는 CSCAP WMD 회의에도 북한이 빠짐없이 대표단을 파견했는데 그 4차 회의는 지난주(2006년 11월 말) 베트남의 다낭(Da Nang)에서 열렸다.

평화군축연구소 소속이라며 명함을 내미는 북한 참가자를 곧이곧대로 민간 대표로 간주할 순진한 사람은 없다. 중요한 점은 북한이 국제사회의 담론에 지속적으로 주의를 기울이도록 유도하고 핵 폐기의 불가피성을 깨닫게 하는 일이다. 이번에도 북한 대표단의 기조 발표는 상투적인 언사를 그대로 답습했다는 점에서 새삼스럽지 않았다. 다만 회의 때마다 강조점을 두는 포인트가 달라지곤 했는데 핵실험(2006. 10. 9) 이후 처음 열린 이번 모임에서 북한이 자신의 핵무장을 기정사실화하는 단정적인 표현을 수차례 사용한 점이 눈에 띄었다.

CSCAP 회의에 참석한 북한 대표단이나 같은 기간 6자회담의 재개 논의를 위해 베이징에 온 김계관 외무성 부상이, 미국이 먼저 북한에 대한 금융제재를 풀어야 핵문제에 관한 다른 논의를 시작할 수 있다고 언급한 것은 입을 맞춘 듯한 대목이다. 그러면서도 미국의 대북 적대시 정책이 북한에 대한 최대의 위협이며 '악의 축'이니 '폭정의 전초기지'니 하는 '막말'을 해온 미국 조지 W. 부시 정권에 대항하기 위해서는 최후의 자위수단으로 핵무기를 갖지 않을 수 없다고 항변한다.

그렇다면 빌 클린턴(Bill Clinton) 집권기에 조명록 차수(次帥)를 워싱턴에 보내고 매들린 올브라이트(Madeleine Albright) 국무장관을 평양으로 초대하며 화해 무드를 드높였던 북한이 뒷전에서는 고농축우라늄 프로그램을 사들이는 등 핵무기 개발에 한층 박차를 가했던 사실을 어떻게 설명해야 할까. 북한을 상대할 때는 외교적 언사와 숨은 의도를 가려서 이해해야 한다. 명분으로는 못된 미국이 마음을 고쳐먹어야 한다지만 실제로는 아쉬운 돈줄은 우선 풀어주되 핵 포기는 강요하지 말라는 뜻이다.

CSCAP 회의의 주최 측은 남북한 참가자끼리 따로 대화하는 시간을 배려하는 차원에서 별도의 점심 테이블을 마련하는 성의를 보였다. 한민족끼리 정담을 나누는 것은 좋아도 "미국이 우리를 좋아할 때까지는 핵을 포기할 수 없다"는 방침을 반복하는 북한을 상대하면서 본질적인 문제를 푼다는 것은 여간 난감한 일이 아니다. 한국이나 미국이 아무리 솔깃한 제안을 해도 이에 대한 답변은 평양에 돌아가 논의한 뒤 정하겠다는데 어찌할 것인가.

정작 평양에 앉아 있는 높으신 분의 마음속에는 이미 만들어놓은 핵무기를 버리면서까지 북한 정권의 새로운 진로를 탐색해볼 배짱이 아직 구비되지 않은 것 같다. 북한 핵문제는 국제사회가 무엇을 주고 그에 대한 대가로 풀릴 문제라기보다는 북한 정권이 자신의 존립 기반으로 여기는 핵무기의 가치에 견줄 만한 다른 어떤 대안에 눈을 뜨는 순간까지 보류될 문제다.

미국과 한국이 요청해도 못 들은 척하던 북한 당국이 중국의 압력 때문에 6자회담 복귀 의사를 밝혔다지만 6자회담의 불씨가 아직 살아 있다는 사실을 넘어 6자회담이 문제를 해결하는 단계까지는 아직 중국도 관심이 없는 듯하다.

그래도 북한의 핵 보유 지위를 인정하지 않고 끝까지 회담을 종용하며 현금과 물자 지원을 통제해야 하는 이유는 북한의 핵 능력이 더는 확대되지 못하도록 동결한 채 외교적 결말을 도모하는 방법이 지금으로서는 최상의 선택이기 때문이다.

제5차 6자회담의 3단계 회동은 성사될지라도 본질적인 진전은 보기 힘든 어려운 게임이 될 것이다. 다낭 CSCAP 회의 사회자의 마무리 코멘트가 귀에 맴돈다. "잔에 물이 어느 정도는 차 있어야 반이나 찼노라고 얘기할 수 있을 텐데 우리 앞의 잔은 아직도 비어 있다."

(동아일보 2006년 12월 4일자 칼럼원고를 수정함)

74. 2.13합의, 햇볕정책 성과 아니다

제5차 6자회담의 3단계 회의에서 나온 2.13합의는 2002년 10월 제2차 북핵 위기가 불거진 이래 이의 해결을 위한 구체적 시한과 행동계획을 담은 최초의 문건이다. 북한이 진행하고 있는 핵 활동(영변 5MWe 원자로를 포함한 5개 핵시설)을 60일 이내에 폐쇄(shut down)하는 조건으로 우선 중유 5만t을 지원한다는 것이다. 또 이들 핵시설을 반영구적으로 불능화할(disable) 경우 추가적으로 중유 95만t에 해당하는 에너지를 제공한다. 여기에 덤으로 미국은 30일 안에 방코델타아시아(BDA)의 북한 계좌 일부를 풀어주기로 약속한 상태다.

합의된 규칙은 북한이 움직인 만큼 보상한다는 것이고 여기에는 북한 핵 능력의 진전을 우선 막고 보자는 전략이 깔려 있지만 어디까지 움직일 것인가의 선택은 아직도 북한에 남아 있다. 당장은 기름과 전기가 아쉬워 가동 중인 원자로의 폐쇄 단계까지는 가더라도 핵무기의 추가적 제조를 차단하는 불능화, 해체의 수순을 북한이 과연 순순히 취할 것인지는 지켜봐야 한다. 베이징을 나서기가 무섭게 북한 당국은 5개국과 약속해놓은 불능화 대신 '임시 가동 중단' 운운하고 있지 않은가.

더 어려운 관문은 따로 있다. 핵시설의 해체는 북한이 핵무기를 추가로 만들지 못하게 하는 것일 뿐, 이미 만들어놓은 핵무기와 핵물질을 폐기토록 하는 문제와는 별개다. 1994년 미·북 제네바합의에서도 그랬듯이 이번 6자합의에서도 북한 핵 프로그램의 과거는 일절 묻지 않았다. 13년의 시간이 흐르면서 핵탄두도 만들었고 핵실험도 했으니 북한이 청산해야 할 과거는 더욱 복잡해졌다. 기존 핵무기의 폐기라는 마지막 수순에 이르기까지 관련 의제와 이행 시기를 잘게 쪼개 무리한 보상을 요구할 경우 북핵문제는 또다시 멀고도 험한 길을 갈지도 모른다.

미 · 북 제네바합의는 고농축우라늄(HEU) 프로그램의 발각으로 깨졌고, 2005년의 9.19합의는 2006년 10월의 핵실험으로 무력화됐다. 누차 북한에 속았다는 것을 상기하면 이번 합의도 마음이 놓이지 않을 것이다. 북한 핵문제를 낙관하기 어려운 이유는 합의 때마다 언급하는 '완전한 핵 폐기'의 전제가 과연 북한의 진심인지 가늠하기 어렵기 때문이다.

앞으로 발족될 5개 작업반은 비핵화와 대북 지원 문제뿐 아니라 동북아 안보협력, 북 · 미 관계와 북 · 일 관계의 정상화와 같은 거시적인 주제도 다루게 된다. 북한이 미국 · 일본과 수교함으로써 개방된 글로벌 네트워크에 참여하려면 자신의 체제부터 개방하는 수밖에 없다.

따라서 북핵의 폐기는 궁극적으로 북한의 개방을 뜻한다. 북한 정권의 진정한 핵 폐기 결단은 곧 체제 개방에 대한 결심이 선행돼야 한다는 말이다. 만일 김정일 국방위원장이 개방을 자신의 권력에 대한 위협으로 간주하고 핵만 부둥켜안고 국제사회와 흥정하려 한다면 이번과 같은 호의적 합의는 다시 없다는 것을 인식시켜야 한다. 핵시설과 핵무기의 신고 · 폐기 · 사찰 수용을 분명하게 실시하면 이에 대한 보상을 분명하게 해주고, 그 이행 과정이 차질을 빚으면 지원을 중단하고 압박을 가하는 것이다. 이것이 실용적 상호주의의 요체다.

2.13합의는 햇볕정책의 성과가 아니다. 북한의 극심한 에너지난·식량난이라는 내부 문제와 미국 주도의 대북 금융제재라는 국제적 압박이 상호 작용해 나타난 결과다. 현 상태에서 무분별한 대북 포용이 재개될 경우 북한의 오판을 불러올 공산만 크다.

남북 정상회담도 평화협정도 아직은 때가 아니다. 평화를 선언해야 북한 핵문제가 해결되는 것이 아니라, 북한 핵문제가 해결되어야 평화를 논할 조건이 마련된다. 정부가 북한의 행동 대신 북한이 합의한 내용을 좇아 대북정책을 짤 경우 대선을 앞둔 한국 정치는 혼란에 빠지고 6자회담은 다시 위태로워질 것이다. 북핵문제에 관한 한 이성이 이상에 우선해야 한다.

(중앙일보 2007년 2월 15일자 칼럼원고를 수정함)

75. 2.13합의에 거는 자기 최면

2007년 2월 13일 이후 사람들은 60일이 지나면 모든 것이 드러나겠지 하며 두 달을 보냈다. 지난 토요일(2007. 4. 14.) 그 시한은 끝났고 북한 핵문제에 관해 일어난 변화는 아무것도 없다. 많은 접촉이 있었고 많은 말이 오갔을 뿐이다.

'60일 이내'에 북한은 영변 핵시설을 폐쇄·봉인하고, 이 과정을 확인시키기 위해 국제원자력기구(IAEA) 요원들의 입국을 허용하며, 핵 프로그램 신고 목록을 6자회담 참가국들과 협의하기로 했었다.

60일 약속이 깨진 지금 이상한 두 가지 현상이 목격되고 있다.

2.13합의문 어디에도 없고 북한 핵문제와 관련도 없는 방코델타아

시아(BDA)의 북한 계좌 문제가 온통 관심을 끌고 있다. 물론 2.13합의에 대한 북한의 실천을 전제조건으로 미국이 BDA 문제 해결을 비공개적으로 약속했고, 따라서 BDA 문제 해결 지연은 북한의 '보이콧'이 이유 있음을 드러낸다. 그러나 돈 문제가 '반드시' 먼저 풀려야 한다는 것은 북한이 만들어낸 주장이다.

또 하나는 시한을 넘긴 2.13합의의 앞날이 불투명함에도 불구하고 북한을 질책하거나 사태를 비관하는 나라가 하나도 없다는 것이다. 어렵사리 가꿔놓은 대화의 분위기가 깨질세라 모두 전전긍긍하고 있다.

예기치 못했던 BDA 걸림돌이 늦게나마 제거되고 북한이 약속한 행동을 개시하면 60일 논란은 이내 종식될 수 있다. 이번 BDA 해프닝을 통해 우리는 북한이라는 나라의 실체를 좀 더 분명히 아는 계기로 삼아야 한다. 마카오에 묶인 약 200억 원의 돈은 우리나라의 웬만한 부자 한 사람의 재산에도 못 미치는 액수다. 북한은 이 돈을 생명처럼 소중히 여기면서 찾아가려 한다. 최고지도자의 비자금 회수가 곧 국가의 제1 외교 목표가 될 만큼 권력이 사유화된 나라라는 뜻이다.

미국이 3월 14일 BDA 조사 결과를 공식 발표하면서 북한이 자금을 인출할 수 있는 길을 터주었지만, '불법자금'이란 꼬리표가 붙어 있어 은행의 인출 절차가 작동하지 못한 채 한 달이 흘렀다. 불법자금은 중국 은행도 BDA도 다뤄선 안 된다는 미국의 종래 원칙이 오히려 문제의 해결을 방해한 셈이다.

하지만 우리가 간과해선 안 될 사실은 가장 초보적인 은행 거래 관행에서도 북한은 국제사회의 기준을 체득하지 못했다는 사실이다. 북한이 BDA에 개설한 52개의 계좌는 모두 관변 무역회사·은행 등이 망라된 차명계좌라고 해도 과언이 아니다. 탈법과 편법이 관행인 정권을 상대로 합리성에 따른 협상과 이행 절차를 기대하는 것 자체가 무리다.

북한이 이번 주부터라도 2.13합의를 하나씩 실천한다면 그것은 우리가 생각하는 일반적인 국가의 합리성 때문이 아니라 북한 정권이 생각하는 정권의 생존과 관련한 합리성 때문이다. 우리가 보는 합리성은 북한이 약속한 행동을 하나씩 이행할 때마다 보상을 하나씩 늘려가는 것이다. 북한 당국이 지금 마음속에 그리고 있는 합리성은 2.13합의에서 약속한 범위 내에서 행동하되 반대급부를 최대한 얻어내는 것이다.

2.13합의는 북한이 이미 보유한 핵탄두와 무기급 플루토늄을 이야기하지 않았다. 물질적 지원도 받아내고 핵 지위도 유지하는 것이 북한의 '꿩 먹고 알 먹고'식 계산이라면 6자회담은 지금 목표 자체를 망각한 자기 최면에 빠져 있는 꼴이다.

북한이 끝끝내 핵을 움켜쥐고 절대 마음을 돌리지 않을 것이라고 단언하기는 힘들다. 그러나 2.13합의 직후부터 북한의 선의(善意) 하나만 믿고 각종 대북 지원책을 쏟아내고 있는 우리 정부의 태도는 2.13합의의 이행을 가로막고 북한 핵문제의 온전한 해결을 방해하는 자충수가 될 것이다. 한국이 제공하는 물질적 편의가 클수록 북한식 합리성은 더욱 강화될 것이며, 행동별 요구 내용은 더욱 거창해질 것이기 때문이다. 실체도 없는 평화 분위기에 젖지 말고 냉철함을 잊지 말아야 한다.

(중앙일보 2007년 4월 16일자 칼럼원고를 수정함)

76. 북핵 본질은 BDA · 영변 아니다

한동안 조용하던 북한 핵문제가 다시 꿈틀거리기 시작했다. 북 · 미간 서로 책임을 떠넘기는 가운데 꽉 막혀 있던 방코델타아시아(BDA)의 북한 계좌 문제가 지난주 일단락된 것이 계기다. BDA에 예치돼 있던 북한 자금이 뉴욕 연방준비은행을 거쳐 러시아 중앙은행으로 이체된 뒤 러시아 극동상업은행의 북한 계좌로 송금되는 절차를 밟았다. 그러자 북한 당국은 국제원자력기구(IAEA) 사찰단을 초청하는 등 영변 핵시설 폐쇄를 위한 조치에 착수한 듯한 모양새를 보이고 있다.

우리가 이러한 신속한 움직임들을 전혀 예상치 못하고 있던 2007년 6월 13일, 크리스토퍼 힐(Christopher Hill) 미국 국무부 차관보는 공식 석상에서 "앞으로 며칠 사이에 많은 일이 일어날 수 있다"고 말했다. 그럼 이제 영변 핵시설이 봉인되고 2.13합의는 이행되는 것인가. 나아가 북한 핵의 완전한 폐기로 2005년 9.19합의에서 약속한 한반도의 비핵화와 동북아시아의 평화질서가 이룩될 것인가.

지금 국내의 분위기로 봐서는 영변 핵시설을 폐쇄하면 2.13합의가 지켜지는 것이고, 좀 더 인내를 갖고 북한을 설득하면 북한의 과거 핵문제까지도 모두 해결해 2005년 9월 19일 6개국이 합의한 완전한 비핵화를 이뤄낼 수 있으리라는 낙관론이 힘을 얻고 있다. 물론 첫술에 배부를 수는 없다. 이번 국면을 계기로 차근차근 나아가야 한다. 하지만 무엇이 우리의 숙제인지 정확하게 알고 있어야 착오를 막고 지금까지의 시행착오를 반복하지 않을 것이다.

우선 영변 핵을 폐쇄하는 것은 의미 있는 성과임이 분명하다. 하지만 이것이 2.13합의의 전부가 이행됨을 의미하는 것은 아니며, 북핵문제의 본질적인 해결은 더욱 아니다. 2.13합의는 영변 핵시설의 폐쇄·봉인뿐 아니라 사용 후 연료봉에서 추출한 플루토늄 등 모든 핵 프로그램의 목록을 밝히는 것을 포함한다. 북한의 초지일관 부인에도 불구하고 그간 명백히 드러난 고농축우라늄(HEU) 프로그램의 진척도를 확인하기는 쉽지 않을 전망이다.

북한의 현행 핵 프로그램을 모두 밝히고 이를 중단, 폐쇄하는 데까지가 2.13합의의 이행이다. 북한이 이미 제조한 핵탄두들, 추출해둔 무기급 플루토늄마저 제거해야 비로소 9.19합의가 실현된다. 이와 함께 북·미, 북·일 수교가 이뤄져야 한반도의 진정한 평화체제를 만들 수 있는 여건이 갖춰지는 것이다.

북한은 그간 6자회담을 '핵 군축회의'로 탈바꿈시키고자 했다. 자신의 핵 지위를 기정사실화하겠다는 의도다. 영변을 포기하는 대신 과거의 핵을 묻지 말라고 요구함으로써 '작지만 확실한' 핵 국가를 계속 추구할 가능성이 농후하다.

그만큼 중요한 문제와 어려운 협상이 기다리고 있다. 북한의 결단을 과연 기대해도 좋은가. 북한이 요구하던 BDA 문제가 풀렸으니 이제 북한이 국제사회의 비핵화 요구를 수용할 것이라는 분석은 너무 안이하다. 미국이 BDA 문제의 해결을 약속했고, 늦게나마 이를 이행했으니 북한도 2.13합의를 지킬 것이라는 식으로 마치 북한을 원칙과 신용의 나라로 인식해서는 곤란하다. 미국은 어디까지나 BDA 자금의 회수를 약속한 것이고, 북한은 정상적인 국제 금융거래까지 보장하라며 버티는 바람에 생긴 해프닝 아닌가.

BDA 문제는 미국의 대북 금융제재로 촉발되었으나 이 문제가 아직도 깨끗하게 해결되지 못하고 있는 이유는 세계의 어느 금융기관도 '오염된' 북한의 돈을 받지 않으려 하기 때문이다. 북한이 스스로를 개방해 국제사회로 나오려면 핵을 버리는 대신 신용을 쌓아야 한다. 당초의 약속을 깨고 한나라당 대표단의 귀빈석 착석을 거부해 6.15 행사를 파행으로 몰고 간 게 바로 며칠 전이다. BDA와 2.13합의의 해결이 북한 핵문제의 해결로 이어질지는 두고 봐야 한다. 중요한 문제는 고스란히 남아 있고 이제 시작일 뿐이다.

(중앙일보 2007년 6월 20일자 칼럼원고를 수정함)

77. 오합지졸 대북정책이 키워온 북핵 위협

"그것 봐요. 제가 말했잖아요(I told you)." 옳은 지적을 해도 이를 상대방이 받아들이지 않아 일을 그르치게 되었을 때 흔히 쓰는 말이다. 동서양을 막론하고 대인관계를 조언하는 상담가들은 가족이나 가까운 사람에게 이 말을 되도록 하지 말라고 조언한다. 이미 일어난 결과를 되돌릴 수 없는 마당에 상대방의 자존감만 건드릴 뿐이라는 이유에서다. 하지만 사사로운 인간관계 차원이 아니라 나라의 안위가 걸린 북한 핵문제에 관해서만은 과거의 잘잘못을 거론해야 할 듯싶다.

1992년 북한의 초기 핵 프로그램이 세상에 알려졌을 때 당시 미국의 클린턴 행정부는 영변 핵시설 타격까지 검토하면서 초장에 북핵 폐기를 관철하려 했다. 그러자 김영삼 정부는 한반도에서 전쟁이 일어날 것이라고 겁을 먹고 이를 뜯어말렸다. 하지만 당시 미국의 엄포에 누구보다도 겁을 먹었던 쪽은 북한의 김일성이었다.

그런데 협상 테이블에 나온 미국이 엄중한 압박카드를 단념한 것을 알게 된 북한은 '핵 포기' 의사 없이 핵 협상에 나선다. 결국 17개월에 걸친 지루한 공방을 거쳐 1994년 10월 제네바합의를 이끌어낸다.

많은 사람이 북한의 핵 동결 약속에 환호했지만 한국이 13조 원 비용의 대부분을 대서 경수로를 짓고 미국이 연간 50만t의 기름(중유)을 지원하는 동안 북한은 오히려 핵개발을 가속화했다. 남북 정상회담(2000년)에 공을 들이며 김대중 정부의 햇볕정책이 제공한 대북 현찰, 쌀 지원은 북한 정권의 무기 개발과 엘리트 통치 비용에 활용되었다.

2002년 북한이 플루토늄에 이어 고농축우라늄(HEU) 핵폭탄 제조에까지 손을 댄 사실이 알려지면서 2차 북핵 위기가 시작된다. 적반하장으로 북한이 거친 말을 해대고 한반도 정국이 요동치니 국민은 좌불안석이다.

이번에는 중국도 역할을 자처하고 나선다. 2003년 4월 북한을 억지로 베이징으로 불러내 미·중·북 3자회담을 해보지만 여의치 않자 8월에 한국, 일본, 러시아가 추가된 6자회담의 의장국을 맡는다. 이후 2007년 9월까지 6차 라운드에 걸쳐 아홉 차례 이루어진 6자회담은 노무현 정부의 재임 기간과 궤를 같이한다.

2005년 9월의 비핵화 공동성명은 정작 북한의 비핵화에는 아무런 진전을 가져오지 못하고 나머지 5개국이 중유와 각종 물자를 지원하는 것으로 귀결되었다. 금강산·개성 관광, 개성공단 사업이 시작되고 또 한 차례의 정상회담(2007년)이 열렸지만 한국 국민은 한반도의 '선언적 평화'에 잠시 안도하는 대가로 이들 사업을 통해 김정일 지도부가 원한 현금과 전략물자를 계속 공급해준 셈이었다.

탄도미사일은 핵탄두를 실어 나른다는 점에서 핵과 미사일은 동전의 앞뒤 관계다. 1998년 이후 2019년 12월 현재까지 북한은 핵실험을 여섯 차례, 장거리 미사일 발사를 아홉 차례 실시했다. 이 중 김정은 시대에 들어와 이루어진 핵실험과 장거리 미사일 발사가 각각 네 차례와 여섯 차례임을 감안하면 3대에 걸친 북한 지도부의 핵 고집은 요지부동인 듯하다.

북한에 대한 오판은 북한 정권의 생각에 대한 무지에서 비롯된다. 주면 되돌려받고, 합의하면 지켜진다는 이상론은 어떤 희생을 치르더라도 정권만 유지하면 된다는 북한 특유의 전제주의 정치에는 적용되지 않는다. 만약 북한 대남정책의 본질을 알고도 이에 호응한다면 단기적인 '남북관계 개선'을 자신의 정치적 이익을 위한 흥행에 쓰고자 하기 때문이다.

남북 대화라면 내용에 관계없이 무조건 '선(善)'이라 주장한 사람이 많았다. "북한과의 협상에서 진전을 보려면 다른 손에 압박카드를 쥐고 있어야 한다"고 하면 무조건 강경파로 몰아붙이던 사람도 많았다. 북한 주민을 지원하는 것과 북한 정권을 만족시키는 것을 혼동해 국민 세금을 엉뚱한 곳에 쓰면서 다시 표를 달라고 했던 정치인도 많았다.

이제 와서 홧김에 한국도 핵무장해야 한다고 주장하는 것도 무책임하다. 실현 가능성이 없을뿐더러, 핵 비확산 정책에 대한 한국의 신뢰도만 실추될 것이기 때문이다. 유일한 대안인 한·미 미사일 방어망 체계를 두고 "중국을 불편하게 하면 일을 그르친다"며 만류하는 전문가들은 우리의 안보보다도 중국의 심기가 더 중요하다고 보는 모양이다.

주변국들이 우리 뜻대로 움직이지 않는다고 하지만 그들은 자신의 국익에 충실한 한반도 전략을 구사할 뿐이다. 1989년 냉전 체제가 해체된 이후 북한만이 시대의 변화를 거스르는 퇴행적 행태를 거듭한 것은 갖가지 무사안일주의가 빚어낸 한국 자신의 오합지졸 대북정책 탓이 가장 크다고 할 것이다. 국민의 안전을 지키고 나라를 올바른 길로 이끌어야 할 지도층과 전문가들이 좌충우돌 분열되어 시행착오와 혼란을 부추겼다.

북한의 핵무기는 그 사용 여부를 떠나 우리의 대북정책 전반을 뒤틀리게 만드는 장애물이다. 정부는 거창한 복지정책 이전에 국민의 안전부터 지켜야 한다. 북한 핵미사일의 효용을 무력화시키는 대북 억지태세 구축에 먼저 예산과 노력을 투입해야 한다.

이미 핵을 가진 북한에 경제제재를 펴도 소용없다는 체념은 삼가야 한다. 핵과 미사일 프로그램은 개발 단계 이후에도 상당한 유지 비용이 지속적으로 투입돼야 하기 때문이다. 남북 대화의 문은 항상 열어두되, 이와 별도로 북한 사회 전반의 변화를 유도하는 데 매진해야 한다.

우리 국민의 중지(衆志)가 모일 때 북한은 늘 주저했다. 한국 내부의 문제도 크지만 북한 자신이 안고 있는 체제의 모순이 더욱 크다는 것이 그나마 다행이다.

(조선일보 2016년 1월 18일자 칼럼원고를 수정함)

그들은 왜 정답이 있어도 논쟁하는가

06

제6장

대북정책이 곧 통일정책이다

"격안관화(隔岸觀火)."

(멀찌감치 떨어져 불 구경하라. 적에 내분이 일어나면 예의주시하다가 분열이 극에 달할 때 일망타진하라)

— 손자 (孫子, BC 544~496), 춘추전국시대 병법가

논점해설

북한은 복잡하면서도 단순한 존재다. 한국은 여러 북한 의제를 마주하고 있지만 이들의 파생 원인은 북한 권력의 속성이라는 단순한 요인이다. 냉전기 구(舊)소련과 그 위성국가들, 중국, 베트남 등 여타 사회주의 국가들에 비해 북한 체제가 다르고 특별한 이유는 같은 전제주의(專制主義·despotism) 정치를 펴더라도 그 전제성이 극단적이기 때문이다. 권력은 교체되지 않고 대물림될 뿐이다. 북한 체제의 수립과 유지, 그리고 그 궁극적인 종말은 김씨 가문통치의 명멸과 동일한 운명을 지닌다.

이러한 북한 정권을 상대로 대북정책을 펴는 한국 정부는 '조급함'의 유혹에 빠지기 쉽다. 북한 정권이 원하는 남북 합의는 쉽고 빠르다는 점에서 달콤한 유혹과도 같다. 뭔가 성과는 내야 하는데 국민에게 가시적으로 보여줄 수 있는 가장 큰 결과가 남북 정상회담으로 간주되곤 했다. 앞서 분석한 일련의 6자회담도 회담이 열리기만 하면 그 내용에 관계없이 북핵문제와 남북관계가 진전되는 것으로 인과관계가 설정된 것이 문제였다.

2019년까지 다섯 차례의 남북 정상 회동이 있었고 이 중 네 차례의 공동합의문이 도출됐다. 6자회담은 5년 동안 아홉 차례 열리면서 세 개의 합의문을 남겼다. 이제까지 북한과 합의한 대로 잘 이행됐더라면 북한 핵문제는 진즉 풀렸어야 하고 남과 북은 서로 자유롭게 오가며 교류하고 있어야 한다. 북한 정권은 정권을 보위하는 엘리트 그룹 이외 주민의 생명과 안위에는 무관심하다. 북한의 외교는 정권이 권력을 지키는 데 필요한 정치 경제적 자원을 확보하는 수단일 뿐이다.

이러한 북한을 상대로 한국이 원하는 것을 합의하는 것은 지난(至難)한 과제다. 북한이 무력 도발을 해오면 응징하기보다는 달래고 지원하는 방법으로 한시적인 평화를 얻으려 한 적이 많았다. 북한의 도발에 굴복하면 남북 간에 어떠한 정치적 합의가 나올지 모르지만 결국 평화와 남북관계 모두 훼손된다는 것을 확인했다. 일회성 이산가족 상봉에 많은 것을 양보했지만 남북 교류와 왕래는 결코 정례화되지 못했다. 대북정책의 성공 요인은 일관성과 끈기다. 임기 내에 북한과 꼭 회담을 하지 않아도 좋다는 용기와 배짱이 필요하다.

남북관계에 국민의 감성주의와 민족주의를 결부하면 성급한 회담과 불리한 합의문으로 귀결된 이제까지의 결과가 반복될 것이다. 북한이 이야기하는 '자주'는 미국이 배제되고 혼자 남은 한국을 뜻한다. 북한이 강조하는 '민족'은 북한에서는 정권 엘리트 세력을, 남한에서는 사회주의 혁명에 동조하는 동지 세력을 지칭한다. 네 건의 남북 정상회담 합의문은 모두 북한의 이러한 용어와 주장을 담고 있다.

대북정책의 요체는 북한의 변화를 촉진하는 것이다. 이러한 목표에 부합하는 대북정책이 가장 좋은 통일정책이기도 하다. 상대방을 변화시키려면 우선 나 자신의 안보를 튼튼히 하고 내부적으로 단합

그들은 왜 정답이 있어도 논쟁하는가

해야 한다. 한국이 덩달아 핵을 가지지 않더라도 북한 핵을 쓸모없게 만들 억지태세는 마음먹기에 따라 충분히 구비할 수 있다. 한국 사회의 이념 분열과 북한 사회의 감시체제를 극복하고 해소하는 문제는 곧 자유민주주의 가치를 한반도에 뿌리내리는 과제와 맥을 같이한다.

한국 정치에서 북한 문제는 더 이상 선거용 국면에 활용될 만큼 자극적이거나 흥미로운 주제가 아니다. 이미 여러 번 자극적인 용어가 담긴 합의를 했지만 그 결과가 어떤지 확인했다. 북한 정권은 당장 변화시키기 어렵지만 북한 사회는 변화시킬 방도가 많다. 한국 정부의 의지 문제일 뿐이다. 외교적으로 힘을 모으면 그 효과는 배가된다. 한국은 시행착오를 겪더라도 정권이 계속 바뀌면서 앞으로 나아갈 수 있다. 북한은 정권이 한 번만 바뀌면 그것으로 체제가 끝난다. 통일은 우리 국민이 받거나 내칠 수 있는 선택사항이 아니다. 늘 깨어 있으면서 대비해야 한다.

78. 용천 참사와 북한 주민의 인권

2004년 4월 22일 북한 평안북도 용천군 용천역에서 발생한 폭발 참사는 역대 세계의 어느 대형 열차 사고보다 큰 희생과 손실을 가져올 것으로 보인다. 인명피해상으로는 1981년 6월 6일 인도 비하르(Bihār) 지역에서의 다리 붕괴와 열차 추락으로 800명이 사망한 사건이 최대의 열차 사고로 기록돼 있다.

이번 용천 사태는 사고 후 열흘째인 현재까지 200명 이내의 인명 피해를 기록하고 있지만 1,850가구의 가옥이 파괴되면서 매몰 내지 실종된 사람들의 희생이 잇따를 것이다. 또 1,300여 명의 부상자들 중 위독한 환자가 다수 포함돼 있어 더욱 심각한 후속 피해 요인이 도사리고 있다. 수천 명이 화학약품에 노출되면서 후유증이 수년간 계속될 수도 있고 사고 지역의 불결한 식수와 열악한 임시주거 환경으로 인해 전염병이 번질 가능성도 배제할 수 없다.

이러한 사태를 슬퍼하며 구호지원에 적극 동참함으로써 추가적인 피해를 줄이고 시설 복구에 도움을 주는 것은 당연하고도 필요한 일이다. 이러한 인도주의적 대응에 더해 이번 사태가 가져올 북한 내부의 파장 및 한국이 당면한 북한 핵문제와 남북관계의 향방에 대해 진단해볼 필요가 있다. 우리의 대북정책은 동포애로부터 비롯된 감성주의와 한국의 안보전략에서 기인한 이성주의를 적절히 조화시키는 데그 덕목이 있기 때문이다.

북한 당국은 사고의 규모와 피해의 심각성에 비추어 이례적으로 신속하게 국제사회에 도움을 청했지만 수습 과정에서 주민들의 결속이 와해되고 체제 불안이 노출되는 것을 경계하는 모습을 보이고 있다. 4월 27일 개성에서 열린 남북한 간 구호회담에서 북한이 제시해온 요청품목만 보더라도 시멘트, 불도저, 디젤유 등 1차적인 응급대책용이라기보다는 2차적인 시설 복구 작업에 관련된 것들이다. 평양 순안공항, 평북 용암포 등 관문을 개방하는 제안을 일축했고, 북측 주민들과의 접촉이 가능한 남측의 인력지원 제안에 대해서도 "인력이 충분하다"며 거절했다. 육로와 항공 운송이 불가능해졌으니 구호물자는 꼬박 이틀이 넘게 걸리는 선박 운송을 통해 전해질 수밖에 없게됐다.

그들은 왜 정답이 있어도 논쟁하는가

이번 용천 사고의 원인은 단순한 실수나 우발사고로 치부할 수 없는 열악한 사회간접자본과 수송체계에 근거하고 있다는 점에 주목해야 한다. 김정일 국방위원장은 그러한 문제점을 이미 직시하고 개혁·개방의 절대적 필요성을 어떻게 충족시켜 나가야 할지 물으러 베이징에 다녀온 길이었는지도 모른다.

그리고 하필 그러한 전환점의 시기에 용천이라는 철도·육상·해상 운수(運輸)의 요지에 사고가 발생함으로써 대륙으로의 수송망이 마비되고 추진하려던 경제개혁 속도에도 제동이 걸렸다는 점은 분명히 유감스러운 일이다. 그러나 반대로 생각하면 이만큼 크고 충격적인 악재로 말미암아 북한 지도부가 북한 사회 내부의 문제점을 더욱 절감하고 보다 실질적인 개혁 방안을 모색하는 계기가 된다면 어떨까. 개혁이 불가피하게 동반할 체제 노출 가능성에 대한 지나친 염려와 집착이 더 이상의 구실이 되기에는 너무 늦었다는 인식을 가져야 할 때다.

국제사회의 잇따른 대북 지원은 북한의 그러한 인식 변화를 도모하는 데 기여해야 한다. 주요 국가들을 비롯해 UN아동기금(UNICEF)·UN개발계획(UNDP)·세계보건기구(WHO)·국제적십자연맹(IFRC) 등의 국제기구들이 제공하는 물적·인적 지원 활동이 비정치적인 차원에서 순수하게 이뤄지도록 하여 평양 당국의 경계심을 완화시켜야 한다.

특히 미국이 현금 10만 달러와 의료 활동을 순수한 인도적 견지에서 지원하겠다는 의사를 밝힘에 따라 핵문제로 장기간 대치 상태에 있는 미·북 관계가 완화될 수 있다는 기대 섞인 전망도 나오고 있다.

한국 정부는 남북 교류의 지속과 한반도 평화정착이 북한의 핵 포기를 기점으로 비로소 궤도에 오를 수 있음을 북한 측에 계속 확인시켜야 한다.

인권 문제의 사각지대(死角地帶)로 남아 있는 북한에 지금 넘쳐들고 있는 인도주의적 지원이 북한 정권의 세계관에 조금이라도 영향을 줄 수 있을까. 이제 북한의 깨달음에 달렸다.

(서울경제신문 2004년 5월 1일자 칼럼원고를 수정함)

79. 남북 장성급 회담, 기대와 우려

2004년 5월 26일 북한 금강산초대소에서 열린 남북 장성급 회담은 양측의 장성급 군인들이 2000년 국방장관회담 이후 처음으로 마주한 자리였다. 한반도의 군사신뢰 구축 진작을 위해 운을 뗀 이번 만남은 6월 3일 설악산 지역에서의 2차 회담 개최를 약속함에 따라, 남북 간 정치(장관급 회담)·경제(경제협력추진위) 채널에 이어 군사대화 역시 제도화할 수 있을 것이라는 기대를 갖게 한다.

이번 장성급 회담의 주요 의제로 다뤄진 꽃게잡이철 서해상에서의 우발적 무력 충돌을 예방하는 문제는 제1연평해전(1999년)과 제2연평해전(2002년)[43]과 같은 불행한 사태를 반복하지 않게 하고 남북한 간

---

43 북한은 6.25전쟁 휴전 이래 2019년 현재까지 세 차례에 걸쳐 서해교전을 일으켰다. 김대중 정부 들어 1999년 6월 15일 첫 NLL 도발(제1연평해전)이 발생했고 한국 해군은 이를 격퇴했다. 북한은 3년 뒤인 2002년 6월 29일 재차 NLL 침범에 이은 선제공격을 가해왔고(제2연평해전), 느슨해진 교전수칙으로 방어태

구체적인 평화공존 장치를 모색하는 데 그 취지가 있다.

하지만 북측 대표단은 서해상에 북방한계선(NLL)이 아닌 '서해 5도 통항질서'라는 선을 긋고 이 속에 남북 양측의 경비정이 진입하지 않는 방안을 거론해 NLL의 무력화 의도를 여전히 드러냈다. 6.15 공동 선언의 원칙을 들어 전방에 설치된 확성기와 전광판을 제거해달라는 북측의 주장은 앞으로의 후속 회담이 군사회담이 아니라 정치 대화로 변질될 수도 있다는 점을 경계하게 한다.

우리가 북한과의 군사대화에 임할 때 가장 신경 써야 할 부분은 북한이 유화적인 태도와 평화 분위기만 조성하고 실질적인 합의에 인색하거나, 아니면 기존 대남 군사정책의 큰 밑그림을 '은연중' 관철시키려는 이중적 전략을 구사할 가능성이다.

앞으로 남북 군사회담은 상호 무력 충돌을 막는 장치를 실질적으로 보장하는 데 우선적 노력을 기울여야 한다. 5월 26일 우리가 제안한 남북 서해함대사령부 간 직통전화 설치나 경비함정 간 공용주파수 설정 교환 같은 작지만 구체적인 내용이 실천에 옮겨지기 시작할 때 더 크고 근본적인 문제도 논의할 분위기가 만들어질 것이다.

북한의 핵 개발 의혹이 남아 있는 한, 한반도의 어떠한 군사신뢰 장치도 그 권위를 인정받기 힘들다. 6자회담 진행 과정에 남북 간 군

세를 충분히 갖추지 못한 아측 해군은 6명이 전사하고 16명이 부상을 입었다. 이명박 정부 들어 2009년 11월 10일 북한은 아측 서해상 방어태세를 재차 시험하려 들었으나(대청해전) 한국 해군의 단호한 대응으로 완패하고 도주했다. 다음 해인 2010년 3월 26일 북한이 한국 해군과의 해상 교전을 피해 잠수함 어뢰 공격으로 보복을 가해온 것이 천안함 폭침 사건이다.

사대화가 일정 성과를 이뤄낸다면 상황의 안정적 관리와 대화 통로의 활성화라는 '공로' 차원에서 한국의 역할은 국제적으로 인정받게 될 것이다. 반대로 핵 갈등이 장기화되고 오히려 악화된다면, 그런데도 남북 군사대화가 의미 없는 공전(空轉)을 반복한다면 한국 정부의 대북 대화는 본질을 외면한 형식 논리에 집착하는 결과를 초래할 것이다.

남북 군사대화는 이제 막 시작된 한미동맹의 조정 문제와도 연결지어 추진해야 한다. 주한미군의 규모가 줄고 후방으로 이동하는 변화를 한국은 대북 위협 억지 기능의 위축으로 간주하는 데 반해, 북한은 이를 오히려 한·미가 담합하여 피해의 전선(戰線)을 뒤로 돌리고 선제공격을 쉽게 하기 위한 음모라고 비판한다.

북한과 함께하는 평화와 번영을 이루겠다는 한국과, 이라크 문제에 골몰하고 있는 미국이 북한을 공격할 이유가 없음은 북한이 오히려 잘 알 것이다. 주한미군의 재배치와 한미동맹의 조정 방향은 한국 스스로의 필요성에 따른, 우리의 현실적 능력과 여건에 부합하는, 그래서 국가의 전략적 안보이익을 충실하게 반영할 수 있도록 설계돼야 한다. 그러한 한국의 입장을 북한이 올바로 이해하여 정략적 걸림돌로 삼지 않도록 의연한 태도를 가져야 할 것이다.

남북 군사대화는 그 자체가 목적이 아니라 남북 간 평화정착과 '올바른' 통일로 가는 주춧돌이 돼야 한다. 주춧돌은 여의치 않을 경우 나중에 놓을 수 있지만 일단 놓으려면 신중하게 올바로 놓아야 한다.

(문화일보, 2004년 5월 28일자 칼럼원고를 수정함)

80. 빗나간 대북 경협과 통일 비용의 등식

북핵문제의 해결 기미는 여전히 불투명한 가운데, 대북 경제협력에 대한 우리 정부의 실천의지는 확고하다. 1989년 방북 인사를 집계하기 시작한 이래 2005년 11월 현재까지 북한을 다녀온 사람이 14만 명을 넘어섰다. 노무현 정부 들어 매년 50만의 식량, 30만t 이상의 비료를 무상으로 북한에 제공하고 있다. 식량만 따져도 매년 6,000억 원어치에 달한다. 남북 교역 규모는 올해 처음으로 10억 달러를 돌파할 것으로 보인다. 덕분에 북한은 국제 무역에서 한국을 상대로 유일하게 흑자를 거두고 있다. 뿐만 아니라 한국 정부는 앞으로 에너지, 물류, 운송 등 다방면에 걸친 '북방 경협사업'의 추진계획을 추가로 입안 중에 있다.

말이 경제협력이지 사실은 일방적 지원이나 다름없는 대북 경협사업을 감당하자니 엄청난 돈이 필요하다. 그래서 최근 통일부가 갑자기 검토하기 시작한 것이 '남북 협력공사'의 설립이다. 정부가 직접 재원을 조달하는 것이 명분상 쉽지 않으니 공사(公社)가 나서라는 얘기이나, 이 역시 국민 부담으로 돌아올 것이며 중간에 또 다른 브로커가 들어서는 꼴에 불과하다. 외국의 어느 누구도 북한에 투자하지 않는 현실에서 국제 금융기구의 차관을 끌어들이거나 아니면 국가가 빚을 내어서라도 경협사업을 확대하겠다면 결국 그 부담을 후대 젊은이들에게 지우는 꼴이 될 것이다.

정부의 대북 경협정책을 위협할 수 있는 가장 큰 폭발력은 북한 핵문제에 있다. 그런데 우리 정부는 북한 핵문제는 결국에 가서는 깨끗하게 해결될 것을 가정해두고 대북 경협의 완결판 시나리오를 미리 짜고 있는 것이다. 북한 핵문제가 풀려 나가지 않고 남북관계가 경색될 경우 대북 경제정책을 어떻게 조절할지 전혀 대비가 없다.

또 지금 추진하는 경협도 북한 정권이 원하는 대로 지원하고 북한과의 접촉을 활성화하는 일에 골몰할 뿐, 지원한 쌀이 군대로 가지 않고 배고파하는 주민들에게 온전하게 전달되는지, 남북 경협이 북한의 개혁과 개방을 촉진하는지에 대한 진지한 분석은 이루어지지 않고 있는 실정이다.

정부가 2005년 연말 기준으로 편성해둔 남북 협력기금의 사용계획을 보면 총 5조 5,801억 원 중 2조 원 이상이 북한의 단순 생계유지에 도움을 주는 식량, 비료 지원에 충당될 예정이다. 건전치 못한 편성이다. 대북 전략의 핵심 목표인 북한의 개방과 변화를 촉진하는 경협정책과는 거리가 멀어 보인다.

북한이 달라고 하면 주고 필요 없다고 하면 걱정하는, 그래서 주면서도 상대방 눈치를 살피는 이상한 모양새의 대북 지원이 장기화된 지 오래다. 이러한 행태를 비판할 때마다 우리 정부가 북한에 대한 대규모 경제지원을 정당화하면서 내세우는 논리는 두 가지다.

첫째, 대북 지원을 평화유지 비용으로 이해해달라는 것이다. 북한을 돕고 달래어 우호적 분위기를 이어가고 있기 때문에 한반도에서 무력 충돌도, 전쟁도 막을 수 있다는 것이다. 한국이 경제지원을 아끼지 않으니 북한 지도부의 대남 적대감이 완화된다는 가설인데, 낭설에 불과하다. 북한 정권은 한·미 연합전력과 싸워 이길 수 없다고 믿기 때문에 정치선전 공세로 돌아선 것일 뿐, 그들이 품고 있는 남한 체제에 대한 반감과 공격욕구는 여전하다.

둘째, 차후에 어차피 지출할 통일 비용의 상당 액수를 지금 미리 지출하여 북한의 자생력을 갖춰놓으면 결국 통일 비용의 전체 규모를 경감하는 효과를 본다는 주장이다. 하지만 북한 경제가 남한처럼 시장경제로 가려면 개방정책을 택해야 하는데, 받는 대신 변화를 택하라는 상호주의 원칙은 이미 대북정책에서 실종된 지 오래 아닌가.

대북관계에서 가장 어려운 군사신뢰 구축을 간단하게 보고 남북 경협을 구상해서는 안 될 일이다. 무작정 주고 상대방이 바뀔 기다리는 태도로 북한을 상대한다면, 정치신뢰는커녕 경제교류도 제대로 쌓아가기 힘들 것이다.

(세계일보 2005년 11월 10일자 칼럼원고를 수정함)

81. 빠른 통일보다 바른 통일이 중요하다

이종석 선배 축하드립니다. 자신의 전공 분야를 다루는 정부기관의 최고의 장(長)이 된다는 것은 영광된 일임과 동시에, 평소의 포부를 한껏 펼쳐볼 기회를 부여받은 셈이기도 하니 기분 좋은 일이 아니고 무엇이겠습니까.

통일부는 국가와 민족의 중차대한 과제를 다루는 곳이라 안 그래도 세간의 주목을 받는 기관인데, 현 정부의 실세로 통하는 이 선배님이 오신다니 직원들은 부담이 되면서도 나름대로 기대가 클 것입니다. 이 선배가 졸업한 대학에서 학생을 가르치는 학계 후배로서, 이 선배가 앞으로 통일부 장관으로서 염두에 두십사 몇 마디 올리고자 합니다.

우선 실세의 처신에 관한 문제입니다. 많은 사람들이 걱정하더군요. 숨어서 보좌하던 사람이 직접 통솔하고 책임져야 할 자리에 나와 제대로 할 수 있겠냐고, 또 통일부 장관이 국가안전보장회의(NSC) 상임위원장을 겸하게 돼 있는 현 체제에서 한참씩 연장자인 다른 부처의 수장(首長)들을 통솔할 수 있겠냐고. 그러나 저는 이 점에 대해 전혀 걱정하지 않습니다. 이 선배의 상황 판단 능력과 특유의 친화력이 계속 발휘되어 통일부 안에서의, 그리고 여타 정부기관과의 협조에 아무런 문제가 없을 것입니다.

오히려 제가 걱정하는 것은 사람들이 이 선배를 너무 무서워하여 자신의 소신을 죽이고 통일부 장관의 소신만 좇으면 어쩌나 하는 것이죠. 국가경영에 좋은 사람 데려다 쓰는 것이 제일 중요하다지만, 현 정부는 사람 챙기는 일에 더욱 골몰하다 보니 조직이 휘청거릴 정도입니다. NSC에 이 선배가 들어가실 때 그 조직이 엄청나게 확대 되더니, 이제 나오시려 하니 청와대 안보정책실로 개편·축소되더군요.

북한 문제가 한국 외교안보의 많은 부분을 차지하고 있기는 하지만, 복잡한 21세기를 헤쳐가려면 다양한 이슈를 균형 있는 관점에서 바라봐야 합니다. 부디 널리 경청하는 장관님이 되셨으면 합니다.

그리고 대북정책 문제입니다. 이전의 통일부 장관들은 북한을 너무 잘 알아서건 아니면 너무 몰라서건, 남북관계를 빠른 시일 내에 발전시켜야겠다는 집착이 너무 강했던 것 같습니다. 남북한 관계의 협력 틀에 북한 사회를 은연중 끌어들여 개혁·개방의 숨결을 불어넣

그들은 왜 정답이 있어도 논쟁하는가

는 일에 물론 동조합니다. 그런데 북한 정권의 핵 고집이 트집 수준으로 번지고 있는데도 이를 비판하는 미국을 훈계하고 북한의 눈치를 보는 대목에 가서는 어이가 없더군요.

북한을 북한 내부 작동원리의 관점에서 이해하는 '내재적 접근'의 대가이신 이 선배께 부탁드립니다. 올바른 남북관계를 지향하려면 북한 당국이 무엇을 생각하고 원하는지 분명히 이해해야겠지만, 우리의 대북정책까지 북한의 뜻에 좌우되어서는 안 될 것입니다.

지금 우리의 외교가 불안하다고들 하는 말을 제가 전하면 선배님은 아마 부인하실지도 모릅니다. 그간 얼마나 노력하여 한미관계 조정, 한중관계 심화, 남북 화해기조 유지의 성과를 이뤘는데 그런 험담을 하는가 하실지 모릅니다.

하지만 여태까지 이 선배께 올라온 정세 보고 자료는 대개가 이 선배의 취향에 맞게 몇 차례에 걸쳐 윤색된 것이라고 보시면 됩니다. 제가 외교안보연구원 근무 시절 직접 써봐서 압니다. 아니면 보고자 자신의 대북관 내지 국제정세관이 이미 이 선배의 판단 기준에 맞게끔 내재화되었는지도 모르지요.

지금 분명히 말씀드릴 수 있는 것은 우리 한국과 미국의 관계가 굉장히 좋지 않다는 것입니다. 그리고 이는 순전히 북한 문제에서 비롯되고 있습니다. 북한을 진단하는 내용은 같은데 처방이 다르다는 것이죠. 외과수술로 도려내기만 하면 된다는 믿음도 위험하지만, 보약만 계속 거둬 먹이면 낫겠거니 감싸기만 하는 것도 무책임합니다.

제가 보기에 우리 국민은 바른 통일을 원할 뿐, 무리해서 추진하는 빠르기만 한 통일을 원치 않습니다. 부디 유념해주시면 감사하겠습니다.

(조선일보 2006년 1월 4일자 칼럼원고를 수정함)

82. 이젠 북 돌발사태 관리 나설 때

국제사회는 지금 북한의 핵실험 여부를 놓고 그야말로 불난 호떡집이 되었다. 한국인들은 가족끼리 모여 앉아 한가위 상을 차려놓고 덕담을 주고받는 대신 불안한 정세를 지켜봐야 했다. 북한 핵문제는 도대체 언제까지, 그리고 얼마나 더 한국에 두통거리가 될 것인가. 그리고 이 모든 진행 상황은 우리가 감당해야 할 필연인가, 아니면 한국 스스로가 자초한 외교 실패의 산물인가.

북한 사회를 다스리는 군부정권의 지상과업은 자신의 정권을 지키는 일이다. 정권을 지탱하기 위한 결속물이 곧 핵무장이며, 따라서 그들에게 핵은 국제사회의 어떠한 보상책과도 맞바꿀 수 없는 생명줄이다. 이를 직시하지 못한 우리 정부의 책임을 우선 지적해야 한다.

1994년의 미·북 제네바합의와 2005년 9월 19일의 6자 공동성명은 북한이 건국 이후 줄기차게 추진해온 핵 보유 정책의 와중에 일시적으로 보인 유화적 타협책에 불과할 뿐, 북한은 1962년 영변에 원자력연구소를 설치한 이래 단 하루도 핵 프로그램을 중단한 일이 없다.

북한의 가문통치가 빚은 주체사상은 여타 사회주의 국가와는 비교도 되지 않을 만큼 철저한 배타성을 근거로 한다. 시대착오적인 경제구조를 타파하려면 체제를 개방해야 하지만 정권 안보에 추호도 위험요인을 가져와서는 안 된다는 집착이 핵무기에 대한 집착을 풀지 못하게 한다. 잔인한 수준의 빈곤과 탄압에 시달리는 북한 주민이 세계의 눈에는 불가사의한 현실일지라도 북한의 소수 권력계층으로서는 그다지 두려워해야 할 부담은 아니다. 한국의 햇볕정책 추진가들은 이런 상대를 놓고 군사 문제는 경제지원으로 풀어야 한다며 아무런 조건도 없이 돈과 물자를 지원해왔다.

북한에 핵 프로그램이 있다는 주장은 조작설일 수 있으니 검증돼야 한다는 주장이 우리 사회에 팽배했던 적이 있다. 지난해(2005년) 2월 당사자인 북한 자신이 이미 핵보유국임을 선언하자 이번에는 협상의 값어치를 올리기 위한 방어 전략이라며 대북 포용이 오히려 강화돼야 타협의 길이 열린다는 주장이 공론화됐다. 이런 인식은 우리 지도자와 정부의 주도하에 국민을 집요하게 파고들었다. 협약을 맺고 지원해주면 북한은 시간을 벌고 핵무장을 진전시켜온 12년의 악순환 고리가 이제 그 마지막 파국에 이르려 하고 있다. 북한이 핵실험을 하면[44] 이제는 전쟁부터 막아야 하니 계속 평양을 달래고 지원해야 한다고 할 것인가.

북한 핵문제는 진작부터 협상으로 해결할 수 있는 사안이 아니었다. 따라서 우리 외교는 북한 정권의 생각이 아니라면 태도라도 바꾸도록, 그리하여 종국에는 억지로라도 선택을 바꾸도록 노력했어야 했다. 북한에 대한 인도적 지원도 경제교류도 이러한 전략 목표에 충실했어야 했다. 북한의 핵무장에 대한 집착은 국제사회의 어떠한 외교

---

[44] 북한은 이 글이 동아일보 칼럼에 게재된 2006년 10월 9일 오전 10시 36분, 조선노동당 창건 61주년 기념일을 하루 앞두고 첫 핵실험을 실시했다.

적 노력도 무산시킬 만큼 무모하지만 한국 정부의 그릇된 대응이 문제를 악화시키는 데 기여했고 결과적으로는 한국이 취할 수 있는 선택의 폭을 축소시켰다. 현재의 북한 지도부는 정권 붕괴의 마지막 순간까지 결코 핵무기를 버리지 않을 것이다.

이제 한국 외교의 목표는 북핵 해결이 아니라 북한 문제로 인한 돌발 사태를 예방하고 관리하는 것이어야 한다. 이번 주에 일본(10월 9일), 중국(10월 13일)과 정상회담을 한다고 해서 북한의 태도가 바뀔 리 만무하다. 모든 나라가 '북핵 불용' 원칙에 동의하면서도 자국의 이익에 맞도록 조금씩 서로 다른 북한 정책을 구사한다.

중국은 북한 정권이 붕괴돼 한미동맹의 손에 들어가게 되는 사태를 막는 데 심혈을 기울일 것이며, 일본은 북한 문제를 계기로 자위대의 역할 확대에 박차를 가할 것이다. 미국은 전쟁을 제외한 모든 가능한 방법을 동원해서 북한을 고립시키려 하되 최후의 해결책은 중국과의 담판을 통해 찾을 것이다.

우리의 운명을 지켜줄 자는 곧 우리뿐이다. 그리고 한국의 뜻에 맞게 필요한 시점에 강력한 힘을 행사할 수 있는 나라는 결국 미국이다. 민족공조와 자주국방의 주술에서 한시라도 빨리 깨어나는 것만이 지금부터의 본격적인 북한 문제를 헤쳐가는 지름길이 될 것이다.

(동아일보 2006년 10월 9일자 칼럼원고를 수정함)

83. 대북정책, 백지에서 다시 시작하라

그렇게 놀랄 일인가. 북한의 핵실험이 이렇게까지 전격적으로 단행될

그들은 왜 정답이 있어도 논쟁하는가

줄 미처 예상치 못했다면 그간 북한 정권을 몰라도 너무 몰랐다는 얘기가 된다. 10월 3일 있었던 북한의 핵실험 예고는 국제사회의 시선을 집중시켜 '거사(巨事)'의 정치적 효과를 극대화하려는 뜻이었을 뿐 이미 하기로 마음먹은 핵 국가 선포의 의식(儀式)은 기정사실화된 일이었다.

김정일 국방위원장의 노동당 총비서 추대 9주년을 하루 넘기고 노동당 창건 61주년을 하루 앞둔 징검다리 휴일인 10월 9일을 택한 점은 핵실험을 통한 핵 국가로의 등극이 북한 내부적으로도 크나큰 상징성을 지니고 있음을 뜻한다.

한반도의 앞날은 어디로 갈 것이며 한국은 무엇을 어떻게 해야 하는가. 이제 더는 북한의 핵 프로그램을 북한 정권의 대외 협상용 카드로 치부하지 말자. 김 위원장과 군부의 마음속엔 애초에 협상이란 존재하지도 않았고, 북한이 핵 능력을 실제로 과시한 상황에서는 다른 국가들이 북한에 제시할 협상안도 있을 수 없게 되었다. 북한은 앞으로 미국을 향해 자신을 어엿한 핵 국가로 대접해줄 것과 필요한 얘기가 있으면 주권국가끼리 동등하게 상호주의 원칙에 따라 논의하자는 논리를 펼 것이다. 군사 문제는 자신의 핵 폐기가 아닌 한미동맹 와해를 겨냥한 상호 군축(軍縮)으로 몰고 가려 할 것이다.

미국이 주도할 것으로 예상되는 UN 차원의 각종 조치는 강도 높은 성토와 경고의 메시지를 포함하겠으나, 대북 군사조치를 시사하는 UN헌장 7장을 당장 동원하기는 힘들 것이다. 북한이 소비하는 모든 석유와 상당한 식량을 공급해온 중국이 갑자기 이러한 지원을 철회하지는 않을 것이다. 북한에 대해 화가 나고 실망한 것과 북한 체제를 버리는 문제는 서로 차원이 다르다. 중국은 한반도에 대한 자신의 이익을 지키기 위해 북한 정권을 보호하려 할 것이다. 일본의 격앙된 대응은 북한 경제에 타격을 주기보다는 한국 민족주의자들의 경계심을 살 가능성이 더 크다.

한국의 국가안전보장회의(NSC)가 어제 발표한 성명을 보면, 북한 핵 위협의 직접적 당사자로서의 분노와 북한에 대한 질책이 엿보인다. 그러나 현 사태를 예방하지 못하고 북한이 주도하는 남북 대화에 끌려다니기만 한 정부로서 무엇이 잘못되었고 어떻게 고쳐가겠다는 반성과 각오는 전혀 느껴지지 않는다. "여야 지도자들과 사회 지도층의 의견을 폭넓게 수렴하면서 국내외적으로 조율된 조치를 취하겠다"는 인식은 작금의 안보 비상사태에 비추어 안이하기만 하다.

이러한 모든 정황을 미리 짐작한 김 위원장이라면 승부수를 쉽사리 결정할 수 있었을 것이다. 어차피 지속해온 고난의 행군을 밀어붙여 핵 국가의 지위만 기정사실화하면 결국 제아무리 미국이라 해도 한반도의 새로운 현실을 묵인할 수밖에 없으리라는 판단이 섰을 것이다.

하지만 북한의 행보가 국제적 고립을 돌파하게 될지, 아니면 정권의 몰락을 오히려 재촉하는 악수(惡手)가 될지는 아직 불투명하다. 핵 확산 방지 문제가 지구촌의 최대 화두로 떠오른 21세기에 북한을 제2의 파키스탄으로 인정하려 할 강대국은 아무도 없기 때문이다.

한국은 6.25전쟁을 겪고 잿더미에서 나라를 일으킨 이래 최대의 갈림길에 봉착했다. 북한의 핵 도발을 이대로 방치할 경우 이성적인 대북정책은 고사하고 자유민주 통일의 토대를 다지는 외교 네트워크의 구축도 어려워진다. 정부는 모든 대북사업을 전면 중단하고 대북정책을 원점에서 재검토해야 한다. 여론에 묻는 척하며 국론을 분열시키지 말고 한국이 보유한 북한에 대한 경제, 외교적 지렛대를 이제부터라도 행사해야 한다. 그것이 한국의 안전을 지키고 결국은 헐벗은 북한 주민을 구하는 길이다. 북한이 핵무장 했으니 우리도 그래야 한다는 우국충정은 도리어 한국을 국제사회에서 고립시키는 자충수임을 기억해야 한다.

어디까지나 재래식 무기의 사용을 전제로 한 한국의 '국방개혁 2020'이 이미 무용지물이 된 마당에 아직도 전시작전통제권의 단독행사를 당연히 추진해야 할 사안이라고 강변한다면 이는 국가안보를 포기하는 것과도 같은 정신 나간 소리가 될 것이다. 10월 20일 개최될 한미연례안보협의회(SCM)는 한미연합사의 해체를 논의하는 자리가 아니라 대북 핵 억지 군사태세를 구축하기 위한 동맹 정비의 계기가 되어야 한다. 미국의 이해가 우리의 이해와 다르다면 설득하고 관철해야 한다. 동맹끼리 추구하는 가치와 전략 목표가 같다면 얼마든지 같이 갈 수 있다.

대북 포용정책이 겨냥했던 통일의 느림보 시계는 어제를 기해 멎었고, 지금은 예상했던 것보다도 훨씬 빠른 격동의 시계가 막 작동하기 시작했다. 역사의 시계가 대한민국의 운명을 삼켜버릴지, 아니면 다시 시계의 초침을 우리 스스로 통제할 수 있을지는 지도자들의 냉정한 판단과 위기관리 능력에 달렸다.

(동아일보 2006년 10월 10일자 칼럼원고를 수정함)

84. 앞뒤 어긋난 북한의 신년 구상

2007년 새해를 맞아 북한도 한 해의 포부를 밝혔다. 1월 1일 노동신문·조선인민군·청년전위의 3대 기관지에 공동으로 실은 '승리의 신심 높이 선군(先軍) 조선의 일대 전성기를 떨쳐나가자'는 제목의 사설을 통해서다. 그 주요 내용을 들여다보면 정치·군사·경제 문제에 관한 평양 지도부의 입장을 재차 확인할 수 있다. 하지만 내용들이 서로 모순을 드러내고 있어 북한 사회의 앞날에 대한 어떠한 희망과 비전도 읽을 수 없다.

경제강국 건설을 '현 시기 우리 혁명과 사회 발전의 절박한 요구'로 규정한 대목에서 경제난 타파에 대한 경각심이 배어나온다. 핵실험 이후 국방 문제는 한숨 놓았지만 이로 인해 국제사회로부터의 제재와 압박이 가중돼 극심한 경제난이 이어질 것을 의식한 것이다. 과학영농을 통해 먹는 문제를 해결하고 경공업 혁명을 비롯하여 전력·석탄·금속·철도운수의 인민경제 4대 선행부문 발전을 이루겠다고 하지만, 이에 필요한 자본과 기술은 어디에서 구할 것인가.

한국과 중국의 대북 물자 지원은 북한을 연명시키는 데 도움은 되겠지만 북한 경제를 구조적으로 개선시켜 '경제강국'으로 이끌기에는 한계가 있다. 북한은 핵무기를 포기해야만 제대로 된 경제해법을 찾을 수 있다. 선군정치 위주의 외교노선 아래서는 어떠한 경제해법도 미봉책에 불과하다. 북한으로서는 2006년이 핵실험으로 인한 '긍지 높은 한 해'겠지만, 나라 살림을 긍지만으로 꾸려나갈 수는 없다. 북한 주민들은 배고픔의 고통에서 벗어나 최소한의 인간적인 생활을

그들은 왜 정답이 있어도 논쟁하는가

누리기를 갈망하고 있다. 이는 경제를 선군정치의 예속에서 해방시킬 때에만 가능하다.

한국의 대선 정국을 언급하며 훈계하는 대목은 당돌하기까지 하다. '매국적인 친미반동 보수세력'을 매장하기 위한 투쟁을 힘 있게 벌여나가야 한다는 말로 미루어 북한 정권은 그들이 원하는 정당과 대통령을 밀기 위해 팔을 걷어붙일 모양이다. 정권이 바뀌면 햇볕정책이 중단될 것을 두려워할 게 아니라, 북한 정권 스스로가 안보위협을 거두어 제대로 된 대북 포용의 분위기가 한국에 조성되도록 하면 될 일이다.

미사일과 핵을 실험하면서도 주권국가의 행동에 간섭하지 말라는 북한 정권이다. 그런데 한국이 한국의 이익을 위해 펴는 동맹외교는 어찌하여 반민족적인 선택이 되는가. 민족끼리 서로 부둥켜안고 급변하는 국제정세 속에서 함께 고립되고 말자는 북한의 신년사는 자가당착의 메시지와 다를 바 없다.

한국 통일부 장관의 신년사 역시 허공을 맴돌기는 마찬가지다. 북한의 빈곤 문제 해결을 위해 대북 지원사업을 활성화할 필요도 있을 것이다. 그러나 그동안 현금과 물자를 무분별하게 제공해온 우리 정부도 결코 북한 핵실험 사태의 책임으로부터 자유롭지 못하다. 핵보유국 지위를 기정사실화하며 기세를 부리는 북한에 대해 핵문제의 엄중함을 제대로 짚지도 않은 채 남북 경제협력 사업의 발전 방향을 모색하겠다는 정부의 입장은 허황되기만 하다.

우리의 안보를 지킬 대비책을 제대로 갖추지도 못한 채 북한의 경제 회생을 위해 갖가지 경제협력 사업을 구상할 필요가 있다는 정부의 태도는 북한 당국의 신년사만큼이나 자가당착적이다. 북한이 스스로의 처지와 국제사회의 분위기를 제대로 파악하지도 못하고 허황된 주장을 한다면, 그 생각과 행동을 바꾸기 위한 한국의 대응 수단이 나와야 한다. 그러나 북한은 한국의 안보와 경제에 전혀 도움이 되지 않는 방향으로 새해 국정 구상을 밝혔고, 우리 정부는 그러한 북한의 접근을 방관 내지 수용하는 듯한 태도를 보이고 있다.

우리 국민은 올 한 해도 남북한이 함께 수렁에 빠지지 않을까 염려하며 지내야 할 듯하다.

(문화일보 2007년 1월 3일자 칼럼원고를 수정함)

85. 통일에 '역주행'하는 통일부 장관

이재정 통일부 장관의 연초 행보가 심상치 않다. 2007년 신년 벽두부터 북한의 가난에 대한 남한 책임론을 거론하더니 1월 8일 언론과의 인터뷰에서는 북한에 쌀을 무상 지원하는 방안을 제시했다. 지금과 같이 차관(借款) 형식으로 지원하는 쌀은 제도에 묶여 있어서 북에 퍼주기에 한계가 있다고 판단한 듯하다.

쌀 차관도 실제 내용상으로는 돌려받을 것을 기대하지도 않는 무상 지원과 마찬가지이지만 핵·미사일 문제와 같은 정치 상황에 따라 한국이 줄이거나 중단할 여지가 있기 때문일 것이다. 2006년 7월 북한의 미사일 실험 이후 쌀 차관을 중단하고 대신 10만을 무상 지원한 경우가 그것이다.

'인도적 지원'이라는 명분을 내세우는 것은 북한 핵문제와 국제사회의 대북 압박기조와 무관하게 대북 쌀 지원을 진행하겠다는 의도를 드러낸다. 여기서 '인도적'이란 말은 과연 순수하게 인도적 의미만을 내포하는가. 우리의 인도적 지원이 북한 주민들을 인도적으로 돕도록 온전하게 전달되고 제대로 쓰이는지에 대한 분명한 검증장치가 없는 한, 평양 지도부를 향한 인도적 지원일 뿐이다.

또 비료에다 쌀까지 얹어 '무조건 항상' 실시되는 인도적 지원체제를 구축할 경우 정작 북한 핵 위협 앞의 대한민국 국민의 안전보장 문제는 어떻게 되는가. 인도적으로 본다면, 자국 국민의 안전부터 챙겨야 하는 것이 정부의 역할일 것이다.

김대중 정부 때 도입된 쌀 차관 형식은 '퍼주기' 논란을 잠재우고 지원 물량을 늘리려는 의도가 작용했다면, 이를 다시 인도적 지원 명목으로 회귀시키려는 것은 이제 우리 국민 앞에서 버젓이 북한에 무차별 지원하겠다는 의도로밖에 읽히지 않는다.

대북 무상 지원의 제도화와 이의 확대는 남북 정상회담을 성사시키기 위한 당근의 성격이 짙다. 이 장관이 인도적 지원의 확대를 얘기하면서 남북 정상회담을 위한 특사 교환의 필요성을 언급한 것을 봐도 그렇다. 남과 북의 정상은 서로 중요한 문제에 합의할 때 만나야 하며, 실천 보장도 없는 약속이나 원칙을 선언하는 무대로 회담이 이용돼서는 곤란하다. 남북 정상회담은 한국의 요구사항을 북한이 받아들일 때 고려하는 것이지 쌀을 더 주어 보답받는 흥정의 대상이 아니다.

애당초 이재정 통일부 장관 임명에 우려가 일었던 것은 그의 편향된 대북관이 그릇된 대북정책으로 나타날 가능성 때문이었다. 취임

(2006. 12. 11)한 지 한 달도 안 돼 벌써 그 우려가 현실로 나타나고 있다. 이 장관의 말이 앞서가고 그의 행동에 자신감이 밴 것은 그를 장관으로 임명한 임명권자의 생각도, 그 임명권자를 보좌하는 코드 실세의 대북관도 크게 다르지 않기에 가능한 일일 것이다. 받을 것은 제대로 챙기고 껄끄러운 문제는 두루뭉술하게 덮어두려는 북한 당국의 의도를 매우 정확하고도 효과적으로 반영하고자 하는 것이 이재정 통일부의 정책인지도 모르겠다.

통일부는 명심해야 한다. 남북 교류와 대북 지원이 커져야만 통일부의 업적이 커지는 것이 아니다. 제대로 된 통일의 환경을 만들기 위해 북한을 조금씩 변화시키고 남북한 간 동질성이 회복되도록 기여하는 것이 통일부의 본분이다.

통일부가 가시적인 남북 교류 사업의 확대에 집착할수록 한국은 국제사회에서 고립될 것이고 통일의 길은 더욱 험난해질 것이다. 절제되고도 원칙 있는 대북정책이 오히려 빛을 발할 수 있는데도, 있던 사업은 무조건 유지하고 키워내야 평가받는다는 관료주의를 벗지 못하면 통일부는 반(反)통일에 앞장서는 기관이 되고 만다.

현 정부의 대북정책 기조를 살려내기 위해 북한 당국까지 팔을 걷어붙이고 나섰다. 집권층은 민생을 바로잡고 북한의 핵을 막는 데는 관심이 없고 평화와 인도주의에만 열을 올리고 있다. 거꾸로 가는 통일 시계를 당장 되돌리기 어렵다면 일단 멈추게라도 하고 봐야 한다.

(조선일보 2007년 1월 10일자 칼럼원고를 수정함)

그들은 왜 정답이 있어도 논쟁하는가

86. 누가 진정한 평화세력인가

언제부터인가 한국 사회에서는 '평화'를 크게 외치기만 하면 제대로
된 평화주의자인 양 치켜세우는 풍토가 생겼다. 평화 한마디로 인기
를 얻을 수 있고 평화담론을 선점해야 권력도 잡을 수 있다는 믿음이
널리 퍼져 있다. 필자도 학생들에게 발표를 시키면 전쟁 불가론을 평
화론과 동일시하거나 대책도 없이 막연하게 동북아시아 평화체제를
제기하는 경우를 종종 본다. 평화를 주장하기만 하지 어떻게 평화를
달성할지에 대한 방법론이 없다.

　평화가 무엇인가. 폭력과 갈등이 없는 상태(소극적 평화)를 넘어 상
호 신뢰와 국제 협력이 확대된 수준(적극적 평화)까지가 가야 할 목표
다. 전쟁을 막으려면 힘이 있어야 하고 전쟁을 일으키지 않겠다는 상
대방으로부터의 약속이 있어야 한다. 사람의 생각은 바뀔 수 있으므
로 상대방의 의도와 관계없이 확실한 안보태세를 먼저 갖추는 것이
순서다. 동북아시아의 경우 상호 불가침이 보장되어 기본적인 군사신
뢰가 구축되면, 긴밀한 협력을 통해 적극적인 평화를 꾀하는 단계로
나아갈 수 있다.

　지금 한국은 핵을 가진 북한을 상대로 나라의 안전도 지키고 지역
질서의 평화도 다지는 두 가지 목표를 함께 좇고 있다. 북한 핵의 폐
기가 이 모든 과정을 진척시키는 시작이자 필수조건이다. 제네바에서
의 미·북 접촉(2007. 9. 2) 이후 북한이 2.13합의에서 밝힌 핵시설 불

능화와 핵 프로그램의 신고에 대한 약속을 재차 확인한 것[45]은 다행이다. 약속한 대로 올해 안에 핵시설이 불능화되면 내년에는 이미 만들어둔 핵탄두와 무기급 플루토늄의 제거 문제로 넘어갈 수 있다.

북한 핵의 불능화는 의미 있는 진전이기는 하되, 완전한 북핵 해결을 뜻하진 않는다. 지금 한국의 대북 평화정책은 북한의 핵 포기 과정을 유도하고 확실하게 매듭짓는 데 맞춰져야 한다. 10월 남북 정상회담에 통일부, 국방부 장관은 가는데 외교부 장관이 동행하지 않는 것은 북한 핵문제가 국제적 사안이 아닌 민족끼리의 '작은 문제'로 치부될 가능성을 시사한다. 북한 핵 불능화를 곧 북한 핵 해결로 기정사실화할 경우 한반도의 평화를 오히려 위협하는 평화공세가 될 것이다.

노무현 대통령은 지난주(2007. 9. 7) 조지 W. 부시 미국 대통령을 만난 자리에서 미국이 북한과 평화협정을 체결할 의향이 있느냐고 물었다. "여부는 김정일에게 달려 있다"는 대답에 노 대통령은 보다 명확한 답을 요구했다. 돌아온 반응은 북한이 핵을 폐기하고 이것이 검증되면 한반도의 정전체제는 당연히 평화체제로 갈 수 있는데 더 이상 어떻게 명확하게 말하겠는가 하는 취지였다. 과정을 생략하고 결론부터 듣고자 했다가 오히려 혹만 붙인 꼴이다. 한반도의 평화는 비핵화 그 자체가 보증하는 것이지 단순히 선언한다고 해서 얻을 수

---

45 북한의 이러한 약속에 따라 미국은 테러지원국 명단에서 북한을 삭제하고 대(對)적성국교역법에 따른 대북 경제제재를 해제하기로 합의했다. 결과를 놓고 보면, 북한은 전체 핵 프로그램의 일부에 대해서만 불능화·신고 조치를 했고, 미국은 북한에 약속한 내용을 '충실히' 이행했다.

그들은 왜 정답이 있어도 논쟁하는가

없다.

김대중, 노무현 정부의 10년 햇볕정책은 평화를 상징하는 전매특허였다. 여기에 반대하면 반(反)평화세력, 심지어는 전쟁세력으로 몰기 일쑤였다. 그렇다고 핵과 개방 문제에 있어 변할 마음이 없는 북한에 그들이 원하는 것을 무조건 지원하는 것은 문제다. 김대중 정부 시기에 서해교전(1999, 2002년)이 있었고 노무현 정부 시기에 북한은 급기야 핵 국가가 되었다(2006년). 자칭 평화세력이 오히려 한반도 평화와 역행하는 결과를 초래했다면 모순 아닌가. 북한 당국자들의 말만 믿고 실제 그들의 행동을 파악하는 일에 소홀했기 때문이다.

대북정책의 환경이 핵무장한 북한에 의해 어려워졌듯이, 한국의 대외 환경은 국제 안보 네트워크의 재편 과정에서 소외됨으로써 위기를 맞고 있다. 미국·일본·호주의 삼각 안보 체제가 강화될 기미가 보이자 8월에 중국, 러시아는 중앙아시아 국가들과 대규모 군사훈련을 벌였다. 대미 자주외교를 벌이고 동아시아 평화공동체를 외쳐온 한국은 고립무원에 빠질 처지다.

이제는 함부로 평화를 말하지 말자. 평화를 위해 필요한 조건을 만들어가는 자들만을 진짜 평화주의자로 대접해주자.

(조선일보 2007년 9월 11일자 칼럼원고를 수정함)

87. 급한 쪽은 북한이다

연일 이어지는 북한 지도부의 도발적인 언사(言辭) 이면에는 고뇌가 담겨 있다. 서울이든 워싱턴이든 핵무기로 정밀 타격하여 불바다를 만들어버리겠다고 하는데도 한국의 코스피(KOSPI) 지수는 오히려 상승세다. 한·미 연례군사연습과 추가적인 UN안전보장이사회 결의안[46]에 반발하면서 정전협정의 파기를 운운하고 제2, 제3의 대응이 따를 것이라고 하는데도 우리 국민은 이른 봄 햇살 아래에서 평온한 모습이다. 시민이 불안해하며 우왕좌왕하고 정부는 갈팡질팡 혼선을 빚어야 할 텐데 뜻대로 되지 않으니 북한 지도부로선 답답할 것이다.

북한이 지금 원하는 것은 대화다. 그것도 미국이 제의해서 북한이 마지못한 척 응하면 한국도 이에 뒤질세라 부랴부랴 나서는 그러한 대화다. 북한이 기대하는 대화의 의제는 한반도 정세 안정을 위한 대북 경제지원일 것이다.

비핵화 문제는 서로 신뢰를 좀 더 쌓고 논의하자고 하면 되고, 나중에 가서는 미국이 대북 '적대정책'을 완전히 종식하고 평화협정을 맺어야 한다며 추가적인 조건을 달면 그만이다. 과거 20년간 익히 보아왔던 시나리오다. 남북 간 긴장국면이 최고조에 이르러 극적으로 대화가 시작될 때마다 우리 국민은 내심 안도하며 일종의 카타르시스를 느끼곤 했다. 북한과 대화하고 교류하는 횟수와 규모를 대북정책 성패의 잣대로 믿는 사람도 꽤 많았다.

북한의 도발을 막는 길은 확실한 대응태세와 이의 이행에 대한 확고한 의지일 뿐이다. 대화와 지원으로 도발을 예방할 수 있다는 기대

---

46 북한이 2013년 2월 12일 실시한 3차 핵실험에 대한 대응으로 나온 3월 8일의 UN안전보장이사회 대북 제재 결의안 2094호를 뜻한다.

그들은 왜 정답이 있어도 논쟁하는가

는 오래전에 깨졌다. 김대중 정부의 대북 지원이 한창이던 1999년 북한의 북방한계선(NLL) 도발이 시작됐고, 작년(2012년) 2월 미국 오바마 행정부가 큰마음 먹고 '영양 지원(nutritional assistance)'을 약속(미·북 2.29합의)하기가 무섭게 북한은 4월 13일 장거리 미사일을 발사했다. 2010년 11월 연평도 포격 이후 이제껏 대남 도발이 없는 것은 우연의 결과가 아니라 달라진 한국 정부와 군의 태도 때문이라는 분석이 박근혜 정부 기간에도 유효하도록 만들어야 한다.

곧 춘궁기(春窮期)가 오면 인도적인 지원을 통해 남북관계 개선 분위기를 마련해보려고 한다는 고위당국자의 언급이 있었다. 혹시라도 이것이 적지 않은 양의 쌀 지원을 염두에 두고 한 말이라면 지금이라도 거두었으면 한다.

쌀은 북한에 전략물자이지 인도적인 품목이 아니다. 북한 당국은 모자란 쌀을 확보하게 되면 군대를 먼저 먹이고 나머지로 배급제를 강화해 지난 몇 년 사이에 크게 확대된 장마당 시장경제를 위축시키려 할 것이다. 2010년 10월 수해를 입은 북한 신의주 일대 주민을 위해 쌀 5,000t을 주었더니 나중에 주민으로부터 도로 빼앗아 모두 군부대로 옮겨놓은 것이 확인됐다.

이후부터 한·미 당국은 장기간 보관이 어렵고 북한의 일반 주민을 지원 대상으로 하는 옥수수, 콩, 영양식품 등을 인도적인 '영양 지원'으로 부르기로 했다. 이명박 정부가 대북 인도적 지원에 인색했던 것도 아니다. 북한 당국이 지배계층에는 도움이 안 되고 주민은 남한에 고마워할 인도적 지원 품목을 꺼려했을 뿐이다. 이제 북한 주민은 시장을 통해 스스로의 생활을 챙기는 법을 알아가기 시작했다.

우리는 목표도 전략도 없이 북한과의 대화에 섣불리 뛰어드는, 참을 수 없는 가벼움을 경계해야 한다. 지금 급한 쪽은 북한이지 우리가 아니다. 작금의 북한의 행보는 민심이 불안하고 경제가 어려우니까 미국이나 한국이 빨리 나서서 대화를 제의해달라는 메시지다. 대화와 협상은 반드시 필요한 외교 수단이다. 하지만 이를 철저히 악용하려는 북한을 상대할 때는 우리의 목표에 부합하는 대화가 가능한 환경을 조성하는 데 우선 매진해야 한다.

먼저 북한의 핵과 미사일 위협을 사전에 무력화하는 식별, 감시, 타격 능력을 구비하는 데 주안점을 둬야 한다. 2012년 10월 타결된 한·미 미사일지침 개정안(NMG)은 이러한 전략적 목표를 앞당길 수 있는 환경을 구비해줬다.

'한반도 신뢰 프로세스'는 북한 정권이 핵 보유 의지를 굽히지 않는 한, 정치적 수사(修辭)에 그칠지 모른다. 그럼에도 북한 지도부에 역발상을 통한 새로운 윈윈(win-win)의 길을 제시하고 설득하는 일을 단념해서는 안 될 것이다.

동시에 북한의 핵과 미사일 프로그램의 진전을 더디고 어렵게 만드는 처방을 다각도로 강구하고 관련국들과 공조하여 추진해야 한다. 중국에 한층 책임 있는 태도를 주문하는 것도 필요하지만 과연 한국은 그동안 얼마나 일관된 정책을 폈는지 자성해야 한다.

혹시라도 미국이 북한의 핵을 관리하는 수준에서 안주하려 한다면 우리가 나서서 북한에 변화의 기운을 불어넣는 방안을 제시해야 한다. 2009년 한·미 정상이 천명한 자유민주주의와 시장경제에 기초한 평화통일을 어떻게 준비하고 앞당길 것인지도 생각해야 한다. 그

그들은 왜 정답이 있어도 논쟁하는가

러자면 100일 관리계획[47]이 아니라 북한 마스터플랜이 나와야 한다. 북한과 대화에 나서기 전에 할 일이 많다.

(동아일보 2013년 3월 15일자 칼럼원고를 수정함)

88. 칼자루를 쥔 사람은 조바심을 낼 필요가 없다

2014년 1월 6일 대통령 신년 기자회견에서 '통일 대박론'이 제기된 이후 박근혜 정부의 대북정책은 통일 대망론(大望論)으로 상징화됐다. 3월 28일 박 대통령이 독일 방문 중 천명한 '드레스덴 구상'은 그러한 통일을 '평화적'으로 달성하기 위한 실천 방안을 북한 당국에 제안한 것이다. 북한 주민의 민생을 개선하고 취약계층을 돕기 위한 경제지원이 가능하도록 북한도 국군 포로·납북자의 송환과 이산가족 상봉의 정례화 문제에 성의를 보이라는 것이었다.

이에 북한 국방위원회는 드레스덴 구상은 독일처럼 한국이 북한을 흡수통일 하겠다는 불순한 속내를 드러낸 것이라며 "남북관계의 발전과는 거리가 먼 부차적인" 제안들을 담고 있다고 평가했다. 이에 박 대통령이 8·15 경축사에서 환경·문화 분야의 남북 협력을 추가함으로써 북한이 남북 대화를 수용할 수 있는 명분과 환경을 제시하고자 한 의도가 엿보인다.

문제는 지금부터다. 우리 정부는 필요한 모든 것을 논의하자는 남북

---

47 2013년 2월 갓 출범한 박근혜 정부가 단기적인 대북 관리방안에 안주할 것이 아니라 거시적이고 전략적인 대북성책을 먼저 구체화해야 한다는 취지다.

고위급 회담을 제안해놓았고, 북한은 자신을 향한 한 · 미의 적대 군사 훈련으로 규정한 을지프리덤가디언(UFG)을 구실로 묵묵부답이다. 앞으로 북한은 9월 기간을 활용해 한국 사회의 대북 인식을 이완시키고 박근혜 정부의 남북 대화에 대한 조바심을 극대화하는 전략을 구사할 것이다. 인천 아시안게임 14종목에 참가하는 북한 선수들을 응원하는 민족 화합에 대한 열망이 한국 사회에 지펴 오르기를 고대할 것이다.

1990년 평양에 가서 김일성을 만나고 난 후 북 · 일 국교 정상화를 지지하는 일본 정치권의 공동선언을 주도했던 고(故) 가네마루 신(金丸信)의 친족 일행이 9월 5일 북한에 간다. '일본 정부가 한국보다 앞서 북한과 본격적인 대화에 나서게 된다면' 하는 질투 어린 우려가 한국 정부 당국자들에게 확산되기를 기대할 것이다.

모름지기 남북 대화는 서로 양보할 수 없는 가치와 체제의 본질적인 목표를 고수한 채 벌이는 의제의 주도권 다툼과 다름없다. 자신의 핵무기를 묵인해주고 대량의 식량과 물자를 지원해주는 대북정책이 한국 사회의 다수 의견이 되도록 정지작업을 벌이는 것이 북한식 대남 대화 전략의 요체다.

북한 정권을 결속시키고 사회 통제를 강화하는 데 도움을 줄 쌀 · 현금 · 전략물자가 유출되지 않도록 해둔 것이 남북 교역을 금지한 2010년의 5.24조치다. 당국과 민간 차원의 대북 교역이 재개되려면 천안함 폭침에 대한 사과도 필요하지만 과거에 북한 당국이 일방적으로 좌지우지해 뒷돈과 이면거래 등 방만한 관행으로 점철됐던 남북 교류의 관행이 일소돼야 한다. 우리 당국자들과 정치인 상당수가 5.24조치 때문에 남북관계에서 아무것도 추진할 수 없다고 믿고 있다

그들은 왜 정답이 있어도 논쟁하는가

고 한다.

박근혜 정부는 통일이 왜, 얼마나 좋은 것인지 안팎으로 충분히 알렸고 그것으로 이미 큰일을 했다. 주변국들이 장차 한반도 정책을 짤 때 한국인들의 통일에 대한 열망을 고정변수로 놓도록 만들었고, 국민의 상당수는 북한 주민들과 더불어 한민족이 함께 대륙과 해양으로 뻗어가는 통일의 비전을 상상해보기 시작했다.

이제 막 본격적인 활동에 들어선 대통령 직속 '통일준비위원회'는 가시적인 성과에 연연하는 성급함을 버려야 한다. 대통령을 포함해 관련 부처·정치인·언론계·민간 전문가·시민단체가 망라된 통일준비위원회 구성원 간에는 통일되기 어려울 정도의 다양한 대북정책론이 있다. 북한 정권이 극구 반대하는 흡수통일이 아닌, 대화와 '합의'에 의한 남북 협력과 평화통일의 길을 열겠다는 정부의 공식 입장은 국민이 흘려듣기에는 좋은 말이어도 현실성이 없다는 것쯤은 인정해야 할 것이다.

통일은 북한 정권의 주도층을 제외한 한민족 모두에 대박이어야 할 것이다. 당장 북한 지도부의 세계관이 변해야 가동될 수 있는 드레스덴 선언을 실현시키고자 집착한다면 북한 정권이 원하는 시점과 분위기와 의제에 압도당하는 남북 대화가 시작될 공산이 크다. 지금 우리 정부가 주안점을 둬야 할 것은 북한의 보다 많은 주민이 대한민국을 동경하고 갈망하도록 북한 사회에 시장과 정보의 유통을 활성화시키는 것이다. 통일은 이미 진행 중이며, 그 통일을 앞당기는 비결은 인내심을 가지고 올바른 대북정책을 견지하는 꿋꿋함에 있다.

(문화일보 2014년 8월 28일자 칼럼원고를 수정함)

89. 애기봉 등탑 철거와 박 정부의 단견

전시작전통제권 전환의 재연기 발표(2014. 10. 23)와 애기봉(愛妓峰) 등탑(燈塔)의 철거(2014. 10. 15~16)는 서로 무관한 사안으로 보이지만 하나의 공통점을 내포한다. 그것은 한국 스스로가 자신의 안보를 확보하고자 무엇을 우선시하고 이를 위해 어떠한 조치를 해야 할 것인지에 대한 자기반성의 필요성을 제기하고 있다는 것이다.

한미연합사령부를 용산에, 주한미군 화력여단을 동두천에 잔류시키기로 한 것은 북한으로부터의 군사위협에 대비한 미국의 대북 억지력을 지속적으로 확보하려는 성격이 짙다. 그렇다면 북한의 각종 미사일과 핵 위협, 그리고 국지 도발에 대비한 우리 스스로의 역량을 확충하는 투자와 제반 노력들은 소홀히 한 점이 없는지 되돌아봐야 할 것이다. 육·해·공군의 전투 지휘체계와 양병체계가 각기 따로 작동하고 있는 상황에서 어떻게 상부 지휘구조를 통합하고 어떻게 각 군의 비효율 관행을 개선할지에 대한 국방개혁은 손을 놓은 지 오래가 아니던가.

군 당국에 의한 애기봉 등탑 철거 조치가 마치 비밀 기습작전처럼 전격적으로 단행될 때, 해당 지역의 김포시도, 대북정책을 입안(立案)하는 통일부도 그 내막을 모르고 있었다. 철거 일주일 뒤인 10월 22일, 통일부 장관은 애기봉 등탑 철거에 대한 기자들의 질문에 "사실관계를 잘 모른다. 노후화 문제로 본다면 남북관계와 관련이 없는 것으로 본다"고 답변했다.

박정희 대통령 집권기이던 1971년에 해발 165m 높이에 세워진 애

그들은 왜 정답이 있어도 논쟁하는가

기봉 등탑에서 매년 12월이면 성탄 트리의 불을 밝히는 행사가 치러졌다. 필자도 대학생 때 성가대 활동을 하면서 애기봉 점등식에서 노래를 부른 적이 있다. 그 불빛들은 개성 인근의 북한 주민은 물론, 북한군의 마음까지도 심란하게 만드는 평화와 희망의 메시지였다. 민심과 군심(軍心)의 이반을 우려한 북한 당국의 반발이 이어졌다.

노무현 정부는 2004년부터 애기봉 점등(點燈)과 전방 지역의 대북 심리전 방송을 전면 중단했다. 휴전선 인근의 북한군은 우리 뉴스를 들으며 세상 돌아가는 것을 접했고 우리 가요를 흥얼거리며 피로를 달랬다. 무심코 들어 넘긴 대북 확성기의 일기예보가 어김없이 들어맞을 때는 한국 사회를 동경하는 마음을 남몰래 추스르기도 했다. 우리 민간단체들이 북한 체제의 실체를 고발하는 전단지를 계속 날려 보낸다면 10월 하순에 열기로 한 남북 고위급 대화에 응하지 않겠다는 북한 당국의 엄포가 이해는 간다.

그렇다고 북한이 요구하지도 않은 애기봉 등탑 철거까지 갑자기 강행한 정부의 처사는 이해하기 어렵다. 본디 남북관계에서 우리가 옳다고 믿는 것을 시작하기란 대단히 어렵다. 하다가 중단한 것을 재개하는 것은 더더욱 부담이 된다. 그래서 대북정책의 판단은 치밀하고 신중해야 하며, 일단 결정했으면 일관성을 유지해야 한다.

2010년 천안함 폭침과 연평도 포격 도발이 잇따르자 이명박 정부는 2004년에 꺼졌던 애기봉 불빛을 다시 밝혔다. 자신의 도발이 멋쩍었던지 이때 북한은 별다른 반응을 보이지 않았다. 2011년 말에는 김정일의 상중(喪中)임을 고려해 켜지 않았다. 2012년 12월 22일 다시 애기봉의 점화식을 열 때, 북한은 김포 지역을 포격하겠다고 위협했고, 우리 군은 전면 대응태세에 돌입하면서 일촉즉발의 긴장이 조성됐다. 애기봉 점화식 현장을 지키며 아무 일 없이 무사히 행사가 종료됐음을 이명박 대통령에게 보고한 당시의 국방장관이 지금의 국가안보실장이다.

박근혜 정부 취임 첫해인 2013년 12월, 북한의 반발을 짐짓 우려한 청와대와 국방부는 애기봉 점화를 다시 포기했다. 올해에도 왜 켜지 않느냐는 질문이 나오기 전에 일찌감치 가을부터 철탑 구조물이 아예 사라지게 된 것이다.

대북 심리전은 보수와 진보, 우파와 좌파가 편을 나눠 논쟁할 문제가 아니다. 그저 북한 사람들에게 옳은 것을 알리고 장차 통일에 대한 열망을 안팎으로 천명하는, 당연히 해야 할 일이다. 그래야 외교부가 국제사회에 나가 강조하는 대북 인권 문제의 앞뒤 논리가 선다.

안전 문제 때문에 등탑을 철거했다면 계획된 '애기봉 평화공원'을 조성하면서 더욱 안전하고 높은 등탑을 세워야 한다. 쉽게 가고자 하면 당장은 편할지 몰라도 결국은 국민이 알고 역사가 판단하게 된다.

(문화일보 2014년 10월 28일자 칼럼원고를 수정함)

90. 연평해전이 묻는 국가의 존재 이유

영화 '연평해전'이 재연한 서해상의 30분에 걸친 전투 장면은 참담했다. 2002년 6월 29일 그날 오전, 참수리 357호의 31명 승조원들은 그들의 조국(祖國)으로부터 버림받았다. 며칠 전부터 파악된 북한군의 이상 동태는 그들에게 전달되지 않았고, 북한 경비정의 선제 기습공격에 사지(死地)로 내몰린 그들은 구급약통 하나에 의지한 채 피를 흘리며 응전했으며, 우리 군은 후퇴하는 북한 경비정에 대한 지원 세력의 사격을 중단시키는 기괴한 지시를 내렸다. 조타장 한상국은 으스러진 자신의 손을 핸들에 묶은 채 운전하다가 군함과 함께 침몰했다.

이날 제2연평해전의 수병 여섯 명의 희생은 결코 우연이 아닌 필연의 결과였다. 1999년 6월 15일 발생한 제1연평해전은 분단 이후 북한이 우리 영해에 침범하여 우리 군을 직접 공격한 최초의 사례였다. 먼저 함포 사격을 받고도 한 명의 희생자도 없이 14분 만에 북한군을 완파했음에도 불구하고 당시 작전을 지휘한 박정성 해군2함대사령관은 갑자기 문책성 인사 발령을 받았다.

이후부터 우리 군의 대북 방위태세와 교전수칙이 지속적으로 약화되었고, 북한군은 3년의 준비 기간을 거쳐 우리 앞바다를 유린하였다. 제2연평해전의 생존자들은 그때 그 순간 적과 싸워 살아남지 못한다면 가족도, 친구도, 행복도 아무런 의미가 없다는 생각에 필사적으로 전투에 임했다고 증언하였다. 하지만 국가가 국민을 보호해주지 못하면 국민은 삶의 존재의 이유를 찾지 못한다.

북한은 1953년 종전(終戰) 이후 지금까지 약 1,700건의 침투와 1,100건의 도발을 감행했다. 1980년대까지는 우리 국가원수를 겨냥하거나, 우리 국민을 납치해가거나, 우리 국토에 침투하거나 하는 방법으로 우리 체제를 와해시키려 했다. 1986년 아시안게임, 1988년 하계올림픽 때는 공항과 여객기에 테러를 가해 국제 행사를 방해하려 했다.

1990년대 들어 공산권이 붕괴하고 남한과의 국력 격차가 커지면서 직접적인 도발 횟수는 감소한 대신 우리 사회를 분열시키려는 대남 정치심리전이 강화되었다. 사이버(cyber) 공격은 단순히 고급 정보를 약탈해가는 수준을 넘어 디지털 한국 사회의 신경망을 장악하려는 시도로까지 이어지고 있다.

대남 도발의 장르와 수법은 다양하게 진화해왔지만 도발의 목표는 시종일관 단 하나다. 그것은 대한민국의 통제력을 와해시켜 북한식 사회주의 통일의 기반을 구축하는 것이다. 우리가 먼저 공격하지 않을뿐더러 공격을 받더라도 현장에서 일이 커지지 않게 수세적으로 대응할 것이라는 확신을 상대방에게 주는 이상, 북한은 도발의 시점과 장소와 방법을 마음대로 정하는 자유를 누렸다.

그러다 2010년 11월 연평도 포격 도발 이후 우리의 대응전략이 도발 지점은 물론 지원 세력까지 응징하는 것으로 바뀌자 직접적인 군사 도발을 주저하기 시작했다. 전방 성탄 트리 점화나 대북 전단 살포 문제로 일촉즉발의 긴장이 조성될 때 북한 정권은 항상 우리의 태도를 보고 대응책을 결정했다. 우리 정부가 결의를 다질 때면 비공개로 타협을 요청해왔고, 전전긍긍해할 때면 더욱 고압적으로 밀어붙였다.

우리가 북한 정권에 친절하면 도발이 줄고 엄격하면 도발이 는다는 주장은 허구다. 오히려 그 반대다. 햇볕정책 10년 기간 동안 북한은 해마다 약 14차례의 대남 무력 도발을 일으켰다. 1998년 금강산 관광 사업의 출범을 전후하여 속초 앞 잠수함 침투 사건, 강화도 앞 간첩선 도주 사건, 여수 앞바다 반(半)잠수정 침투 사건 등이 발생했다.

두 차례의 연평해전 이후 들어선 노무현 정부를 상대로 북한은 서

그들은 왜 정답이 있어도 논쟁하는가

해 북방한계선(NLL)을 아예 무력화시키자는 제안을 하기에 이르렀다. 6자회담이 지속되고 현금·에너지·식량 지원이 제한 없이 실시되었지만 북한 정권은 핵실험과 탄도미사일 실험을 해가며 우리의 안보를 볼모로 삼고자 했다. 이명박 정부 들어 천안함·연평도 도발에 대한 각성을 계기로 대남 도발 횟수가 계속 줄다가 2012년 2회로 최저치를 기록했다.

북한의 도발 억지와 남북 대화는 별개의 사안이 아니다. 평화를 지키고 북한을 올바른 길로 유도하는 본질적 목표 앞에 둘은 동시에 충족되어야 할 덕목이다. 북한의 도발에 굴복하면 남북 간에 어떠한 정치적 합의가 나올지 모르지만 결국 평화와 남북관계 모두를 훼손하게 된다는 것을 확인했다. 북한 정권이 원하는 남북 합의는 쉽고 빠르다는 점에서 달콤한 유혹과도 같다. 북한의 도발 위협 앞에 결연함을 잃지 않으면 남북 대화가 비록 험난한 과정을 겪을지라도 결국 하나씩 결실을 맺을 수 있다는 확신이 필요하다.

정부는 조바심이 날 때마다 상기해야 한다. 국민 대다수가 월드컵 축제 분위기에 젖었을 때 바다를 지켰던 연평해전 용사들의 외로운 희생을.

(조선일보 2015년 6월 29일자 칼럼원고를 수정함)

91. 자신의 명운(命運)을 놓고 협상하는 정권은 없다

세상에 북한 전문가가 너무 많다. 국민은 혼란스럽다. 백성이 혼연일체로 마음을 모으면 못할 일이 없건만 북한 문제에 관한 그럴듯한 주장들이 편을 가르고 당국자들을 주저하게 한다.

그중 하나가 북한은 아무리 제재를 해도 소용이 없다는 주장이다. 북한 경제는 어차피 폐쇄적이고 중국은 비협조적인데, UN이 어떤 조치를 취하든 한국 정부가 개성공단을 폐쇄하고 무슨 독자적인 제재안을 추가하든 이제까지 그래왔듯 앞으로도 북한 정권은 끄떡없을 것이라는 믿음이다.

북한 핵문제가 생긴 뒤 25년간 한국에서 누가 정권을 잡아 어떤 대북정책을 폈건 결과가 같으니 현재의 북한을 놓고 잘잘못을 따지는 것은 의미가 없다는 해설이 이어진다. 나아가서는 붕괴하지도 않을 북한을 고립시키는 것이 능사가 아니라 북한 정권과 허심탄회하게 대화하여 그들이 우리에게 갖는 대북 적대시 정책에 대한 의구심을 풀어줘야 한다는 정책 논리로 귀결된다.

세상의 어느 정권도 궁극적으로 자신의 권력에 위험을 초래할 만한 이슈를 놓고 협상하려 하지 않는다. 자유민주주의 국가에서 정치인들이 희구하는 권력은 그들이 인민의 삶을 보다 안전하고 풍요롭게 만들고자 노력할 것이라는 전제하에 공공성을 지닌다고 간주된다.

70년의 기간에 걸쳐 3부자가 절대 권력을 독점하면서 이를 지키기 위한 방편으로 주민에게 고난의 행군을 강요한다면, 우리는 북녘의 2,400만 동포가 그러한 고통에서 하루속히 벗어나도록 해야 한다는 사명감을 가져야 한다. 어떤 방도를 쓰든 할당된 자금을 마련해 평양에 보내야 하는 북한의 재외 공관, 새장처럼 갇혀 지내며 일하고 임금은 손에 쥐어보지도 못하는 해외 파견 근로자와 종업원들은 북한 인권유린의 작은 단면에 불과하다.

북한 정권에 돈과 쌀을 줄 때는 이것이 군사력과 배급제를 강화하는 데 쓰임으로 인해 북한 주민에 대한 통제는 강화되고 장마당과 민간경제는 위축됐다. 이러한 전략물자 공급을 줄이는 대신 생활물자와 한류 콘텐츠를 공급하는 데 더 치중할 때는 시장과 민간 영역의 자율성이 확대됐다.

북한 당국이 핵과 미사일에 의존하는 권력 이외의 다른 어떤 권력도 위험하다고 믿을진대, 남는 차선책은 그들이 필요로 하는 군사기술과 통치자금의 루트를 차단하는 것이다. 갖가지 기상천외한 방법으로 대외협상, 금융거래, 물자유통 방식을 은닉해온 북한이지만 한·미 양국이 우방들과 협조하여 차단한 북한의 대외 군사교류는 알려진 것보다 훨씬 많다. 북한은 핵·미사일 프로그램의 완성도를 높이는 데뿐 아니라 이의 운용 시스템을 유지하고 관리하는 데도 상당한 비용을 들여야 한다. 자동차를 5년 이상 타면 기름값과 유지비가 차량 구입비보다 커지는 것과 같은 이치다.

충분하진 않지만 중국도 북한 선박의 출입에 보다 많은 주의를 기울이기 시작했고, 러시아는 건설 현장의 불법 체류 북한 노동자들을 추방하는 이례적인 조치를 취했다. 앞으로의 관건은 대북 제재에 관한 국제공조가 북한의 전략물자 확보 차단에 효과적으로 집중되도록 하며, 북한의 장마당을 활성화하고 주민들이 바깥세상을 접하는 데 필요한 생활물자와 정보의 공급은 더욱 확대되도록 효과적인 방안을 강구하는 것이다.

북한 민간경제의 어려움은 공급보다는 분배의 문제에서 비롯된다. 매년 우상숭배 조형물 건립과 사회 통제에 지출하는 돈이 10억 달러를 넘는다. 핵·미사일 등 핵심 군사력 프로그램 운용에도 비슷한 규모의 비용이 투입된다. 20억 달러면 북한 연간 수출액의 3분의 2에 해당하고 북한 사회의 만성적인 식량난을 거뜬히 치유할 수도 있다.

북한 권력자의 생각이 요지부동인 이상 중국과 미얀마처럼 개혁·개방의 기운이 북한 사회 전반에 스며들도록 창의적이고 다각적인 노력을 경주해야 한다. 이러한 평소의 정책이 가장 올바르고도 빠른 통일정책이다. 통일이 언제 올지 모른다고 하여 이를 방치하거나 오히려 늦추는 처방을 주장한다면 옳지도 따뜻하지도 않은 대북정책으로 귀결될 것이다.

국회가 테러방지법과 북한인권법을 통과시키는 데 각기 15년과 11년이 걸렸다는 사실은 대한민국이 스스로의 안전을 지키는 데 치열하지 못했고, 북한 주민을 동포이자 존엄한 인간으로서 보호함에 있어 마음이 충분히 따뜻하지 못했다는 뜻이다. 국가의 기밀과 통신을 탈취하고 사회 질서를 허물려는 북한의 시도가 거세지고 있는 가운데 이제는 사이버 테러 대응 문제가 시험대에 올랐다.

북한을 올바른 길로 변화시키고 통일 기반을 잘 구축하려면 우선 대북정책의 목표와 방도가 바로 서야 한다. 그릇된 길로 열정을 발산하면 마음이 아무리 뜨거워도 북한 동포들을 오히려 어려움에 빠뜨릴 수 있기 때문이다.

(조선일보 2016년 3월 14일자 칼럼원고를 수정함)

그들은 왜 정답이 있어도 논쟁하는가

92. 지금이 가장 치열한 대북정책을 펼 때다

자식에게만큼은 좀 더 풍요롭고 행복한 미래를 물려주고 싶은 것이 세상 부모들의 한결같은 마음이다. 북한 체제에서 엘리트 지위와 대우를 누려온 태영호 주영 공사의 목숨을 건 망명도 아들의 교육을 격정하는 학부모의 심정에서 내린 결단이었다. 최근 러시아 블라디보스토크 북한 총영사관 소속 외교관 가족도 탈북했다.

김정일 시대 마지막 5년간 연평균 2,600명이던 탈북자 규모가 김정은 집권기 들어 2012년 이후 연간 1,500명 이하 수준으로 줄었다가 2016년 들어 다시 빠르게 증가 추세를 보이고 있다. 탈북자 누계는 이제 3만 명에 이른다. 북한에서 생활고에 시달리던 여성 탈북자의 비율이 압도적이던 과거 유형에서 체제에 염증을 느낀 권력 핵심부의 탈북이 눈에 띄게 늘었다.

살벌하게 강화된 체제 단속의 감시망을 뚫고 '조국'에서 누리던 기득권을 내던지는 북한 핵심 간부들의 이탈은 2013년 12월 장성택 처형 사건 이후 고조된 신변 불안감의 여파이기도 하다. 인간은 옳고 그름을 판별하는 양심을 내면에 지닌 존재다. 공석(公席)에서는 감시와 처벌이 두려워 상부가 내린 지침대로 북한 체제를 옹호하지만, 고생해서 충성하다가도 하루아침에 제거당할지 모른다는 불안감을 떨치지 못한다.

소련이 핵무기와 군사력이 없어서 무너진 것이 아니다. 국민을 가두고 억누른 대가로 지킨 독점 권력은 결국 예외 없이 스러졌다. 소련의 변화와 개혁을 다각도로 촉진한 미국의 치밀한 노력도 간과할 수 없다.

경제제재를 거두고 대화하고 지원해야 북한을 바꿀 수 있다고 주장하는 사람들이 최근 말을 아끼고 있다. 육지에서 바다에서 연일 탄도미사일 능력 강화에 매진하는 북한을 두둔할 구실을 찾기가 힘들 것이다. 남북 대화가 당분간 어려운 이때 '북한을 자극할' 사드(THAAD·고고도미사일방어체계) 배치에 반대하는 쪽에서는 한국 정부는 아무런 대북정책 없이 가만히 있는 것이 상책이라 여길 것이다.

하지만 북한 체제 전반의 피로감이 쌓이고 엘리트 집단의 균열이 커지고 있는 지금이 바로 가장 치열하게 대북정책을 펴야 할 시점이다. 북한의 도발 가능성에 만전을 기하는 것이 최우선 과제지만 군사적 수비 태세만 강구하는 것은 근본적 처방이 되지 못한다. 역사관(歷史觀) 논쟁, 안보정책에 관한 각 계층의 분열과 반목, 경제 리스크 등 대한민국의 발목을 잡는 많은 문제의 연원(淵源)은 분단 상황 그 자체에서 비롯된다. 북한 지도부를 와해시키고 북한 사회 전반을 변화시키는 다양한 방책을 공세적으로 구사해야 한다.

북한 내부의 이상 기류는 김정일 시대에 이미 드러나기 시작했다. 2011년 2월에는 체제에 불만을 품은 대학생들이 김일성 생가(만경대)의 문짝을 뜯어 훔쳐가는 사건이 발생했다. 전국 각지에 성경 공부 모임이 생기는가 하면, 중앙 물품 배급이 끊긴 평양 이외 지역 주민들은 자율적인 물물교환과 시장(장마당) 거래에 의존하는 생활에 익숙해졌다. 주민과 이들을 감시하는 관리요원 간에 뇌물 유착관계가 만연해졌고, 사상(思想)이 아닌 돈이 북한의 일상을 지배하고 있다. 평양에서 접할 수 있는 외형적으로 화려한 빌딩과 고급 상점들은 체제 선전을

그들은 왜 정답이 있어도 논쟁하는가

위해 바깥에 보여주고자 하는 북한의 1%의 모습이다.

북한 사람이 남한을 동경하게 되는 계기는 자유민주주의의 우월성에 관한 딱딱한 설교가 아니다. 라디오, TV, USB, DVD를 통해 접하는 바깥세상이 재미있고 생동감 있어 보이기 때문이다. 그러한 세상으로 가면 더 많은 기회가 생기고 자유롭게 삶을 설계할 수 있으며 행복해질 것이라고 여기기 때문이다.

북한 사회에 흐르는 변화와 개혁에 대한 갈증이 평양 기득권층과 권력 상층부까지 두루 확산되도록 인적, 물적 네트워크를 확충해 나가야 한다. 이러한 활동에 다양한 경험과 노하우를 축적한 미국과의 협업 체계를 심화해야 한다. 미국이 볼 때는 동맹국의 중요한 일이지만 한국으로서는 자신이 미래가 걸린 중차대한 일이기에 보다 적극적인 자세로 임해야 한다.

대북 변화 정책은 시끄럽게 알리고 생색을 내며 추진할 일이 아니다. 정보기관이 주축이 되어 소신껏 일하게 하고 대통령이 여기에 힘을 실어주어야 한다. 북한이 반발한다고 눈치를 보거나 주저할 일도 아니다. 북한 정권이 핵무기로, 사이버 공격으로, 사회 분열 공작으로 대한민국에 가해온 위해(危害)에 그동안 우리는 과연 얼마나 결연하게 대처했는지 되돌아보아야 한다.

문제의식을 갖고 치열하게 일하는 사람들의 노력이 합쳐져 역사가 만들어지고 나라의 운명이 바뀐다. 끝이 없다고 느껴졌던 무더위가 순식간에 물러서듯 때가 되면 와야 할 계절이 찾아올 것이다.

(조선일보 2016년 8월 27일자 칼럼원고를 수정함)

93. 대북정책, 플랜 B가 필요하다

문재인 대통령이 2017년 7월 6일 독일 베를린 소재 쾨르버(Körber) 재단 초청 연설에서 제시한 대북 평화구상은 북한이 핵 포기 결심을 내리면 한반도 평화협정을 체결하고 경제지원을 하겠다는 메시지를 담고 있다. 또 한국이 흡수통일을 추진하지 않을 것이며 언제 어디서든 김정은 북한 조선노동당 위원장을 만날 용의가 있음을 밝혔다. 하루 전에 일어난 북한의 대륙간탄도미사일(ICBM) 발사에 대해 "무모하고 국제사회의 응징을 자초했다"는 표현이 들어갔지만, 연설의 방점은 김대중 · 노무현 두 정부의 노력을 계승하여 한반도에 평화체제를 구축하자는 메시지로 귀결된다.

같은 6일 개최된 한 · 중 정상회담에서 시진핑 중국 국가주석은 문 대통령의 '사드 보복' 철회 요청에 대한 대답 대신, 사드에 관한 중국의 '정당한 우려'를 한국이 중시하기 바란다면서 중국이 추가적인 대북 제재에 반대하며 북한이 여전히 중국의 혈맹(血盟)이라는 점에 변함이 없음을 강조했다.

다음 날인 7일 한국과 미국의 정상은 블라디미르 푸틴 러시아 대통령과 잇따라 양자회담을 갖고 북한에 엄중한 조치를 취할 것을 촉구했지만, 러시아는 중국과 마찬가지로 '제재 없는 대화'를 통한 북핵 해결을 지지한다는 점을 분명히 했다. 이제 질세라 한 · 미 · 일 3국 정상의 6일 만찬 회동에서는 강력한 대북 압박을 강조하는 공동성명이 도출되었다.

문재인 정부가 6월 말 한 · 미 정상회담에 이어 7월 초 독일 G20

정상회의에서 수행한 취임 초 해외순방 제2라운드는 한국이 처한 외교적 입지가 결코 녹록지 않음을 확인해주었다. 7월 7일 함부르크 엘프필하모니(Elbphilharmonie) 콘서트홀에서 열린 G20 참가 정상 내외 초청 음악회에서 트럼프 대통령이 문 대통령의 손을 끌어 잡아 친밀감을 표시하고 시진핑 주석이 이를 봤는지 뒤돌아 확인하는 장면은 '북한 문제'를 전혀 다르게 보는 두 나라가 한반도에서 충돌하고 있음을 보여준다.

문재인 정부가 독일에서 천명한 대북 구상은 북한이 결국 올바른 길로 들어와 대화를 통해 문제를 풀고 한반도에 평화와 경제협력이 정착되는 이상적 시나리오를 담은 플랜 A다. 가장 '혹독한(severe)' 조치를 모색하는 미국 트럼프 행정부조차 북한에 "대화의 문은 늘 열려 있다"고 확인한다. 플랜 A는 실현되기만 하면 제일 좋지만, 중국이 협조하지 않고 북한이 응하지 않으면 시작 자체가 이루어지지 않는다. 시작되더라도 마음이 앞서고 잘못 가동되면 안 하느니 못한 결과로 이어질 수 있다.

우리 정부가 흡수통일을 하지 않겠다고 북한을 달래지만, 정작 대한민국 체제를 흡수하여 연방사회주의 통일국가를 만들겠다고 매진하는 쪽은 북한이다. 북한 정권이 미국에 체결하자고 줄곧 주장하는 평화협정은 자신의 핵 지위를 인정받고 미국이 대북 적대시 정책을 거두어들이는 조건을 전제로 한다. 미국이 더 이상 북한을 적으로 삼지 않는다는 것을 증명해 보이려면 한국과의 군사공조를 중단하고 주한미군도 철수해야 한다. 반면 문 대통령이 제안한 남북한 평화협정은 튼튼한 한미동맹과 북한의 비핵화 결단을 전제로 하고 있어 북한이 관심을 둘 리가 만무하다.

북한이 남북 합의문 중에서 유독 2000년의 6.15선언과 2007년의 10.4선언에 집착하는 이유는 남한이 북한의 핵·미사일 프로그램에 대한 아무런 단서 없이 대규모 경제지원을 약속했기 때문이다.

기억도 가물가물한 북한의 먼 친척이 나와 거액의 달러를 받아가지 않으면 큰일 난다고 애걸하는 이산가족 상봉 이벤트가 아무리 반복된들, 남북 민족화해의 길은 요원하다. 우리가 일방적으로 대북 확성기 방송과 전단 살포를 중단한들, 북한은 대한민국을 흔들어 분열시키고 미국과 멀어지게 하려는 시도를 멈추지 않을 것이다. 남북관계에 '주도적인' 역할을 행사한다는 것은 북한이 응하지 않는 한 꽉 막힌 길을 향해 달려가는 자동차 운전석에 앉는 것에 지나지 않는다.

그래서 플랜 B를 구상하고 가동해야 한다. 북한이 도발을 감행해오는 극단적 상황에 대한 대비부터 시작하여 북한 사회의 위아래 전반을 변화시키는 방안 등 북한 정권의 동의 없이도 추진 가능한 일에 더 많은 에너지를 투여해야 한다. 만에 하나 북한 내에 급변 사태가 일어난다면, 그래도 인위적인 통일 계획이 없다고 두 손 놓고 있을 것인가.

플랜 A에만 집착했던 햇볕정책 10년은 한반도의 '선언적 평화'에 취해 북한 정권이 고집하는 길을 더 빨리 가도록 방치했다. 문재인 정부의 외교는 과거 10년 전의 상황과 사뭇 다른 한반도 정세를 접하면서 학습하고 진화하는 과정에 있다. 북한 정권의 실체에 대한 냉철한 인식만이 나라의 안위(安危)를 지켜줄 것이다.

(조선일보 2017년 7월 10일자 칼럼원고를 수정함)

그들은 왜 정답이 있어도 논쟁하는가

94. 대북정책 평가의 척도

중앙일보는 2013년 3월 26일부터 사흘에 걸쳐 이명박 정부의 대북정책을 재조명하는 기획기사를 게재했다. 지난 정부의 공과(功過)를 살피는 것은 다음 정부의 길을 닦는 과정에 필요한 일이다. 어떠한 정부의 정책에 대해서도 사안을 바라보는 관점의 차이로 인해 상이한 평가들이 공존할 수 있다. 남북관계의 경우 주제의 특성상 비공개 자료가 많고 사실관계 자체가 잘못 알려지는 경우가 많아, 지엽적인 사건들보다는 정부가 추구했던 본질적인 목표와 그 결과를 근거로 한 평가가 내려져야 한다고 본다.

동 기획 시리즈가 부각시키고자 한 것은 크게 두 가지다. 하나는 금강산 관광객 피살, 천안함 폭침, 연평도 포격과 같은 북한의 대남 도발이 있었는데도 해이한 대응태세와 위기관리체계 때문에 신속하고 단호한 대응을 하지 못했다는 것이다. 또 하나는 북한을 얕보고 너무 강하게 몰아붙이다가 대화의 타이밍도 놓치고 정부 내부에 분열까지 겹쳐 대북정책의 방향성을 잃었다는 것이다.

북한의 과감하고도 새로운 도발 앞에 우리 군과 정부의 여러 문제점들이 노출된 것은 사실이다. 이를 보완하기 위한 노력은 앞으로도 지속적으로 이루어져야 한다. 필자 역시 북한의 도발에 대한 단기적 조치들에 비해 우리 군의 구조적이고 근본적인 개혁을 동반하는 장기적 조치들이 여러 정치적 이유에 의해 미뤄지고 있는 점에 대해선 비판적 시각을 가지고 있다.

다만 북한의 도발을 응징하기는커녕 우리 군의 손발을 묶어 전사자들을 자초하고, 이들의 희생을 박대하여 유가족들을 분노하게 했던 과거의 대북 안보태세를 함께 되짚어야 한다.

이명박 정부는 이전 정부들이 허물고자 했던 서해 북방한계선(NLL)을 확고히 지키고자 했고, 북한 정권이 마음대로 도발을 일으키고는 아무 일도 없었다는 듯이 남북관계를 다시 그들의 뜻대로 끌고 가던 파행의 고리를 끊고자 노력했다.

너무 유화적으로 해도, 너무 강하게 나가도 북한을 변화시키지 못 했으니 다 틀렸다는 양비론(兩非論)을 펴는 사람이 많다. 하지만 이명박 정부는 대북 강경정책을 편 것이 아니다. 핵 포기를 결심하면 모든 가능한 지원을 하겠다고 했고 구체적인 계획과 시간표도 제시했다.

군사비와 통치자금으로 전용(轉用)되던 현금과 쌀 지원을 최소화했을 뿐, 북한 주민에게 필요한 다양한 인도적 지원 방안을 적극 추진했다. 통치계급에게만 필요한 지원을 달라고 어깃장을 놓은 것은 북한이었다.

남과 북이 상생과 공영으로 함께 가자고 제시한 '비핵 개방 3000' 구상[48]을 거부한 북한 정권을 질책하기에 앞서, 내세운 공약을 왜 지키지 못했느냐고 따질 일은 아니라고 본다. 7,000만 한민족의 재결합을 바르고 평화적인 방법으로 이루는 디딤돌을 놓고자, 대한민국의 안보와 평화를 우선시하고 핍박받는 북한 주민들의 삶과 인권을 개

---

48 '비핵 개방 3000' 구상은 북한이 비핵화를 결심하면 한국은 북한의 개혁 · 개방을 지원하여 10년 안에 1인당 소득 3,000달러 수준의 경제로 도약시키겠다는 계획이다. 북한의 비핵화 과정을 경제, 교육, 재정, 인프라, 주민생활 향상의 다섯 개 분야에 걸친 세부 지원계획과 연결 짓는다.

그들은 왜 정답이 있어도 논쟁하는가

선시키도록 북한 사회의 변화를 유도하고자 했던 이명박 정부의 대북정책은 5년 내내 흔들림 없이 유지되었다.

과거 두 차례의 남북 정상회담이 무분별한 전략물자 지원으로 이어져 우리 국민의 안보를 더 위태롭게 만들었는데도 정상회담 성사 자체를 불문(不問)의 덕목으로 여길 수는 없을 것이다.

2009년 남북 정상회담 논의 과정에 북한은 대규모의 쌀, 비료 지원뿐 아니라 이를 훨씬 능가하는 규모의 재정·현물 지원까지 망라한 대북 지원의 구체적 일정표를 전제조건으로 제시하였다. 국군 포로 한두 명도 남한을 방문시킨 뒤 다시 북으로 데려가겠다는 것이었지 송환 얘기가 아니었다. 이런 정상회담이라면 상식적으로 볼 때 납득할 국민이 많지 않을 것이다. 이명박 전 대통령은 재임 시 우리 쪽에 강경파, 대화파가 나뉘어 있는 것이 아니라 오히려 북쪽이 그렇게 분열돼 있는 것 아닌가 하고 반문한 적이 있다.

앞으로도 우리 정부의 대북정책은 더디더라도 정도(正道)를 걸어야 하며, 이는 자유와 번영을 함께 가꾸고 나누는 민족통일의 열망에 의해 담금질되어야 한다. 대한민국이 굳게 마음을 모을 때 북한의 변화도 남북관계의 발전도 앞당겨질 것이다.

(중앙일보 2013년 4월 10일자 칼럼원고를 수정함)

07

제7장

안보여론과 정부의 리더십

"The buck stops here."

(모든 책임은 내가 진다)

- Harry S. Truman (1884~1972), 미국 제33대 대통령

논점해설

한국 사람은 왜 정답이 있어도 논쟁하는가. 옳은 주장에 승복하지 않고 그릇된 주장을 굽히지 않는 사람이 왜 많은가. 이제 이 책이 제기한 근본적인 물음에 답할 때가 되었다.

국가경영은 국민의 사사로운 개인적 이해관계의 총합(總合)을 다루는 공적(公的)인 영역이다. 국가안보는 국가경영 중에서도 가장 중추적인 과제다. 안으로 힘을 기르고 밖으로 우군을 확보해 나라를 안전하고 풍요롭게 만들어가는 책무에 관한 사항이다.

이러한 책무에 임하는 지도자가 갖춰야 할 덕목은 '옳은' 판단력이다. 나라를 위하는 따뜻한 가슴과 그 방도를 찾는 냉철한 두뇌를 겸비해야 한다. 국민과 국제사회를 설득하고 이끄는 식견과 경험과 담대함이 조화를 이뤄야 한다. 그러한 리더십 역량은 여론의 감성을 자극하지 않더라도 국민의 감동을 이끌어낼 수 있을 것이다. 정부와 국민이 힘을 모아야 한다. 실력과 매력을 함께 갖추면 한국을 대하는 다른 나라의 생각과 행동이 바뀐다. 그것이 냉엄한 국제정치의 현실이다.

진리에 대한 확고한 신념은 부단한 공부와 실전 경험으로 각인된다. 국가건 개인이건 중심 전략이 확고하지 않을 때 도덕적 우위론과 힘의 열등감 사이에서 방황하게 된다. 옳은 길은 무미건조해 보이고 그릇된 길은 자극적이어서 후자로 마음이 기울기 쉽다. 이것은 우파든 좌파든, 보수든 진보든 빠지기 쉬운 유혹이다.

국가안보를 국내 권력정치의 도구로 삼으려 할 때 그릇된 답안이 작성될 가능성이 농후하다. 정적(政敵) 끌어내리기, 정권 잡기, 재집권하기에 몰입하는 사람은 안보와 외교를 흥분과 흥행의 대상으로 변질시킨다. 이러한 접근이 어느 정도 효과를 본다면 시간이 흘러도 정책노선을 수정할 마음이 생기지 않는다. 이미 그릇된 담론을 둘러싸고 거대한 권력 카르텔이 형성되었기 때문이다. 계속 권력을 좇으려면 대열을 이탈할 수 없다. 밖으로 빠져나간들 새로 품에 안길 마땅한 대안도 없다.

기존의 생각과 믿음을 강화하는 자기 최면이 이루어지고 집단사고(group think)의 오류가 반복된다. 같은 정책을 고수하려는 이념 코드의 연대가 확장된다. 이러한 입장을 국민 앞에 합리화하기 위해 여론을 호도한다. 여론은 이성(理性)보다는 감성(感性)에 이끌리기 쉽다. 유권자는 지도자를 선택할 권리를 누리지만 일단 지도자가 정해지면 그가 내리는 정책 결정을 수용해야 하는 처지에 있다. 지도자를 뽑을 때 국민이 기대했던 정책과 뽑힌 지도자가 펴는 정책이 서로 무관하거나 상충하는 경우도 있다. 어찌 보면 여론은 관전자일 뿐, 나라의 정책을 직접 결정하고 그 결과에 책임지는 주체가 아니라는 점에서 무책임하다.

언론마저 흥미 위주의 기사로 독자와 시청자를 자극하려 들면, 안보와 외교의 포퓰리즘(populism · 인기영합주의)에 대한 예속은 더욱 강화될 것이다. 말하는 자(정부), 이를 전하는 자(언론), 그리고 전해 듣는 자

(국민)가 국가와 사회의 앞날에 대한 비전과 목표를 결여할수록 국가 안보 담론은 도덕론과 민족주의적 열망에서 헤어나기 어려울 것이다.

권력자가 그릇된 정책을 밀어붙이면 정부 부처와 관료의 행동반경은 위축된다. 의식 있는 공무원은 말을 아끼게 되고, 출세하려는 기회주의자는 자신의 영혼을 팔고 권력의 동조자를 자처한다. 하지만 다음 정권에 어떤 생각을 가진 권력이 올지 모르므로 몸을 던져 일하려 하지 않는다. 일은 하되, 아무 일도 제대로 진척되지 않는 상황 관리형 국정이 이어진다.

정부 부처의 직업 관료들은 조직 내의 비효율과 관료주의 행태를 감추고 답습하면서 대통령과 청와대가 이러한 부처의 내부 사정을 알아채지 못하게 말을 아낀다. 정치인이나 민간 전문가가 장관으로 부임해오면, 최대한 잘 모시되 임기 내에 지나친 개혁안이 추진되지 않도록 최대한 방어하려고 한다. 사정이 이러하니, 안보 관련 부처는 정책 판단과 실행의 때를 잃어 힘센 나라들과 갈등이 터져 나올 때마다 이를 봉합하고 무마하는 임기응변식 외교가 반복된다.

우파건 좌파건 집권하면 자꾸 무엇을 새롭게 만들고 통제하려고 한다. 전임 정권이 하던 것 중에 좋은 것은 존중하고 계승할 줄도 알아야 한다. 정부가 과도하게 디자인하는 성장정책도, 분배정책도 둘 다 민간 영역의 활력과 창의력을 질식시킨다. 공무원 수를 자꾸 늘려 인재가 정부에 몰리게 한들, 세금과 국가경쟁력만 축날 뿐이다.

개혁이란 정부가 힘을 더 갖는 것이 아니라 일이 순조롭게 풀리도록 막힌 곳을 뚫어주고 교통정리를 하는 것이다. 정부가 욕심을 내려놓고 민간 영역이 신나게 일하고 경쟁하게 해주는 것이다. 반칙과 불법은 엄중히 다스리고 사회적 약자가 잘할 수 있는 공간과 기회를 찾아주는 것이다. 국가 백년대계를 준비하면서 사람을 키우고 국가 시스템을 선진화하는 것이 가장 중요한 개혁 과제다. 대부분의 정권이 시간과 공(功)이 드는 개혁에 소홀한 이유는 임기가 짧고 그 기간에 일을 만들어 돌파하는 것을 부담스러워하기 때문이다.

나라의 흥망성쇠는 그것이 결정되는 경위가 어찌됐든 지도자와 국민이 연대하여 책임지는 것이다. 요즈음 나라의 앞날을 걱정하는 사람이 많다. 올바른 생각을 가진 게으른 사람보다 그릇된 신념을 가진 부지런한 사람이 더 위험하다. 정답을 모르는 사람보다 이를 알면서도 관망하는 사람이 더 무책임하다. 역사의 진보는 지도자 운(運)이 자주 찾아오는 국민만이 누리는 복이다.

95. 안보 이슈 정쟁화(政爭化) 말아야

무더위의 절정인 2004년 8월 초, 도심의 차들이 비교적 한산한 터라 약속 장소에 차를 몰고 가도 조바심이 덜하던 차였다. 그런데 며칠 전 저녁 모임에는 30분이나 지각하고 말았다. 광화문 거리를 압도하는 확성기는 이라크 파병 반대의 외침을 반복하고 있었다. 시위 참가자 수는 많지 않아 보였지만 이 더위에 그 정도 정성이면 대단하다 싶었다.

아마 휴가철에 산과 바다로 떠나는 대신 시위에 매진하는 사례는 다른 나라에서는 찾아보기 힘들 것이다. 북한 핵문제, 한미동맹과 같은 커다란 주제들이 택시 대화의 분위기 메이커로, 그리고 소주의 안

줏거리로 쓰일 만큼 한국은 안보 토론이 활발하고 안보의 일상화가 이뤄진 나라다.

분단의 특수 상황으로 인한 안보 스트레스 때문일까. 아니면 토론과 논쟁을 즐기는 국민성이라는 것이 따로 있어 그럴까. 또 아니면 한국 사람의 어떤 속성 때문이 아니라 한국이 그만큼 많은 격동에 시달릴 수밖에 없는 지정학적 위치에 놓여 있어 그럴까.

한국 사람들이 왜 안보 문제에 크게 신경을 쓰는지에 대해 정확히 설명하는 것은 어려울지 몰라도, 그 안보여론이 사실 그다지 정확하지 않으며 종종 국가의 장래를 가로막는 위해적(危害的) 성격을 지니기도 한다는 점은 분명히 이야기할 수 있다.

안보 문제는 전쟁 상황이 아닌 한 느리게 진행되는 속성이 있다. 그래서 안보정책의 결과는 당장 얼마만큼의 이익이나 손해로 쉽게 드러나지 않는다. 동맹의 향후 50년 청사진, 떠오르는 중국과의 21세기 협력관계 등 추상적인 내용이 많다. 이라크에 파병할 경우와 그러지 않을 경우 당장 초래될 국가이익 혹은 손해를 계산해보라는 문제에 답하기 힘들다.

반면, 주택정책과 세금제도가 어떻게 바뀌었으므로 지금 사는 집을 2년 내에 처분해서 새집을 사서는 안 된다는 등 가계경제에 대한 판단은 구체적이고 정확하다. 자신의 호주머니 사정에 직접 영향을 주는 문제에 비해 국가의 안보 문제에 관한 토론과 판단은 논리와 자료의 측면에서 보아 덜 엄밀하게 이뤄지기 마련이다.

그렇다면 정부의 역할이 중요해진다. 국민이 안보 이슈를 놓고 신바람 나게 토론하도록 건전한 오락성 기능을 부여하면서도 그 토론이 지나친 격론이 되고 여론이 국가정책 목표와 어긋나는 방향으로 흐르는 것만은 막아야 한다.

특히 안보여론을 특정 방향으로 몰아가려는 '야심'을 가진 아주 잘 조직화된 소수 세력의 활동을 예의주시해야 한다. 이들은 비정부기구(NGO)라는 정체성에 걸맞지 않게 정부정책에 지나치게 간섭하고 마치 정부 노릇을 하려고 한다. 교사단체, 노동단체, 학생단체가 본연의 역할과 권익 보호에 충실해야지 느닷없이 나라의 안보정책을 뒤흔드는 구호를 들고 나와서는 안 될 일이다.

국민이 안보 토론을 즐기는 것과 안보 이슈를 정쟁화(政爭化)하는 것은 구별돼야 한다.

(국방일보 2004년 8월 7일자 칼럼원고를 수정함)

96. 입 다물어버린 보수들

한국사회과학데이터센터의 2006년 1월 조사에 따르면 자신을 '보수층'으로 규정한 한국인이 10년 전의 29.3%에 비해 40%에 육박할 정도로 늘었다고 한다. 보수란 사회 변화에 대한 태도를 기준으로 현재의 기반 위에서 천천히 개혁하자는 노선이다.

한국의 외교안보 사안에서는 북한 독재정권과 일정한 거리를 두고 한미관계를 중시하려는 사람을 보수주의자로 인식하는 경향이 강하다.[49] 자칭 보수론자가 늘었다고 하지만 요즘 한국 사회에서 명쾌한

---

49 엄밀히 말하면 좌파와 우파, 그리고 진보와 보수가 서로 대응관계를 이룬다. 북

보수 담론을 접하기는 힘들다. 정부의 좌파적 대외정책을 비판하는 견해들은 대개 보수적 대안론이 아닌 두루뭉술한 절충론이다.

지금 한국이 당면한 중대한 안보 이슈 두 가지를 꼽으라면 북한 핵 문제와 한미동맹의 진로가 될 것이다. 그런데 북한을 몰아붙이거나 미국을 감싸는 것은 한국 사회에서 굉장히 위험한 일이 되어버렸다. 북한 정권의 교체 같은 발상은 아예 정신 나간 수구주의자의 집착 정도로 치부된다.

북한은 어찌됐건 포용해야 하고 먼저 지원해야 하며 그러한 가운데 타협점을 찾아야만 전쟁도 막고 평화도 지킨다는 주장이 성서 말씀에 버금가는 진리로 자리 잡은 지 오래다. 북한 핵문제에 대한 절반의 책임은 북한을 감싸지 않으려는 미국에도 있다는 지적을 먼저 해야 외교안보에 관한 얘기를 풀어나갈 수 있을 정도다.

일정 수준의 대북 압박을 병행해야 북한의 결단을 유도할 수 있을 거라는 믿음이 들더라도 그러한 생각을 공개적으로 전파하려면 여러 가지 피곤한 일을 각오해야 하는 게 요즘 세태다. 전쟁을 서슴지 않는 탐욕스러운 패권국으로 낙인찍힌 미국과 대등한 관계를 만들어가야 한다는 목소리가 한·미 간에 전략공조를 회복해야 한다는 걱정을 압도하고 있다.

사정이 이런 관계로 개점휴업 중인 6자회담에도, 1월 19일 미국 워

한 문제에 관해서는 좌파 대(對) 우파로 구분하는 것이 정확하다. 진보와 보수는 사회 개혁의 폭과 속도에 대한 견해차를 비교하는 개념이기 때문이다. 우파 진보주의자도, 좌파 보수주의자도 있을 수 있다.

싱턴에서 열릴 한 · 미 전략 대화에도 보수(우파) 시각이 제공할 마땅한 훈수가 빈약한 실정이다. 한국이 괜한 오해를 불러일으키지 말고 협력 분위기를 이어가라는 정도의 충고가 제일 무난해 보인다.

이는 한국의 대외정책 진로를 놓고 정론(正論) 보수(우파)주의자들이 제기해야 할 핵심 가설들이 이미 진보(좌파)세력에 의해 철저히 무력화됐음을 시사한다. 사정이 이러하기 때문에 보수주의자 증가가 보수성 강화로 연결되지 않는다.

우파 안보론이 늘 옳을 수는 없다. 그러나 한쪽으로 치우친 좌파의 이상론에 현실성을 부여하는 덕목은 분명히 존재한다. 그렇기 때문에 필요하다면 '북한 질책하기'도 '미국 감싸기'도 해야 한다.

독일의 여성 커뮤니케이션학자 엘리자베스 노엘레 노이만(Elisabeth Noelle-Neumann)은 "사람은 자신의 의견이 사회적으로 우세하고 지배적인 여론과 일치하면 그것을 적극적으로 표현하며, 그렇지 않으면 침묵을 지키는 성향이 있다"면서 이런 현상을 '침묵의 나선(spiral of silence)'이라고 표현했다. 국가의 주도적 엘리트와 선전 매체들이(편재적 요소) 지속적으로(축적적 요소) 하나의 견해만(일치적 요소) 주입할 때 이 침묵의 나선은 확대된다.

건전한 우파의 안보관마저 고립시키는 침묵의 나선은 급진 좌파주의자들의 공세주의에서만 기인하는 게 아니다. 현 정부의 외교노선에 실망감을 품은 사람들이 경험하는 반(反)정부성 강화가 보수성(우파) 강화로 오인될 수도 있다. 또 안보 성향을 측정하는 사회적 잣대가 갑자기 왼쪽으로 옮겨가다 보니 똑같은 자리에 내내 그대로 서 있던 사람들이 대부분 오른쪽으로 이동한 것으로 치부되는 경우도

그들은 왜 정답이 있어도 논쟁하는가

적지 않다.

이런 와중에 침묵의 나선 구조를 더욱 구조화하는 무책임한 사람들도 있다. 한국 외교안보 현실 저간의 사정을 뻔히 꿰뚫고 있으면서도 출세해야겠다고 작정한 일부 고위 관료와 정치인, 경제인들이다. 자신의 우파적 세계관을 감추고 권력과 사회 분위기에 맞춰 정책을 만들고 기부를 하는 사람들이다. 심정적인 동조자들에게 돌을 던져야 자신이 올라가는데 별수 있겠는가.

그렇다면 최근 유행처럼 늘고 있는 뉴라이트 계열의 운동가들이 침묵의 나선을 깰 수 있을까. 동조하는 사람이 늘어나고 목청을 높인다고 해서 당장 크게 달라질 것은 없다. 잃어버린 담론을 찾아올 수 있는 지혜를 갖추는 것이 더 시급하다.

(동아일보 2006년 1월 16일자 칼럼원고를 수정함)

97. 불법 반미운동 이대로 놔둘 건가

소수에 의한 조직화된 반미운동이 한미관계를 서서히 위기 국면으로 몰아가고 있다. 2006년 3월 30일 한·미 연합군사훈련이 실시된 충남 태안군 만리포해수욕장에서 '조국통일범민족연합'과 '평화와 통일을 여는 사람들'의 기습 시위로 훈련이 일시 중단되는가 하면 2008년 말까지 주한미군 용산기지가 옮겨갈 경기 평택시의 기지 터 일부는 '평택 미군기지 확장 저지 범국민대책위원회'가 점거해왔다.

그간 이들이 보여온 행동은 명백한 불법이라는 점에서 우려스럽다. 나라의 군사훈련을 방해하는 행위는 특수공무집행 방해죄에 해당

한다. 또 국방부의 소유가 된 땅에 들어와 영농 행위를 하고 한 · 미 공동 측량을 방해하는 대목에 가서는 아예 할 말을 잃게 된다. 5cm가량만 농작물이 자라면 농지를 소유하지 않은 농민이라도 일정한 권리를 인정하는 대법원의 판례를 염두에 두었을 것이다.

그런데 이들의 불법 행위보다도 더 큰 걱정을 자아내게 하는 것은 우리 정부의 소극적인 대응 태도다. 2002년 이후 한 · 미 연합군사훈련은 매번 뛰어드는 시위대의 방해에 홍역을 치러왔는데도 공권력은 솜방망이 대응으로 일관하였다. 2005년 7월 민주노동당, 민주노총, 한국대학총학생회연합(한총련), 재야인사 등 7,000여 명이 미군기지(캠프 험프리)의 철조망을 57m가량 훼손하며 벌인 시위에 대한 경찰의 조치는 고작 불구속 기소 7명, 출석 요구 14명이었다. 미군은 관할 구역 내의 장갑차에 뛰어드는 행위를 저지하게 돼 있지만 한국인들에게서 '억울한' 여론 재판을 받을까 염려하여 손 놓고 지켜보기로 한 지 오래다.

이러한 가운데 4월 7일 국방부가 기지가 들어설 평택시 팽성읍 일대에서 농지 폐쇄 작업에 들어간 것은 다행스러운 일이다. 하지만 사생결단을 하고 저지하려는 시위대의 기세를 감안할 때 결코 수월한 일은 아닐 것이다. 정부는 '평택지원특별법'에 따라 주민의 이주와 생계 보장을 위한 대책을 마련해 시행하고 있는데도 외부의 운동가들이 들어와 저항을 부추기고 있다. 평택 시민을 위한다는 명목으로 기지 이전을 무산시키고 한미관계를 파국으로 몰려 한다면, 이들은 대한민국 전체의 안보정책을 뒤흔드는 위험한 게임을 벌이고 있는 셈이다.

그들은 왜 정답이 있어도 논쟁하는가

군과 경찰의 일선 담당자들이 이제까지 똑 부러진 태도를 취하지 않은 것은 윗사람들의 뜻을 헤아려 짐작하는 습성 때문이다. 애국한답시고 잡아들이고 밀어붙여봐야 '소신만 있고 눈치는 없는' 사람으로 낙인찍히기 십상이기 때문이다.

물론 우리 정부가 동맹인 미국에 노골적인 반미정책을 펴고 있는 것은 아니다. 그렇다고 해서 한·미 군사협력의 장래, 통일 문제, 북한의 핵·위조지폐·인권 문제 등 어느 것 하나 미국과 긴밀하게 협력하는 내용도 찾아보기 힘들다. 정부의 어정쩡한 친미 노선은 화끈한 반미주의자들의 활동 공간과 파괴력을 한층 북돋우고 있는 것이다.

노무현 정권 초기에는 강성 반미주의 실세들의 입김에 휘둘려 한미관계가 휘청거렸다. 시간이 지나면서 냉엄한 국제환경을 거슬러 한미관계를 그르치는 것이 간단하지 않은 일임을 깨닫게 되자 청와대의 대미 외교는 다시 정석(定石)으로 되돌아오기 시작했다.

그러나 한미관계의 중요성을 말로만 되뇌고 정책공조를 펴지 못한다면 한미관계가 올바로 작동할 수 없을 것이다. 한국의 외교가 원칙과 언행일치의 차원에서 미국의 신망과 존경을 확보해야만 한국의 입지가 강화될 수 있음을 기억해야 한다.

정권의 임기는 짧지만 대외관계는 긴 호흡을 두고 진행된다. 계획된 대로 치밀하게 추진되어도 2008년 말에 마무리될 미군기지 이전 문제는 결국 차기 정권의 책임이기도 하다. 또 한·미 자유무역협정(FTA) 협상이 내년(2007년) 3월까지 타결된다 하더라도 이의 국회 비준을 둘러싸고 진행될 치열한 정치 공방은 곧 차기 주자들이 나눠 가져야 할 몫과 책임이기도 하다.

대한민국의 앞날을 진정으로 걱정하는 논쟁과 토론은 간데없고 남의 치부만 찾아 들추고 확대하여 무조건 끌어내리려는 싸움만 벌어지고 있는 가운데, 치밀하고 영리한 반미운동가들의 동맹 훼손 노력은 식을 줄 모르고 있다. 현상을 제대로 읽어내어 국가정책의 집단 실패를 막는 일에 이제 국민이 눈을 부릅떠야 한다.

(동아일보 2006년 4월 10일자 칼럼원고를 수정함)

98. '한국은 북핵 해결 훼방꾼' 낙인찍힐라

노무현 정부가 집권 4년 차인 2006년에 임기 중 세 번째로 단행한 이번 외교안보 라인 교체는 대외정책을 손질할 수 있는 마지막 기회였다. 드러난 인선 결과를 볼 때 대통령의 임기 말 외교정책은 이제까지와 조금도 다름이 없을 것임을 짐작할 수 있다. 신임 국가정보원장, 외교통상부 장관, 통일부 장관 내정자의 공통점은 그간 청와대의 의중을 가장 빨리 읽어내고 가장 단호하게 대통령을 엄호해온 친위세력이라는 점이다.

관료의 덕목은 경험과 전문성에서 비롯되며 그들은 이러한 자산을 활용해 최고통치자의 올바른 판단을 유도해야 한다. 국제정세에 대한 판단력과 인재를 보는 눈을 겸비한 지도자를 만날 때 전문 관료는 가장 신바람 나게 일할 수 있다. 반대로 대통령이 국가의 중차대한 사안마다 위험한 선택에 경도될 경우 관료들은 난처해질 수밖에 없다. 소신을 굽히지 않아 요직에서 멀어지는 사람, 소신을 잠시 보류하고 '소나기'가 물러갈 때를 기다리는 사람, 소신을 아예 팽개치고 출세에 승부를 거는 사람으로 나뉜다.

신념에서 비롯됐든, 가식에서 연유하든 결국 요직은 임명권자의 생각과 궤를 같이하는 인물이 차지하게 된다. 대한민국의 외교는 건국 이후 유례가 없는 격변과 선택의 전환기를 맞고 있는데, 새로 들어설 외교안보 라인과 청와대가 한국 외교의 입지를 더욱 축소시킨다는 염려가 앞선다. 현 상황에서 한국이 당면한 외교과제는 국제사회의 대세를 따르면서 눈앞의 안보 위기를 타개하는 효과적인 처방을 찾는 일이다. 지금까지 그래왔고 앞으로도 그러하리라고 예상되는 정부의 외교는 정반대의 경로다.

핵무기와 테러리즘의 확산을 막고 인권 외교를 펴고자 하는 UN과 국제사회의 대열에 동참한다고 하지만, 어떤 경우에도 북한 정권의 심기를 건드려서는 안 된다는 강박관념에 지배받는 한국은 국제사회의 보편적 가치보다는 대북 포용의 특수성을 앞세운다.

대량살상무기 확산방지구상(PSI)이 2003년 6월 공식 발족된 이래 3년 이상을 버티다 결국 마지못해서, 그것도 부분적으로만 가담하는 모양새는 한국 외교의 명분과 발언권을 제대로 보장하지 못한다. 북한 주민의 인권 개선 문제는 꺼내지도 못하면서 반체제 전력(前歷)이 있는 사람을 민주 인권의 수호자로 표창하는 행태는 한국 민주주의의 갈 길이 멀다는 점을 시사한다.

북한이 코앞에서 핵실험을 해도 전혀 동요하지 않는 한국인의 태연함에 놀랐던 국제사회는, 남한으로 날아오지도 않을 북한의 핵 위협을 과장해서는 안 된다는 한국 대통령의 역설에 말문을 닫고 말았다. 북한이 핵을 미국이나 일본에 쏘겠는가. 김정일 정권이 만에 하나

자멸을 각오하고 핵을 쓴다면 목표는 바로 한국이다.

한국의 안전을 인질로 잡아 가둔 현재의 상황 자체가 정상적인 남북관계를 불가능하게 만든다. 핵무기를 가진 북한을 계속 돕겠다는 정책은 팔다리를 차례로 잘라주고 나중에는 몸통마저 갖다 바치려는 격이다. 미국과 중국이 북한을 압박하여 회담장으로 나오겠다는 약속을 겨우 받아놓기가 무섭게 통일부는 북한에 무엇을 어떻게 줄 수 있을지 골몰하고 있다.

북한 핵문제는 김정일 국방위원장의 결단에 의해 해결될 공산보다는 김정일 정권의 몰락과 함께 자연적으로 해소될 가능성이 훨씬 크다. 현재의 북한 지도부를 연명시키는 방향으로 대북 지원을 계속할 경우, 한국은 북핵 해결의 방해꾼으로 낙인찍혀 대미·대일 관계가 회복하기 어려울 만큼 악화될 수 있다. 북한 내부에 이상기류가 발생하거나 남북 분단 상황에 새로운 변화가 발생할 때 우리의 안보와 통일을 도울 우방이 있어야 할 것 아닌가.

이제껏 포용정책을 무분별하게 펴서 북핵 위기를 악화시켰다면 앞으로라도 분별 있는 포용을 다짐해 대북 외교력과 국민의 지지를 동시에 회복할 기회가 있었다. 노무현 대통령은 무슨 이유에서인지 이번에 쉬운 길을 마다하고 가지 말아야 할 길을 택했다. 새로 들어설 정부의 외교안보 라인은 한국 외교의 불안한 외줄 타기가 오래도록 지속될 것임을 예고한다.

(동아일보 2006년 11월 6일자 칼럼원고를 수정함)

99. 소수 '코드 이념'의 국정(國政) 독점

노무현 대통령이 해외에 나가 외교·안보관을 피력할 때면 정작 의도된 대상은 국내인인 경우가 많았다. 북한 핵문제와 대량살상무기 확산방지구상(PSI)에 관한 대통령의 견해가 다시금 드러난 2006년 12월 초 호주에서의 발언 역시 한국 국민들에게 정부의 외교 노선을 우회적으로 확인시키는 계기가 되었다.

공식 석상에서 그것도 외국에 나가 하는 대통령의 발언은 대외정책의 최종적인 입장을 천명하는 셈이어서 신중하고 또 신중해야 한다. 유감스럽게도 한국의 경우에는 국내에서 논의조차 거치지 않은 내용이 대통령의 입에 의해 먼저 선언되거나, 협의 과정을 거쳤다고는 해도 정부 내의 주류 의견에 반하는 입장을 대통령이 일방적으로 지지해버리는 식의 해외 발언이 잦았다.

이번 호주 발언 중 북한이 핵전쟁을 일으켜도 미국의 도움을 받아 한국이 결국 승리할 수 있다는 내용은 북한의 핵 보유 상황을 기정사실화하는 입장이나 마찬가지이고, 이는 우리 국민이 상정해보지 않은 전혀 새로운 차원의 외교를 피력한 셈이 된다. 또 PSI의 뜻에는 공감하지만 참여하지는 않겠다는 입장은 국내 대다수 안보 전문가들의 의견을 내치는 특수한 견해일 뿐이다.

왜 한국의 대통령은 한국의 앞날을 걱정스럽게 만드는 발언을 반복하고, 왜 한국의 외교정책은 무리수를 강행하고 있는 것일까. 그것은 소수의 특정 멤버들이 국가정책을 독점하고 있는 상황에서 자기들끼리의 사고(思考)의 오류를 반복하고 있기 때문이다.

북한 문제에 있어서 평화 우선주의는 한국인의 안전을 생각할 때 절대적으로 중요하지만 평화가 대북 유화정책을 통해서만 보장된다고 믿는다면 오산이다. 핵문제를 평화적으로 해결해야 한다고 강조하면서 펴는 대북 지원정책은 핵 상황을 악화시키고 한국의 안보를 위태롭게 만든다. 남북이 합의한 해운합의서가 보장하는 북한에 대한 선박 검색조차도 무서워서 하지 못하는 정부가 PSI에 대해 무슨 말을 하건 핵무기 반(反)확산 국제체제의 낙오자 대열을 벗어나기는 힘들다.

이러한 정책 실패는 우선 대통령 자신의 독특한 안보 견해와 이에 대한 맹목적인 신념에서 비롯된다. 평화에 대한 염원은 너무 큰데 이를 추구하는 해결책이 너무 이상적이다. 대통령에게 조언하는 핵심 인물들의 생각도 별반 다르지 않다. 평소에 토론을 좋아하는 대통령이 코드를 맞춘 사람들과 아무리 토론을 반복한들 외부의 이견에 마음을 닫은 상태에서는 틀린 결론에 대한 확신만 굳어질 뿐이다. 해외 순방 시의 발언을 준비하는 회의도 마찬가지다. 하나의 생각이 주위 사람들에 의해 끊임없이 확인되는 상황에서 대통령의 돌출 발언이 발생하지 않는다면 오히려 이상할 것이다.

북한을 아는 것과 북한을 다루는 것은 별개의 문제다. 대북정책을 짜는 사람들 자신은 누구보다도 북한에 대해 해박하다고 자신할지 몰라도 북한을 한국의 외교 목표에 부합하도록 어떻게 변화시킬 것인가의 문제는 냉철한 합리성에 바탕을 둔 협상전략이 없고서는 어려운 일이다.

그간 미국을 상대하면서 미국을 어느 정도 알게 되었고 세계 최강국 미국이 한국의 뜻을 쉽사리 거스를 수 없게 만들었노라고 자평할지 몰라도, 변화하는 한미관계가 한국의 본질적인 안보 이익을 위협할 지경에까지 이른다면 제 살 깎아 먹는 자주외교에 불과할 것이다.

북한과 일절 마찰을 빚지 않는 것이, 또 그러한 방향으로 한국의 대외정책을 결정하는 것이 당장은 한반도의 평화 상태를 존속시키는 데 기여할 수는 있어도 한국 외교 입지의 구조적인 취약성은 계속 누적될 것이다. 핵 위협을 남북 정상 간의 악수로 막을 수 있다고 보는 국가 지도부의 인식이 변하지 않는 한, 우리 국민은 앞으로도 갈피를 잡지 못하는 한국의 외교를 걱정할 수밖에 없다.

(조선일보 2006년 12월 12일자 칼럼원고를 수정함)

100. 국민에게 감동을 주는 외교안보 참모

박근혜 정부의 5년 국정을 담당할 각 분야 인사 임명이 한창이다. 2013년 2월 인사는 새 정부의 이미지와 정책 기조를 확연히 드러내는 것이어서 첫 단추를 잘 끼우는 것이 중요하다.

아무리 조직과 기구를 바꾼들 결국 일은 사람이 한다. 정부의 성공을 좌우하는 것은, 특히 대통령이 임명하는 정무직(政務職) 공무원이다. 이들은 고도의 정책 결정 업무를 담당하는 자들로(국가공무원법 2조), 국무총리를 비롯한 각 부처의 장차관과 청와대의 비서실장과 수석비서관들이다. 정무직이 평생 공무원에 종사하는 경력직과 다른 것은 임명권자인 대통령과 함께 정치적 평가를 받고 그에 대한 책임을 진다는 점이다. 안보는 국가와 국민의 안위(安危)와 직결된다는 점에서 국방, 외교, 통일, 정보 관련 정무직의 인사는 더더욱 중요하다.

안보 참모가 갖춰야 할 가장 기초적인 덕목은 확고한 국가관이다. 대한민국의 역사에 대한 자부심과 국가에 대한 봉사정신이 있어야 나라에 보탬이 되는 방향으로 일할 수 있다. 북한의 실체와 생리를 바로 보는 문제는 조국의 분단 현실에서 추가적으로 고려할 요인이다. 그렇지 않고서는 사회와 세력을 편 갈라 국력을 소진하고, 협력해야 할 상대와 경계해야 할 상대를 구별하지 못해 외교는 물론이고 내치(內治)의 실패까지 가져오게 된다.

후보 시절 박근혜 당선인은 올바른 국가관을 누차 강조하였기에 필자는 새 정부 외교안보 라인의 국가관은 걱정하지 않는다. 다만 사람에 따라서는 국익이 뭔지 뻔히 알면서도 이에 위배되는 행동을 하는 경우가 더러 있다.

그 하나는 국익을 위하자니 이를 관철시키는 과정이 험난하고 피곤해 일을 피하는 경우다. 친미니 반미니, 종북세력이니 수구세력이니 분열과 논쟁을 불러일으킨 쇠고기 개방, 한·미 자유무역협정(FTA), 전시작전통제권 전환, 제주 해군기지 문제가 그런 사례 아니었던가. 북한 인권 신장이나 통일 재원 마련을 위한 법안 하나 이제껏 자신 있게 제출하지 못하는 현실도 결국 국가의 관(觀)이 분명치 못해서 그런 거라고 하면 과장일까.

또 하나는 국가와 국민의 이름을 팔아 자신의 공명심을 채우고 출세에 이용하려는 경우다. 지난 두 차례 남북 정상회담이 대표적인 예다. 북한 당국이 노린 연방제 통일의 술수에 끌려다니고 핵·미사일 위협으로 되돌아온 현금과 전략물자를 무한정 제공하면서 한반도에

그들은 왜 정답이 있어도 논쟁하는가

평화와 신뢰를 정착시켰다고 국민을 우롱했다. 똑똑하면서 게으른 사람보다도 잘못된 생각을 갖고 열심히 일하는 사람이 더 위험하다.

국가관이 투철하다고 해서 전문성이 저절로 따라오는 것은 아니다. 담당한 분야에 통달해 있지 않으면 실무 관료들의 존중을 얻지 못하고 일은 겉돌게 된다. 내용을 잘 모르는 사람이 회의를 주재하면 시간만 길어지고 결론은 나오지 않는 법이다. 정부에 들어가 일하면 배우게 되겠지 하는 사람은 외교안보 참모의 자격이 없다. 국가의 요직은 국민을 대상으로 시행착오를 겪으며 공부하는 곳이 아니기 때문이다.

부단한 학습과 경험을 통해 자연스럽게 내공이 흘러넘치는 전문가여야 한다. 치밀한 국가 대전략의 그림을 염두에 두고 매일같이 일어나는 무수한 현안을 전략의 틀로 해석하고 대안을 제시할 줄 알아야 한다. 그런 의미에서 국가안보의 컨트롤타워는 국가안보실이 맡고 외교 · 국방 · 통일부의 현안들은 외교안보수석실이 담당한다는 얘기는 앞뒤가 맞지 않는 것 같다. 일선에서 뛰는 정책 · 정보기관은 국가전략의 틀에 따라 일사불란하게 움직여야 한다. 청와대가 시작부터 업무영역 다툼으로 혼란을 겪지 않도록 권한과 책임을 분명히 할 필요가 있다.

또 하나 필요한 덕목은 일을 찾아서 해결하려는 치열함이다. 대통령 앞에서만 귀에 듣기 좋은 말로 보좌하고 아랫사람에게 궂은일을 떠맡기는 게으른 사람을 많이 보았다. 별로 중요치 않은 세부사항에만 치열하면서 전략의 큰 그림은 보지 못하고 형식과 표현에 집착해 직원들을 힘들게 하는 고위직도 의외로 많다. 예산과 조직은 서로 차지하려고, 힘든 일은 서로 피하려고 부처끼리 다투는데 누구에게도 욕먹기가 싫어 좀처럼 결정을 못 내리는 참모도 여럿 보았다. 부처의 인사 관행과 조직 운영이 기득권과 타성에 젖어 효율을 좀먹고 있는 데도, 어렵고 시간이 걸린다고 해서 좋은 게 좋다며 그냥 시간을 보내려면 정무직 공무원만큼 편한 자리도 없다.

부처의 수장들은 부처의 얼굴이기에 앞서 정부의 성공을 위해 매진하는 개혁주의자여야 한다. 평생 군인으로 봉직하고 외교관으로 일한 사람일지라도, 정무직 외교안보 참모가 되면 역할이 달라져야 한다. 친정 조직을 감쌀 때는 감싸더라도 조직의 발전을 위해서는 고통을 동반한 변화를 요구하는 데 두려움과 주저함이 없어야 한다. 워싱턴으로, 베이징으로, 도쿄로 날아가 상대의 마음을 열도록 해 우리의 뜻을 관철시키고 그들을 진정한 친구로 만드는 협상의 치열함도 보여줘야 한다.

예술만 감동을 주는 것이 아니다. 남들보다 일찍 일어나 주말도 없이 밤늦도록 일하면서 힘든 일을 멋지게 해낸다면 나라에는 얼마나 큰 봉사이고 자신에겐 또 얼마나 큰 보람인가. 그게 애국 공무원의 진면모 아닌가. 국민에게 감동을 주는 외교안보 참모를 고대한다.

(동아일보 2013년 2월 15일자 칼럼원고를 수정함)

101. 국방-외교개혁 방치하지 말라

국정의 모든 분야가 다 그렇지만 외교안보를 뒷받침하는 두 개의 기둥은 정책과 조직이다. 현안을 다루는 정책은 국가전략에 따라 구체화되고, 전략과 정책의 성과는 외교안보를 담당하는 부처와 사람의 경쟁력, 즉 조직에 의해 결정된다.

박근혜 정부가 출범 100일을 넘기면서 대북관계와 주요국 외교의 기본 틀을 갖춰가고 있는 데 반해, 외교안보 조직에 대한 개혁 논의는 전무하다시피 한 상태를 지적하지 않을 수 없다. 일을 아무리 열심히 해도 조직의 경쟁력과 효율성을 높이려는 노력을 병행하지 않으면 같은 예산과 인력을 쓰고도 성과를 극대화할 수 없다.

가장 시급한 것은 국방개혁이다. 병사를 키우는 양병(養兵) 조직과 전투를 지휘하는 용병(用兵) 조직이 따로 작동하는 군의 지휘체계를 단일화하고 육해공(陸海空) 3군 간 합동 전투력을 극대화하려는 취지에서 입안한 것이 이명박 정부의 '국방개혁 307계획'이다. 그러나 이 법안은 18대 국회의 국방위원회 심사 과정에서 온갖 이유로 번번이 좌절된 바 있다.

이 개혁안은 1968년 김신조 일당이 청와대를 습격하려 했던 1.21 사태를 계기로 박정희 대통령이 추진했던 '군 특명검열단'의 군 지휘체계 개편안과 사실상 같은 것이다. 당시 야당은 통합사령관 격인 국군 참모총장 1인에게 권한이 집중된다는 이유로 반대했고, 결국 해당 법안은 국회에 상정되지도 못하고 1972년에 백지화된다. 민주주의 제도가 정착된 문민화 시대에 이르러 40년 만에 다시 추진한 똑같은 취지의 국방개혁안을 여전히 쿠데타 가능성 운운하며 반대하는 것은 시대착오적이다.

일사불란하게 전략지휘와 전투역량을 극대화할 수 있도록 지휘체계를 일원화하는 것은 안보 전문가들의 오랜 주문사항이다. 강력하고 일원화된 한미연합사의 특장(特長)을 지키면서 전시작전통제권 전환을 추진해야 한다고 주장하면서도 정작 우리 군 조직의 이원화된 지휘체계를 고수한다면 이는 모순이다.

각 군이 유사한 기능을 따로따로 수행함으로써 군 조직은 지나치게 비대해졌고, 비전투 부대와 조직에 그만큼 많은 장성을 앉혀놓고 있다. 국방비를 무한정 늘리는 것만이 안보를 중시하는 게 아니다. 같은 예산으로 얼마든지 더 효율적이고 강한 군대를 만들 수 있는데도 각 군이 각자의 기득권을 지키고 요직을 다투기에만 급급하다면 민영화를 거부하는 공기업의 행태와 무엇이 다른가. 국민에게 믿음을 주고 사랑받는 군대로 거듭나려면 국방은 군만이 알고 군만이 잘할 수 있다는 폐쇄주의를 거두어야 한다.

좋은 외교관을 뽑아 잘 기르는 시스템을 갖추는 것 역시 중요하다. 2012년에 출범한 국립외교원은 기계적인 필답고사에 치우친 외무고시 대신 외교관의 직분에 부합하는 적성, 전문성, 창의력을 지닌 인재를 등용하겠다는 취지에서 설립됐다. 그런데 이를 추진하는 부처들의 타성이 작용하더니 이름만 바뀌었을 뿐, 서술시험의 과목과 형태는 예전과 대동소이하게 변질되어가고 있다. 새로운 개념의 선발 방식을 도입하고 부처의 인사제도에 전문성과 경쟁의 기준을 강화하려는 시도는 변화를 받아들이기 힘들어하는 무사안일주의 앞에서는 정착되기 어려울 것이다.

통일부는 1969년 당시의 설립 취지로 돌아가 통일의 초석을 다지고 남북관계의 근본적인 처방을 강구하는 조직으로 거듭나야 한다. 북한의 올바른 변화와 무관하게, 겉으로 보이는 남북 교류의 양과

빈도만으로 통일부의 실적과 영향력를 평가하는 조직구조로는 대북정책 판단에서 주관성의 오류에 빠지기 쉽다. 평소 국가정보원과 통일부가 대북정책 방향을 놓고 판이한 시각을 갖고 대립하는 일이 잦은 것도 알고 보면 사람이 아닌 조직 기능의 충돌에서 오는 것이다.

지난 정부가 추진한 일이라고 해서 무조건 배척하고 새 정부는 늘 새로운 일을 시작해야 한다는 생각은 바람직하지 않다. 옳고 필요한 개혁이라면 국가의 백년대계 차원에서 계속 발전시키고 다듬어가야 한다. 치열한 경쟁을 거쳐 등용한 직업공무원은 개개인을 놓고 보면 유능한 사람이 참 많다. 그런데 해당 조직에 속한 일원으로서의 공무원은 모험과 혁신을 주저하고 조직의 영향력과 예산을 확보하는 데만 매진하기 쉽다.

박근혜 대통령이 아무리 밤늦도록 온갖 보고서를 숙독한다고 해도 일선 부처들이 빠져 있는 매너리즘과 보신주의의 관행을 꿰뚫어볼 수는 없다. 조직 개혁과 쇄신의 적기(適期)인 임기 초반에 박 대통령에게 진정 필요한 참모는 오직 나라의 발전과 국정의 성공만을 잣대로 놓고 일할 줄 아는 사람이다. 관료 조직의 원성과 불평을 사더라도 필요한 것은 꼭 해야 한다고 고집하는 우직한 조언자가 필요하다. 결국 인사(人事)가 만사(萬事)요, 개혁의 요체는 타이밍이다.

(동아일보 2013년 6월 7일자 칼럼원고를 수정함)

102. 귀에 듣기 좋은 말 권하는 사회

"우리의 문제이기 때문에 주도권을 행사해야 합니다." "일방적으로 따라가지 말고 동등한 입장에서 외교를 해야 합니다."

갓 고등학교를 졸업하고 대학에 들어와 처음 외교정책론을 수강하는 학생들의 절반 이상은 이렇게 말한다. 대한민국이 남의 뜻에 휘둘리지 않고 운명을 스스로 개척하자는 것은 흠잡을 수 없는 당위론이다. 하지만 옳고 그름의 규범에만 집착하면 외교정책 본연의 목표는 뒷전으로 밀려나게 된다.

6자회담의 목표는 북한의 핵 프로그램을 폐기시키는 것이다. 대북 정책의 궁극적 지향점은 선군(先軍)·폭군(暴君) 정치의 굴레로부터 북한 주민을 해방시켜 민족통합을 이루는 것이다. 한미동맹이 존재하는 이유는 당면한 북한의 군사 위협을 원천 봉쇄하고 주변 이웃들과의 변화무쌍한 관계에서 한국의 입지를 확보할 지렛대가 필요하기 때문이다. 무릇 주도적인 외교를 무조건 회담을 자주 열고 많은 합의를 이뤄내며 강대국에 큰소리치는 것으로 가르친다면, 귀에 듣기 좋은 말에 현혹돼 외교의 목표를 망각하는 외교정책론으로 귀결될 것이다.

몇 년 전만 해도 우리는 근거 없는 선동과 막연한 적개심에 의해 촉발된 미국산 쇠고기 광우병 사태를 겪은 바 있다. 한국이 단독으로 행사해야 온전한 주권국이 될 수 있다는 주장에서 출발한 전시작전통제권 논쟁은 마치 전쟁을 막는 것보다 전쟁이 일어나면 주도적으로 싸우는 것이 더 중요한 목표인 양, 수단과 목표 사이의 본말(本末)전도(顚倒)를 야기했다.

일본이 생각하는 가상의 위협은 중국과 북한인데, 많은 한국인은 일본의 군사력이 한국을 위협한다고 믿는다. 과거사에 대한 감정이 안보정책에 대한 의견과 뒤섞인 경우다. 2014년 국내 국제정치학계

세미나에서 가장 많이 다룬 주제는 미·중 경쟁의 심화와 한국의 선택 문제였다. 자신의 중심 전략이 확고하지 않을 때 도덕적 우위론과 힘의 열등감 사이에서 방황하게 된다.

우리 사회는 왜 명분과 도덕을 앞세우는 풍토에 젖게 됐을까. 그동안 주어진 평화 속에 너무 오래 안주하면서 어쩌면 이를 당연하게 여기게 된 것일까. 비약적인 경제성장은 국가에 대한 개인의 기대심리를 높였고, 경쟁을 통한 출세의 덕목으로 점철된 인성교육은 자신을 소외계층으로 여기는 사회 구성원 다수 사이에서 평등사회를 갈망하는 심리적인 반작용을 불러일으켰다. 이에 더해 북한은 자주외교와 민족공조의 슬로건을 집요하게 내세우면서 우리 사회를 분열시키고 외교적으로 고립시키려 노력해왔다.

국가와 사회의 나아갈 방향을 제시해야 할 대통령도, 새로운 규칙을 제정하고 통과시켜야 할 국회의원도 유권자가 뽑고 교체한다는 점에서 국민의 의견과 지도자의 리더십은 서로 분리될 수 없는 동전의 양면과도 같다. 후보자의 경제 공약은 되도록 적은 사람에게 부담을 지우고 많은 사람에게 혜택을 약속하게 마련이다. 안보 공약은 삶에 지친 국민의 응어리를 풀어줄 박력 있고 과감한 언사로 채워지기 쉽다. 배타적 민족감정과 맹목적 자존감이 당장 표(票)로만 연결된다면, 이후에 감당해야 할 현실적 해법은 나중의 문제이기 때문이다.

국가의 각종 현안을 진단하고 정책을 짜는 것은 직업 관료들의 몫이다. 치열한 국가시험을 통과해 선발된 인재들이 조직 내에서 더욱 치열한 경쟁을 마주하며 살아가는 방식은 대개 두 가지다. 국민이 뽑은 지도자가 주기적으로 새롭게 나타날 때마다 그의 국가경영 철학이 무엇이든 잘 맞춰 무난하고 성실하다는 평판을 듣는 것이다. 또는 다소 여러 가지 위험을 무릅쓰고서라도 지도자의 오판이나 부족함에 대해 직언(直言)하는 것이다. 무조건 출세해서 집안의 족보에 이름을 남기느냐, 직분에 관계없이 마땅히 해야 할 일을 하느냐의 가치판단 문제다.

마지막으로, 국민과 정부를 이어주는 것은 언론의 역할이다. 언론이 잠시 흥미를 유발하는 자극적인 콘텐츠에 의존하기 시작할 때 귀에 듣기 좋은 말 권하는 사회의 시행착오와 병폐는 더욱 누적될 것이다. 말하는 자와, 이를 전하는 자와, 이를 듣는 자가 그 누구든 우리 사회의 앞날에 대한 분명한 비전과 목표가 결여될수록 감정과 도덕에 의존하고 싶은 욕구는 떨치기 힘들 것이다. 우리 사회는 더디더라도 한 걸음씩 뚜벅뚜벅 제대로 된 길을 가야 한다.

(문화일보 2014년 11월 20일자 칼럼원고를 수정함)

103. 믿고 싶은 북한만 보려는 사람들

세상에는 두 가지 지식이 있다. 하나는 알고 있다는 느낌은 있는데 설명할 수 없는 지식이고, 또 하나는 알고 있다는 확신에 더하여 남들에게 설명해 납득시킬 수 있는 지식이다. 자신이 제대로 알고 있음을 인지하는 메타인지(meta-cognition)만이 진짜 지식이다. 세상에는 확신으로만 가득 차 거짓과 허구를 진실인 양 호도하려는 사람이 많다.

정부가 2010년 3월 26일에 발생한 천안함 폭침이 북한 소행이라는 국제 합동조사단의 결론을 발표하고 5.24조치를 단행했을 때 북한이 절대 그랬을 리가 없다며 각종 음모론을 제기한 사람들이 있었다. 북한 정권의 통치자금과 핵개발에 쓰일 수 있는 지원 대신 북한 주민의 민생에 보탬이 되는 물자와 장마당을 지원하겠다는 대북정책을 대결적 강경책으로 매도하는 사람들이 있었다. 북한이 우리 공공기관을 수시로 해킹하고 무인 항공기를 수도권 깊숙이 날려 보내도 북한 소행이라는 확증이 있느냐며 따지듯이 묻는 사람들도 있었다.

대한민국 사회에는 소수이지만 잘 조직된 대남 통일전선전술의 친위부대들이 활동하고 있다. 개방된 민주주의 제도를 한껏 악용하여 방종을 권리라 주장하며 국민을 분열시키고 민주주의를 파괴하려는 자들이다. 이들은 어찌하여 거짓 선동을 하면서도 그리도 당당한가.

1917년 러시아 볼셰비키 혁명을 주도해 공산 소비에트 연방국가를 창설한 블라디미르 레닌(Vladimir Lenin)은 "계급투쟁 혁명을 위한 거짓말은 불가피할 뿐 아니라 혁명 주도세력의 적극적인 의무이자 선(善)"이라고까지 주장했다.

하물며 북한은 더욱 그러하다. 3대(代)에 걸쳐 70년 이상 독점 권력을 누려온 집단의 권력에 대한 집착은 열망의 수준을 뛰어넘어 존재의 수단이자 이유 그 자체다. 나아가 남한 사회를 흔들고 무력화해 손아귀에 넣고자 수행하는 거짓 선동은 북한에 완성된 권력을 우리 사회에까지 확장시키는 권력투쟁의 정당한 도구가 되는 셈이다.

5,100여만 남한 인구 중 핵심적 종북 좌파 세력은 수만 명에 불과하다. 하지만 그들은 정계 · 학계 · 언론계 · 예술계 · 종교계 등을 망라한 분야에서 기획된 메시지를 전파하고 각인하고자 확성기 역할을

수행하고 있다. 1998년부터 본격화된 대북 햇볕정책은 '남북 대화는 곧 미덕이요 정상회담은 그중에서도 최고 결실'이라는 가설을 집요하게 정당화했다.

대화는 수단이지 목적 그 자체가 아니다. 대화를 포함한 모든 대남 정책을 권력투쟁의 도구로 삼는 북한 정권을 상대로는 우리가 원하는 합의와 북한의 변화를 이끌어내는 치밀한 대화 전략이 필요하다.

2000년과 2007년의 남북 정상회담은 북한 정권의 주민 통제력과 대남 위협능력을 강화시켜주는 한편, 남북 대화는 무조건 옳은 것이라는 환상을 우리 국민에게 각인했다. 북한 지도부는 남한의 어떤 정부라도 국민의 반짝 인기를 차지하고자 남북 대화에 목말라할 것인 양 착각하며 뒷거래를 요구해왔다.

2015년 2월 출간한 회고록에서 이명박 전 대통령은 북한 정권이 정상회담을 지속적으로 제안하면서 막대한 현금과 전략물자를 요구해왔다고 밝혔다. 이번에도 영락없이 북한은 절대 그러지 않았을 것이라며 사실관계를 계속 따져봐야 한다고 주장하는 사람들이 나타났다.

나라의 근간을 흔들려는 거짓 선동은 앞으로도 계속될 것이다. 여기에 어떻게 대처하는가는 우리 국민의 몫이다. 대부분의 사람은 기존 믿음과 상치되는 새로운 경험이나 정보를 접할 경우 기존 신념을 버리고 새로운 견해를 받아들인다. 하지만 적지 않은 사람은 자신의 오류를 인정하는 대신 이를 합리화하려는 태도를 보인다.

사회심리학자 레온 페스팅거(Leon Festinger)는 이러한 행동을 인지부조화이론(認知不調和理論 · theory of cognitive dissonance)으로 설명했다. 알고 싶지 않은 정보를 기피하는가 하면 자신의 믿음에 부합하는 정

그들은 왜 정답이 있어도 논쟁하는가

보에 애써 기대려 한다는 것이다. 그는 사이비 종교단체의 종말론을 믿는 신도들을 관찰한 결과, 교주가 예언한 종말 일에 지구가 멸망하지 않았지만 종말론에 대한 그들의 믿음은 오히려 깊어졌다는 사실을 밝혀냈다.

앞으로의 남북관계는 새로이 알게 된 사실로 인해 발생하는 인지부조화 현상에 우리 국민이 어떻게 대처하느냐에 달렸다. 과거의 믿음을 바꾸는 데 따르는 심리적 고통을 흔쾌히 받아들이려면 겸허한 용기가 필요하다. 이것이 하나둘 모이면 결국 정부의 생각과 정책도 바꾸게 하는 힘을 발휘할 것이다.

(조선일보 2015년 2월 23일자 칼럼원고를 수정함)

104. 헛똑똑이 안보여론과 위정자의 책무

최근 논문을 하나 쓰면서 한국인의 정치와 안보 이슈에 대한 여론조사 결과를 검토해보았다. 국내외의 주요 조사기관별로 다소 편차가 있었으나 응답의 패턴은 유사했다. 국민은 김영삼·김대중 대통령이 한국 민주주의 발전에 크게 기여했다고 믿으면서도, 투표할 때는 아직도 후보자의 출신 지역을 주요 변수로 고려하는 것으로 나타났다. 3김 정치가 권력을 창출하고 유지한 핵심 수단도 능력보다는 충성도에 따라 작동하는 보스 정치, 계파 정치였다는 점에서 반민주적인 방식이었다.

대외관계에 관한 여론도 이중성을 지닌다는 점에서 매한가지다. 북한의 도발에 강력하게 응징해야 한다는 의견도, 남북 대화가 필요하다고 보는 의견도 다수를 차지한다. 김정은 정권에 들어와 북한이 핵을 포기할 가능성이 더욱 희박해졌다는 것이 중론이고, 북핵문제의 바람직한 해법에 대해서는 '6자회담 협상에 의한 평화적 해결'이 항상 최다 응답을 차지한다. 대다수 국민은 한미동맹이 한국 안보의 핵심 중추라고 대답하는 동시에 한국이 외교의 주도권을 쥐어야 한다고 믿는다. 미국과의 동맹도 잘 지키고 중국과도 잘 지내야 한다는 전제하에 두 강대국 사이에서 어느 쪽에 일방적으로 끌려다녀서도, 어느 한쪽을 섭섭하게 해서도 안 된다고 믿는다. 아베 내각이 추진하는 집단자위권에 반대한다는 의견도, 악화된 한일관계를 회복해야 한다는 의견도 둘 다 절대다수를 차지한다.

겉으로는 아는 것이 많아 보이지만 정작 알아야 하는 것을 모르거나 어떤 것을 선택해야 하는 상황에서 제대로 판단하지 못하는 사람을 헛똑똑이라고 부른다. 민심은 천심이듯, 국민의 마음은 자연의 순리와 보편적인 상식에 기초한다. 하지만 동시에 여론은 서로 모순관계에 있는 두 가지 목표를 동시에 충족시켜야 한다고 믿는 이중성을 지닌다.

여론은 수시로 변한다. 여론은 위정자의 판단에 영향을 주는 동시에 위정자들이 내린 정책의 결과에 영향을 받기도 한다. 여론은 관전자일 뿐, 나라의 정책을 직접 결정하고 그 결과에 책임지는 주체가 아니라는 점에서 무책임하다. 안보와 외교는 국내 정치와 달리 나라 밖의 당사자가 여럿이고 한번 잘못 내린 결정은 오래도록 치명적인 결과를 가져온다.

소위 사회의 지도층은 여론의 거울인 동시에 여론을 주도한다는 점에서 그 책임이 막중하다. 언론은 국민의 인식과 정부의 정책을 연결하는 가교다. TV와 인터넷 언론이 시청자의 초기 인식에 미치는 영향은 절대적이다. 신문은 지식인 사회의 담론 형성을 주도한다. 언론이 상업주의에 경도돼 수요자의 감성을 지나치게 자극하면 여론이 춤추게 된다. 학자들이 각자의 전문 영역에 천착하지 못하고 시류에 영합하면 사회의 지적(知的) 내공이 빈약해진다. 주요 정책의 입법을 담당하는 정치인들은 그 존립 기반이 유권자의 투표라는 점에서 여론의 시류에 끌려다닐 가능성이 가장 큰 집단이다. 능력과 전문성이 존재의 이유인 행정 부처들이 조직 이기주의의 볼모가 되어 예산만 탐내고 힘든 일을 회피한다면, 중요한 과제는 방치되고 인기 위주의 전시(展示) 행정이 득세하게 된다.

캘리포니아 실리콘밸리의 IT업계를 찾아 무한 경쟁 시대의 생존과 영광의 비법을 탐문해보니 결정적인 변수가 창업 CEO의 비전과 결단이었다. 헛똑똑이 안보여론을 잘 다스려 진짜 똑똑한 외교를 펴야 할 가장 중요한 행위자는 바로 대통령이다.

임기 2년을 남긴 박근혜 정부의 대북정책이 본격적인 시험대에 오르고 있다. '신뢰'에 바탕을 둔 관계를 정립하는 것이 불가능에 가까운 상대를 놓고 어떠한 남북관계 프로세스를 추진할 것인가의 문제요, 저마다 다른 이해관계를 가진 주변국들에 어떠한 국제공조 방안을 제시할 것인가의 문제다.

2015년 8.25합의[50]에서 "남북관계를 개선하기 위해 여러 분야의

---

50 2015년 8월 4일 경기도 파주시 육군 제1보병사단 소속 하사 2명이 비무장지대

대화와 협상을 진행하고(1항) 다양한 분야에서의 민간교류를 활성화하기로(6항)"했지만, 우리 당국이 상대하는 북한에는 민간이라는 주체가 애초에 존재하지 않는다. 민간의 직함을 가지고 우리 민간단체와 기업을 상대하면서 철저한 북한 당국의 조종에 따라 대남 목표를 추구할 뿐이다.

북한 정권이 원하는 현금과 전략물자를 다시 제공하는 방법으로 금강산 관광을 재개하고 5.24조치를 해제하는 것은 손쉬운 일이다. 반면 북한 주민들에게 직접 전달되고 북한 사회의 개혁·개방에 도움이 되는 경제협력 방안에 북한 당국과 합의하기란 매우 어렵다. 아무리 외교를 잘한다 해도 지금 상황에선 일사천리로 진행되는 남북관계는 기대하기 어렵다.

무엇보다도 지도자는 쉽고 빠른 길의 유혹을 이겨내야 한다. 재임 중에 받을 일시적인 평가보다는 나중에 점차 세월이 가면서 내려질 역사적 평가를 생각해야 한다.

(조선일보 2015년 11월 30일자 칼럼원고를 수정함)

(DMZ)를 순찰하다가 북한이 설치한 목함지뢰의 폭발로 다리가 절단되는 사건이 발생했다. 이에 박근혜 정부는 8월 10일 노무현 정부 때 중단한 대북 확성기 방송을 11년 만에 재개했다. 북한군은 8월 20일 오후 확성기를 향해 두 차례에 걸쳐 포탄을 발사했고 한국군도 대응사격을 실시했다. 남북한이 서로 군을 전진 배치하는 등 일촉즉발의 긴장이 고조되었다. 8월 22일 저녁 북한의 제안으로 남북 고위급 회담이 시작되었고, 8월 25일 오전 2시 6개 항의 남북 공동보도문이 발표되었다. 북한의 유감 표명과 한국의 확성기 방송 중단 내용이 포함됐다. 한국이 확고한 원칙과 안보태세를 갖출 경우 북한이 결국 타협을 택한다는 것을 보여주는 사례다.

그들은 왜 정답이 있어도 논쟁하는가

105. 관료 전성시대의 대통령 1인 외교

총선에서 지고 여소야대(與小野大) 국회가 돼도 대외관계는 행정부가 책임지고 추진해야 할 영역이다. 입법기관인 의회도 얼마든지 안보와 외교에 관한 법안을 상정할 수 있지만 한국의 세계전략을 논하기에는 국내 권력정치에 기울이는 열정이 너무 커 보인다. 박근혜 정부 외교 인사(人事)의 특징은 주요 보직을 외교관과 군 출신의 직업 관료들이 독차지하다시피 한다는 것이다.

컨트롤타워인 국가안보실은 군 출신인 김장수, 김관진 실장 체제로 이어졌다. 국가안보실 실무를 총괄하는 1차장직은 직업 외교관들인 김규현 씨와 조태용 씨가 이어서 맡고 있다. 국가안보실 2차장 겸 외교안보수석비서관 자리는 또 다른 외교관인 주철기 씨로 출발했다가 그 후임은 내부 자리 이동 한 김규현 씨가 맡았다. 국방부는 김관진 장관이 국가안보실장으로 가면서 그 후임으로 한민구 장군이 임명됐다. 직업 외교관 출신인 윤병세 외교부 장관은 대통령 임기 5년 내내 자리를 지키는 보기 드문 기록을 세울 태세다. 임기 초 국정원장을 맡았던 남재준 씨는 군 출신이고, 현 이병호 원장은 국정원 출신이다. 오직 통일부 하나만이 학계에 있던 류길재, 홍용표 장관으로 채워져 비관료 출신이 안보 부처의 수장을 맡은 경우다.

관료들은 치열한 경쟁을 거쳐 선발될 뿐 아니라 한 분야에서 오랜 기간 습득한 경험과 정보가 남다르다는 점에서 이들을 주요 정무직(政務職)에 기용하는 것이 잘못된 일은 아니다. 다만 행정부의 중추 세력인 직업 공무원의 능력을 어떻게 하면 최대한 발산시켜 대통령이 구현하고자 하는 국정(國政)을 추진할 것인가의 문제다.

박 대통령은 청와대 참모와 일선 부처가 올리는 보고(주로 서면보고)를 참고하되 정책 결정은 전적으로 자신의 판단에 따르는 리더십을 보였다. 북한의 4차 핵실험에 대해 각 부처 간에 강온파가 왈가왈부할 때, 개성공단 폐쇄라는 결정을 내렸다. 북한을 무조건 추종하는 통진당의 해산과 좌경 역사교과서의 국정화도 대통령의 확고한 태도가 있었기에 가능한 결론이었다.

올바른 국가관과 결단력이 뒷받침된다는 전제하에 대통령 1인의 역할에 집중된 외교 스타일은 정책 효율을 배가할 수 있다. 이란 방문 중에 이란식 히잡(hijab) '루사리(rousari)'를 착용한 것도 상대방 지도부와 국민의 친근감을 이끌어내 정상회담의 성과를 끌어올리려는 대통령 '개인기 외교'의 일례가 된다.

문제는 세상의 모든 것을 챙겨야 하는 대통령이 전문 분야의 세세한 내용까지 공부할 여력이 없다는 것이다. 외교 사안은 비공개하에 보안으로 진행되는 경우가 많고 선택과 행동의 타이밍이 중요한 경우도 많다. 관료들이 불편하고 어려운 정보를 대통령에게 보고하기를 주저하는 이유는 결과에 대해 자신의 이름과 직을 걸고 책임지는 것을 두려워하기 때문이다.

사드(THAAD · 고고도미사일방어체계) 도입 논란이 2년간 가열되도록 방치하여 미국과 중국 양측의 불만을 함께 자초한 것도, 퇴로를 열어두지 않고 3년간 아베 정권과 기 싸움을 벌였다가 일본과의 위안부 합의를 시간에 쫓겨 봉합한 것도 담당 부서와 참모들이 국민 여론을 이끌지 못하고 시류만 살핀 탓이다.

그들은 왜 정답이 있어도 논쟁하는가

전임 정부의 과제라며 기피하던 녹색성장·기후변화 대응의 주도권은 미국과 유럽으로 넘어간 지 오래다. 대통령은 역사에 업적을 남기길 원하지만 공무원은 자신의 임기 중에 큰 사고 없이 그저 시간만 잘 가기를 바라는 경우가 많다. 대통령은 자신이 볼 수 없는 업무 현장의 실상을 여과 없이 보고하고 때로는 무겁고 부담스러운 결정도 종용하는 참모를 곁에 둬야 한다. 물론 그 참모의 소신과 진솔함을 노여움 없이 허락해야 한다는 전제조건이 충족되어야 한다.

정책의 무책임성 말고도 관료에 의해 장악된 국정이 겪을 공산이 큰 또 하나의 문제는 개혁에 대한 무관심이다. 아무리 애국자인들 공무원 출신 정무직 관료가 자신이 속했던 친정 부처의 규제 권한과 예산을 줄이기 위해 발 벗고 나서기란 좀처럼 기대하기 어렵다. 국회에 가로막혀 있다는 민생 법안도 내용을 들여다보면 기존의 맹점을 개선한다는 명목하에 정부가 민간에 또 다른 규제와 감독을 규정하는 경우가 많다. 중·장기적으로 통일 대비 역량과 외교 경쟁력을 좌우할 국방개혁 현안들, 외교부 인력 충원과 인사의 혁신 방안들은 군과 외교관 출신 참모들의 암묵적 동의하에 방치돼왔다.

대통령을 따르고 지지했던 정치인들은 때가 되면 또 그다음 대통령을 찾아 흩어질 것이다. 5년 국정을 '성실하게' 보좌한 관료들은 그다음 찾아올 하늘 위의 구름도 큰 충격 없이 지나가길 소망할 것이다. 궁극적으로 대통령에게 남는 것은 권력도 사람도 아닌, 일의 결과다.

(조선일보 2016년 5월 9일자 칼럼원고를 수정함)

106. '반기문 대통령'이면 외교를 잘할까?

예비 대선 후보 반기문의 등장은 기존 정치권의 구태의연함에 눌려 있던 사람들의 기대감을 부채질한다. 반기문 UN 사무총장은 "통합을 위해 모든 것을 버릴 수 있다"는 말로 한국 사회에 팽배한 변화에 대한 갈망을 자극했다. 외교관 36년, 세계 최대 국제기구 총장 10년의 경험이 파벌 권력정치에 매몰된 한국 리더십의 수준을 격상시키고 세련된 국가 미래 비전을 제시할 것이라는 바람이 반기문 돌풍의 요체다.

'험한' 정치를 제대로 겪어보지 못한 그가 국내 문제의 개혁을 얼마나 이루어낼지는 몰라도 각종 난관에 봉착한 한국의 외교만은 어느 대통령감보다도 잘 수행할 것이라는 견해가 절대다수다. 변화무쌍한 국제 현안들을 최일선에서 접한 경험은 글로벌 코리아의 지향점을 짚어내는 데 유용할 것이다. 반 총장 특유의 친화력과 세심함으로 관리한 세계 도처 지도자들과의 인맥은 한국의 입장을 확대하는 소프트파워로 작용할 것이다. 국제정치 역시 국내정치 못지않게 힘과 권력이 거칠게 충돌하는 무대다. 그 와중에 한국이 평화와 번영의 길을 모색하면서 관리해야 할 중요한 외교 대상을 둘만 꼽자면 하나가 미국이요, 또 하나가 북한이다.

아프리카 북부 남수단에 한국이 2013년 3월부터 UN 평화유지군(PKO)을 파견한 것은 2011년부터 반 총장이 이를 지속적으로 요청했기 때문이다. 남수단에는 중국이 2005년부터 공병과 의무부대를 파견해놓고 대규모 경제개발 협력을 지렛대로 현지 유전 개발권을 장악하고 있었다. 미국은 직접 파병하지 않고 우방국들의 UN PKO를 통해 중국의 현지 영향력 확대를 견제하려 했다. 인도가 먼저 파병한 상태였고, 일본도 미국의 요청에 부응해 2012년 3월 남수단 파병을 실행했다. 극심한 종족 분쟁으로 내부 갈등이 진정될 기미가 없는 곳에 우리가 파병한들 국제적 기여도의 측면에서 크게 기대되는 바는 없었다.

남수단 와랍(Warab) 주(州)의 오지 톤즈(Tonj)에서 아이들을 가르치고 치료해준 고(故) 이태석 신부의 감동적인 스토리를 기억한다. 인프라 건설과 인도적 지원은 정부보다는 기업과 민간이 주도할 때 그 효과가 배가된다. 미국과의 동맹을 잘 가꾸어야 중국에 대한 지렛대가 작동하고 한반도 평화가 공고해진다. 그렇다고 미국의 요구사항을 매번 곧이곧대로 따르는 것이 능사는 아니다. 한국도 이제는 국제사회에서 더 큰 명분과 실익을 만들고 이를 나누는 '적극 외교'에 눈을 뜰 때가 됐다.

필자는 이명박 정부의 외교·안보 참모로 일하던 시절 워싱턴 출장 중에 반 총장에게 안부 전화를 한 적이 있다. 그는 덕담에 이어 정부가 북한에 쌀도 주고 잘해서 남북관계가 개선되기를 기대한다고 했다. 2009년 5월 중순이던 당시는 북한이 3년 만에 장거리 미사일 발사를 재개한 지 한 달 뒤이고 2차 핵실험(5월 25일)이 임박한 시점이어서 다소 의아한 발언이라고 생각했다.

이명박 정부는 부시·오바마 정부를 설득해 쌀이 아닌 다른 곡물들로 대북 인도적 지원 품목을 대체하도록 했다. 2010년 늦여름 북한이 수해(水害)를 입자 정부는 쌀 5,000t과 컵라면 300만 개를 보냈지만 지원품은 수해 지역이 아닌 군부대에 보급되었다. 지난주에 북한은 중국에 대표단을 보내 대규모의 쌀 지원을 요청했다. 쌀이 들어오면 우선 군대를 먹이고 더 생기면 배급 제도를 강화해 민간시장을 위축시킨다는 점에서 북한에 지원하는 쌀은 북한 주민을 돕지 못한다.

반 총장은 최근 방한 중에 "남북 간에 대화 채널을 유지해온 것은 제가 유일한 게 아닌가 생각한다"고 말했다. 그가 이제까지 평양에 가려고 기울인 정성과 노력도 남다르다. 미국의 차기 대통령직을 다투는 도널드 트럼프(Donald Trump)도 김정은과 대화해 핵문제를 풀겠다고 한다. 북한이 절대로 포기하지 않겠다고 공언한 것을 치밀한 전략과 수단도 없이 포기시키겠다고 추진하는 대북 대화는 보여주기식 포퓰리즘(populism · 인기영합주의) 정치와 다름없다.

북한과의 대화 채널은 누가 만들거나 소유하는 것이 아니다. 북한 당국이 필요하다고 믿으면 없다가도 생기는 것이고 있다가도 갑자기 없어지는 것이다. 북한을 압박만 하다가 시간이 지체된 것이 아니라, 안팎으로 분열돼 제대로 된 경고 한 번 못하고 시간이 흘러왔다. 지금까지 드러난 반 총장의 대북관은 새누리당보다는 야당들의 그것에 가깝다.

전쟁의 폐허를 딛고 일어선 한국의 기적이 반기문 UN 사무총장을 낳았고, 그는 존경받는 한국인의 반열에 올랐다. 자신의 선택과 국민의 판단이 합쳐져 앞으로의 평가가 결정될 것이다. 그의 '경륜 외교'는 이제 한국형 업그레이드 버전 '전략 외교'로 손질되어야 한다.

(조선일보 2016년 6월 8일자 칼럼원고를 수정함)

107. 침묵하는 국민도 나라의 장래를 걱정한다

온갖 매스컴이 한 달 반에 걸쳐 박근혜 정부의 국정농단 사태를 규탄하는 가운데 분노한 국민 여론과 정치권의 공세가 서로 화학반응을 일으켜 대통령 퇴진 압박이 고조되고 있다.

이번 국정 스캔들과 박 정부 4년의 정책 성과를 종합적으로 평가해볼 때 대표적 과오 중 하나는 국가안보와 경제의 기틀이 뿌리째 흔들리게 된 것이고, 또 하나는 우리 사회의 '보수 우파' 세력 전체가 매도당하여 씻을 수 없는 상처를 입은 것이다. 그 빌미를 제공한 박근혜 행정부도, 이를 엉뚱한 쪽으로 악용하는 세력도 모두 그들의 무능과 탐욕의 탓이 크다.

사실 박근혜 정부의 국정 목표 자체에는 별문제가 없었다. '창조경제'는 미래의 산업과 기술력을 키워 성장 동력을 강화하자는 것이었다. 하지만 기업들이 활력 있게 움직일 공간을 마련해주지 못하고 국가가 나서서 발전 계획을 세우고 시장이 따라오라는 식으로 접근했다. 일선 관료 조직의 구태의연한 규제 행정을 개혁하지 못했고, 노동조합의 거센 저항을 이겨내지 못하고 공기업의 부실 경영을 방치하는 결과가 초래됐다.

비대한 지상군 전력의 거품을 빼고 과다한 장성 숫자를 줄이라는 국방개혁 요구는 거들떠보지도 않았다. '힘든 싸움'을 치러야 하는 개혁 일선에 유능하고 소신 있는 사람을 쓰지 못했고, 정부가 민간 영역에 시시콜콜 지시하고 통제하는 것을 미덕으로 여기는 시대착오적 발상을 맴돌았다.

북한과 이루려는 '신뢰 프로세스'는 북한 비핵화의 진전이 보장되지 않는 한, 그 성과에 한계가 있음을 많은 국민이 이해했다. 사이버 테러로, 핵실험으로, 탄도미사일 실험으로 일관하는 북한 앞에서 사드 배치를 결정하고 대북 제재를 강화하며 북한 인권 문제를 중시한 것은 온당한 처방이었다.

하지만 사드 문제가 2014년 6월 알려진 뒤 2년이 되도록 좌고우면(左顧右眄)하면서 국론 분열을 키웠고, 한국의 사드 포기 가능성에 대한 중국의 기대감만 높여놓았다. 3년 동안 일본의 아베 내각과 정면으로 맞서다가 2015년 말부터 갑자기 관계 개선에 나서 위안부 합의와 지소미아(군사정보보호협정) 체결이 이루어지니 국민이 급선회하는 대일관계 기조에 쉽게 적응하지 못했다.

평소에 친중 · 반일 여론에 편승하여 중요한 결정을 미루다가 상황이 한계에 이르면 급작스럽게 상부 지시가 내려가는 형국이 반복되었다. 협력할 상대국은 기다리다 지치게 하고 어차피 반대하던 나라에서는 괜한 오해와 감정만 사게 되었다.

아무리 국익에 필요한 결정도 시기를 놓치면 정책 효과가 반감된다. 모든 국사(國事)엔 어떤 이유든 저항이 따른다. 이를 기피하는 것도, 선제적으로 일을 추진하지 못하는 것도 국민을 설득할 콘텐츠와 배포가 부족해서다.

무리한 친박(親朴) 공천과 2016년 4월 총선의 참패는 무능한 세력의 탐욕을 유권자가 심판함으로써 야기된 보수 우파 몰락의 전조였다. 여기에 최순실 게이트가 얹히면서 불경기와 상대적 박탈감에 언짢아하던 민심이 폭발했다. 박 정부의 실정(失政)에 대한 국민적 분노에 반(反)국가 정체성을 뒤섞어 권력을 잡으려는 세력이 기세를 올리고 있으니, 이 또한 무능과 탐욕의 결합으로부터 기인한다.

집권하면 당장 사드 배치를 철회하겠다는 것은 사드 방어력의 실효성을 떠나 국민을 안보 사각지대(死角地帶)로 몰아넣어도 무방하다고 여기기 때문이다. 이들이 무조건 재개해야 한다고 주장하는 개성공단에서 북한 당국은 현금을 연간 9억 달러가량 챙겨갔다. UN안보리의 대북제재결의안 2321호[51]가 발동한 북한의 광물 수출 제한 예상 효과를 총집계한 액수가 이에 못 미치는 8억 달러다. 1948년 대한민국의 탄생 자체를 또렷하고도 자랑스럽게 기술하지 않는 교과서를 옹호하는 태도는 과연 그들에게 대한민국의 장래를 믿고 맡길 수 있겠는가 하는 의구심을 갖게 한다.

많은 사람이 박근혜 정부의 종식 과정 그 자체에 함몰돼 있는가 하면, 말을 아끼는 상당수 국민은 내년 언젠가 뽑을 새로운 국가 지도자를 더 중요한 사안으로 여긴다. 진보와 보수는 정치 변화의 폭과 속도에 대한 취향의 구분일 뿐, 국가안보 정책의 옳고 그름에 대한 판단은 '안전의 보장(安保)'이라는 단순명료한 기준 하나로 충분하다.

---

51 북한의 5차 핵실험(2016. 9. 9)에 대한 응징 차원에서 2016년 11월 30일 UN안전보장이사회 대북제재결의안 2321호가 발동되었다. 1993년 5월 11일 북한의 NPT(핵확산금지조약) 탈퇴 철회를 촉구하는 UN안보리결의안 825호를 시작으로 북한의 6차 핵실험(2017. 9. 3)을 규탄하는 2017년 9월 11일의 UN안보리결의안 2375호까지 총 11차례의 북핵문제에 관한 UN안보리결의안이 도출되었다. 첫 번째 UN안보리결의안 825호를 제외한 나머지 10개 결의안은 모두 북한의 핵실험(총 6회)이나 중·장거리 탄도미사일 실험(총 9회)에 대한 대응 차원에서 이루어졌다.

박근혜 정부가 못났지만 국정 방향은 옳고 처방이 그릇된 것이었다면, 2017년에 누군가가 나라의 진로 자체를 아예 거꾸로 돌려버리는 사태만은 피하고 싶은 것이 상처를 입어 멍든 선량한 우파 시민들의 마음이다. 대통령과 그 파벌집단이 자기방어적 심리에서 속히 헤어나지 못하는 한, 우파 시민들의 고뇌는 깊어갈 것이다. 공부와 소양을 게을리하는 정치, 그래서 계파니 파벌에 매달리는 후진 정치로 따지면 여야가 난형난제(難兄難弟)다.

(조선일보 2016년 12월 5일자 칼럼원고를 수정함)

108. 대한민국, 촛불과 태극기의 격돌

2017년 1월 첫째 주말부터 태극기 집회 참가자의 숫자가 촛불 집회의 그것을 추월하면서부터 대통령 탄핵 정국 여론이 양극 대결 구도로 정착되었다. 연초 진정 국면에 들어섰던 촛불은 얼마 전 문재인 전 대표가 탄핵이 반드시 관철되도록 하자며 집회 참가를 촉구한 뒤 다시 세를 불리고 있다. 태극기 시위의 확산은 그동안 사태를 지켜보며 꾹꾹 눌러왔던 거부감과 불만이 결연한 행동강령으로 전이(轉移)된 경우다. 이 집회들에 직접 참가하는 사람 숫자는 전체 인구의 극소수에 불과하지만, 한국 사회의 3분의 2는 마음속으로 각기 '촛불'과 '태극기'를 응원하는 두 쪽으로 양분되었다.

나머지 3분의 1 관망하는 주권자들의 여론과 헌법재판소의 대통령 탄핵심판 결정을 특정 방향으로 압박하려는 소위 광장정치(廣場政治)는 국민주권의 남용이다. 하지만 촛불과 태극기 시위대는 각자 무장

그들은 왜 정답이 있어도 논쟁하는가

한 사명감과 애국심의 정당성을 확신한다. 두 진영 간 대결이 격화하는 일차적인 이유는 박근혜 정부 '심판'에 대한 찬반 여부이지만, 좀 더 근원적인 쟁점은 탄핵 결정 이후 전개될 차기 대통령 선출 구도에 있다. 현재의 판세는 지지를 결집할 마땅한 후보조차 없는 태극기 세력에 절대적으로 불리하다.

통상적으로 대통령은 경제, 복지, 안보, 교육, 사회문화 등 다양한 분야의 비전과 공약에 대한 국민의 평가를 토대로 선출되지만, 정작 대통령이 된 이후에 가장 큰 영향력을 행사하는 분야는 바로 안보 영역이다. 국내 정책 사안들은 관련 당사자마다 실질적인 이해관계가 충돌하기 마련이고 새로운 변화를 도모하려면 국회의 법률 통과가 뒷받침되어야 한다. 대외정책의 경우 대통령 마음먹기에 따라 야당의 반대와 국민의 우려가 있더라도 행정부의 소관으로 짧은 시간에 중요한 결정을 밀어붙일 수 있다. 태극기 세력이 가장 크게 걱정하는 것이 바로 차기 대통령의 대북정책이다.

촛불 세력 모두가 유력 대선 주자로 떠오른 민주당의 문재인과 안희정을 지지하는 것은 아니지만, 두 사람의 지지 여론이 촛불 정국으로 인해 탄력을 받은 것은 사실이다. 사드 배치 문제와 개성공단 폐쇄 결정에 좀 더 부정적이거나 전향적이거나 한 차이가 있긴 하지만, 이 후보들의 공통된 견해는 북한 정권을 협상과 합의가 통하는 상대로 본다는 것이다.

어떠한 정책도 절대 권력을 유지하기 위한 방편으로 사용하는 김정은으로서는 체제 보위의 핵심수단인 핵무기의 진정한 폐기를 전제로 미국이나 한국과 협상하지 않을 것이다. 목숨을 내걸고 권력자에게 핵 포기 결단을 건의할 참모는 북한에 없다. 만일 어떤 형태로든 북한이 또다시 핵 협상에 나선다면 그것은 핵 프로그램의 일시(기만)적인 동결을 전제로 국제사회의 경제제재를 풀고 대미(對美) 평화협정을 관철하기 위한 경우의 수 하나뿐이다.

북한을 미국에 대한 위협으로 보는 트럼프 행정부의 인식은 갈수록 엄중해지고 있다. 자신을 겨냥해 탄도미사일을 기습적으로 날려 보내는 연습을 끊임없이 반복하는 북한을 봉쇄하기 위해 미국은 일본, 한국의 협력을 구하고 중국을 압박할 것이다. 중국은 자신이 신변 보호를 하던 김정남을 제거한 김정은을 괘씸하게 여기겠지만, 강도 높은 대북 처벌 조치로 북한을 벼랑 끝으로 내모는 선택은 꺼릴 것이다. 미국과 다른 대북관을 지닌 한국 대통령의 등장은 한미동맹의 본질적 목표와 역할에 혼선을 가져올 것이며, 이는 한국 안보와 외교의 핵심축을 흔드는 결과로 이어질 것이다.

한국의 모든 국민은 탄핵 사태로 인한 국정 공백으로 이미 크나큰 피해를 입었다. 행정부는 복지부동(伏地不動)에 빠졌고, 국회는 대선 경쟁을 벌이는 가운데 누가 집권하더라도 의회가 좀 더 많은 권력을 행사하는 방안 찾기에 골몰하고 있다. 기업들은 몸조심 모드에 들어갔고 경제와 일자리 사정은 더욱 악화되었다. 무엇보다도 국제사회에서 대한민국의 이미지가 실추되었다. 나라의 공적(公的) 기능이 휘청대니 국민이 정신을 바짝 차리고 각자도생(各自圖生)해야 할 판국이다.

기존의 보수-진보나 우파-좌파의 경쟁 구도가 보수·우파 세력의 수적 우위에서 형성된 반면, 대통령 탄핵 정국이 어우러져 새롭게 나타난 촛불-태극기 대립 구도는 진보·좌파 세력의 압도적 우위로 나

그들은 왜 정답이 있어도 논쟁하는가

타났다는 점에서 그 의미가 남다르다. 2017년에 여론의 판세가 최종적으로 어느 쪽으로 귀결되느냐에 따라 대한민국 장래의 향방도 결정될 것이다.

어느 정권이든 가장 중요한 업적은 정권의 재창출이라는 말이 있다. 아무리 좋은 정책도 후임 지도자에 의해 부정되면 결국 소용이 없기 때문이다. 국민이 눈앞에 닥친 위기를 피하는 유일한 길은 그 위기를 미리 감지하고 두려워하는 사람이 그렇지 않은 사람보다 많은 경우다.

(조선일보 2017년 2월 20일자 칼럼원고를 수정함)

109. 지도자의 최우선 책무는 안보다

국민은 오늘(2017. 5. 9) 19대 대통령을 새로 뽑는다. 5월 4일부터 이틀간 진행된 사전투표에서 26.06%의 투표율을 보일 만큼 이번 대선 열기는 뜨겁다. 나라의 경제는 잠시 흔들릴 수 있지만 안보와 북한 문제는 잠깐의 패착으로 돌이키기 힘든 결과를 초래할 수 있다는 점에서 우파 유권자들은 선택을 고심해왔다. 대통령 탄핵 정국에서 자유한국당(새누리당)은 물론 과거에 이들을 지지한 사람들조차 타도해야 할 적폐(積弊) 세력으로 몰리면서 우파 세력은 절대적으로 불리한 정치 지형에서 선거를 맞이했다.

일명 '국정농단' 세력을 두둔하면 우스운 사람이 돼버리는 사회 분위기에서 대중성과 호소력을 갖춘 확실한 우파 후보마저 고갈된 터라 대안도 해답도 보이지 않는 선거가 코앞에 닥친 것이다. 반대로 좌파 진영은 자신에게 유리하게 형성된 절호의 기회에서 9년 우파 집권기를 끝내고 정권 교체를 이루는 것을 한국 정치의 선진화로 규정하는 프레임을 짜고 나왔다. 이번 대선은 누구를 선택하기보다는 누구를 뽑지 않기 위한 선거가 되었다.

5월 5일에 모든 대선 후보들은 어린이를 감싸 안고 포즈를 취했지만 낯설어하는 어린이들의 시큰둥한 표정과 정치인들의 친절한 웃음이 어색하게 교차한 모습이었다. 국민 각자가 지지하는 후보에게 바라는 소망이 있을진대 정작 대통령으로 뽑힌 사람은 그들의 기대에 부응하지 못할 것이다. 아니, 더 정확히 얘기하자면 누가 되든 우리의 새 지도자는 국민의 다양한 요구에 부응할 능력과 정치적 조건을 갖추지 못할 것이다.

국회 의석의 과반수를 차지하는 정당 없이 여야가 거의 모든 쟁점에 이견을 보이는 상황에서 재적수 3분의 2 이상의 동의가 필요한 국회선진화법의 문턱을 넘기란 쉽지 않을 것이다. 대통령 후보들의 공약 대부분은 공무원을 더 뽑고, 세금을 더 쓰고, 민간 영역에 더 간섭해서 무엇을 하겠다는 약속들이다.

시대가 바뀌면 없애거나 줄여야 할 부처가 생기고, 만들고 집중해야 할 일이 생기건만 기존의 이미 비대한 공적 조직의 거품을 뺄 방책과 용기가 보이지 않는다. 쉽게 세수(稅收)를 올리자니 유리지갑 봉급자들의 소득세만 계속 오르고, 기업의 법인세를 올리자니 이미 해외로 빠져나가는 공장과 일자리의 수만 늘어날 판이다.

영국 출신 사회학자 브라이언 터너(Bryan Turner)는 평등 개념을 세 가지로 나눈다. 농어촌 자녀에게 장학금을 주고 저소득층에 혜택을

그들은 왜 정답이 있어도 논쟁하는가

베푸는 것은 경쟁에 앞서 출발조건을 조정해주는 조건의 평등(equality of condition)에 해당한다. 모든 대학생의 등록금을 깎아주고 비정규직을 일괄적으로 정규직화해주는 것은 노력과 경쟁의 과정을 무시하는 결과의 평등(equality of outcome) 조치다. 이러한 평등 정책은 사정에 따라 꼭 필요하기는 하지만 여기에 지나치게 의존하면 능력과 노력에 따라 평가받는 기회의 평등(equality of opportunity)이 침해받아 사회의 성장잠재력이 위축된다.

제각기 다른 이유로 지지를 받아 당선된 지도자가 정작 가장 큰 영향을 미치는 분야가 국가안보다. 사드 배치 문제를 국회에서 토론한들 결론이 나겠는가. 대부분의 안보 사안은 야당의 반대가 있더라도 의회의 입법절차 없이 행정부 권한사항으로 결정된다.

청와대 정책 참모 숫자는 7~8개 주제별로 고루 분포되지만 일을 하다 보면 대통령 업무의 70% 이상은 안보와 외교 현안이다. 그만큼 한국은 대외관계의 영향을 많이 받는다. 나라의 존립 기반이 튼튼해야 경제도 살고 국제사회에서의 입지도 넓어진다. 남북통일에 대한 비전 없이, 북한 정권의 남한 흔들기에 대한 경각심 없이 무조건 외교의 주도권만 외칠 일이 아니다.

국제사회는 프랑스[52]에 이어 한국의 새로운 대통령에 커다란 관심

---

[52] 한국 대통령 선거 이틀 전인 2017년 5월 7일, 프랑스 대통령 선거 결선투표에서 중도신당 LaREM(레퓌블리크 앙 마르슈 · La République En Marche)의 에마뉘엘 마크롱(Emmanuel Macron)이 제25대 프랑스 대통령으로 당선되었다. 1977년 12월생인 그는 역대 최연소(39세), 비주류 정당 출신 프랑스 대통령 당선자가 되었다.

을 보이고 있다. 당장 내일부터 업무에 들어갈 대통령은 한미관계의 미래에 대한 확고한 신뢰부터 구축해야 한다. '자주적으로' 무엇을 하겠다는 막연한 민족주의 구호 대신 '글로벌' 가치와 원칙에 맞게 국제사회와 힘을 모아 문제를 풀겠다는 입장을 천명해야 한다.

궁극적인 전략 목표 자체가 우리와 다른 북한과 중국을 감싸기 이전에 한국의 입장을 최대한 끌어낼 수 있는 명분과 네트워크를 다져야 한다. 이제까지 선거를 도왔던 참모들의 논공행상을 챙기기보다는 각방(各方)의 경험 많고 유능한 인재에 마음을 열어야 한다.

만에 하나 새 리더십이 보편타당한 상식을 거스르는 고정관념과 아집에 집착한다면 국민은 지금 당연한 듯 숨 쉬고 누리는 평화와 자유가 얼마나 큰 땀과 노력의 산물인지 뒤늦게 통감하고 후회하게 될지도 모른다.

(조선일보 2017년 5월 9일자 칼럼원고를 수정함)

110. 문 정부 안보정책이 오락가락하는 이유

문재인 정부는 취임 100일째를 닷새 앞둔 지금(2017. 8. 12)까지 많은 일을 겪었고 여러 결정을 내렸다. 그런데 주요 안보 사안에 관해 내린 결정들은 하나같이 얼마 지나지 않아 번복되거나 재조정되는 과정을 거쳤다.

문 대통령은 6월 5일 확대된 환경영향평가 기준을 내세워 사드(THAAD) 배치를 잠정 중단시켰다가 북한의 화성-14형 2차 시험발사 다음 날인 7월 29일 이를 번복하는 결정을 내렸다. 7월 6일의 베를린

그들은 왜 정답이 있어도 논쟁하는가

구상을 필두로 잇따른 대북 대화 제의를 해오던 정부는 8월 6일 한·미 정상 간 전화통화를 계기로 '북한이 못 견딜 때까지 압박'하는 입장으로 돌아섰다. 6월 27일 국무회의 결정으로 신(新)고리 5, 6호기 건설을 전격 중단시킨 뒤 국가의 에너지 안보 차원에서 논쟁과 우려가 커지자 신규 원자력발전소 건설의 영구 중단 여부를 누가 어떻게 어떤 절차를 거쳐 내릴 것인지를 두고 청와대, 공론화위원회, 위탁 평가업체가 서로 어정쩡한 태도를 취하고 있다.

갑자기 내려진 정부의 결정에 국민들이 "어?" 하고 놀랐다가 이를 보류하거나 조정하는 결정이 내려지면 "응?" 하고 의아해하는 패턴이 잇따르고 있다. 중차대한 국가의 대사를 놓고 왜 이런 변덕이 반복되는 걸까. 유연함 때문인가, 아니면 무능함 탓인가.

안보정책의 지향점이 갈팡질팡하는 1차적 원인은 문 정부가 당초 제기한 공약에 오류와 허점이 많았음에도 불구하고 취임 후 이를 그대로 이행하고자 하기 때문이다. 2017년 5월의 대통령 선거는 안보 이슈가 주요 쟁점이 아니었다. 유권자들은 박근혜 정부에 대한 반발심과 우파 보수 세력 전반에 대한 거부로써 문재인 정부를 택한 것뿐이다.

위에 예로 든 세 가지 사안 모두 가만히 두고 아무것도 하지 않았다면 최상이었을 것이다.

사드 배치는 전임 정부 때 이미 결정되고 착수되었으므로 이를 중단시키지 않았더라면 미국의 불쾌함도 중국의 과도한 기대도 자아낼 필요가 없었다. 결과적으로 중국의 경제 보복은 연장되었고 한중관계는 악화됐다. 김정은 정권과의 대화를 '선점'하겠다는 집착에서 좀 더 자유로웠다면, 평양의 연이은 ICBM(대륙간탄도미사일) 도발에 당황하고 유화 정책과 압박 모드를 오가면서 우리 국민과 북한을 동시에 당혹스럽게 만들지도 않았을 것이다. 순조롭던 원자력발전소 건설을 방해하지 않았더라면, 원자력 에너지 수출 시장에서 미국·프랑스·일본과 어깨를 견주는 한국을 스스로 망신시키는 일도 없었을 것이다. 셋 모두 어설프게 만져 긁어 부스럼이 났고 자꾸 더 건드리니 문제가 커진 꼴이다.

첫 단추가 잘못 꿰어졌으면 풀고 옷을 다시 입으면 그만인데, 그릇된 정책을 온전히 버리지 못하고 임기응변식 봉합으로 일관했다. 그 이유는 정책 오류에 대한 진지한 성찰 없이 단지 반대 여론을 의식해 이를 등지지 않으려고 포퓰리즘(populism)에 기대기 때문이다. 대통령 지시가 떨어진 사드 발사대 4기를 성주 기지에 갖다 놓는 간단한 일도 반대 시위꾼들이 무서워 주저하니 온갖 여론을 두루 살피고자 하는 정부의 처지가 딱하다.

주요 안보 이슈에 대한 국민 여론의 흐름은 문재인 정부의 입장과는 사뭇 배치된다. 사드 찬성 여론은 꾸준히 높아져 8월 들어 72%를 기록했고, 모든 대북 지원을 중단해야 한다는 입장이 57%를 나타냈다. 그간 잘 모르거나 무관심했던 원자력발전도 필요하다고 보는 국민 숫자가 빠르게 늘고 있다(이상 한국갤럽 여론조사).

국정(國政)도 사람이 하는 일이니 실수가 있을 수 있다. 하지만 마냥 시행착오를 겪으며 사회적 갈등을 양산하면 때를 놓치고 국제사회에서 낙오하게 된다. 문재인 정부에 필요한 것은 그릇된 것은 인정하고 이를 과감히 고치는 겸손함이다. 이를 가로막는 최대의 걸림돌

그들은 왜 정답이 있어도 논쟁하는가

은 안보 문제마저 정치적으로 접근하는 자세다. 사드도, 대북정책도, 원자력도 이명박·박근혜 정부가 한 것은 그냥 다 싫다는 원초적 적 개심에서 해방되지 않는 한, 옳은 얘기가 귀에 들어오지 않을 것이다.

국민은 정권과 이념을 떠나 나라의 안보를 안보 그 자체로 엄중히 대하는 정부를 원한다. 작금의 한반도 안보 환경에서는 더더욱 그러하다. 평화는 힘으로 지켜지거늘 안보에 집중하지 않고 평화만 외칠 수는 없다.

어느 군 장성의 공관병에 대한 '갑질' 의혹이 국가안보의 보루인 군의 명예와 긍지를 실추시킬 정도로 과도하게 다루어지는 것도 경 계할 일이다. 임기 초에 국가 공권력을 장악하려는 혈기가 넘쳐 국가 안보를 훼손하는 우를 범하지 않기 바란다. 권력이 있을 때는 어떠한 정책도 추진할 수 있지만, 정작 이에 대한 역사적 평가는 그 권력을 내려놓은 한참 뒤에나 내려진다.

(조선일보 2017년 8월 12일자 칼럼원고를 수정함)

111. 기로에 선 '민주주의 평화론'

"민주주의 국가끼리는 서로 싸우지 않는다." 국제정치학자 마이클 도 일(Michael W. Doyle)이 1986년에 '민주주의 평화 이론(Democratic Peace Theory)'을 발표하자 오직 힘과 권력의 역학관계가 세계정치를 지배한 다고 믿었던 현실주의 학파는 충격에 빠졌다.

도일은 1816~1980년 사이에 일어난 국가 간 전쟁 118개를 나열하 고 이 중 민주주의 국가끼리 싸운 사례가 없음을 증명했다. 민주국가가 전쟁에 나선 경우는 비민주 세력에 맞서 민주주의를 수호하기 위한 '불가피한' 것이었다. 도일은 민주주의의 평화 본능과 이에 대한 의무감이 임마누엘 칸트(Immanuel Kant)가 주창한 자유주의적 국제주의(liberal internationalism)에 토대를 둔다고 했다.

1989년 소련이 붕괴하고 냉전 체제가 무너지자 민주평화 이론의 설득력은 배가되었다. 영국, 프랑스, 미국에서 싹터 200년 만에 50여 개국으로 확산된 민주주의를 전 세계로 전파하기만 하면 전쟁 없는 평화질서가 완성된다는 명제가 설득력을 얻어갔다. 탈냉전기 미국 대외정책의 명분과 목표는 곧 자유와 인권의 확산이었다. 걸프 전쟁(1990년), 아프가니스탄 전쟁(2001~2014년), 이라크 전쟁(2003년)은 해당 국가 시민을 독재와 권위주의 체제에서 구출해 자유롭고 풍요로운 삶을 안겨주기 위한 '고통스러운 의무'로 여겨졌다.

그러나 독재자가 물러나고 민주 헌법이 들어선 지 꽤 오랜 시간이 지났지만 대다수 신생 민주국가들의 정치는 여전히 혼돈과 갈등에 휩싸여 있다. 민주주의가 빨리 전파되지도 않고 쉽게 뿌리내리는 것도 아니라면 '민주평화 질서'를 어떻게 추구해야 하는지에 대한 방법론을 진지하게 돌이켜봐야 한다.

자신들이 겪는 감시와 처벌의 일상이 얼마나 심각한지조차 가늠하지 못하는 북한 주민의 인권을 어찌할 것인가. 북한 정권과의 잡음과 분란을 우려해 이를 방치할 것인가, 힘들고 더디더라도 개방과 개혁의 기운을 북한에 불어넣겠다는 사명감을 안고 갈 것인가. 민주평화론의 실현 문제는 한국의 통일 정책이 안고 있는 가장 본질적인 문제이기도 하다.

민주주의는 시작하기도 어렵지만 그릇되게 발전하면 방만해진다는 점이 드러났다. 2010년의 그리스 국가부도 사태는 한정 없이 후해진 복지 혜택과 임금 수준에 맛 들인 국민을 놓고 우파든 좌파든 집권을 위해 퍼주기 공약 경쟁을 벌인 결과였다. 영국의 유럽연합(EU) 탈퇴(Brexit) 결정은 외부에 대한 적대감과 내부의 권력정치가 맞물려 나타난 결과로, 자신의 국익은 물론 전 세계의 정치경제 질서를 위협하기에 이르렀다.

특정인 몇 사람이 커다란 결정권을 행사하는 공산 사회주의 제도에 비해 민주 제도는 개개인의 능력이 달라도 모두에게 똑같이 한 표의 결정권을 부여한다. 하지만 정치의 주인인 국민이 '의식'을 놓으면 엘리트의 포퓰리즘에 농락당하는 중우정치(衆愚政治)로 귀결됨을 확인했다.

한국의 경우 스스로 성숙한 민주국가라 자처하면서도 실제로는 민주주의 덕목을 주요 행동지침으로 삼지 않는 이율배반에 빠져 있다. 선거로 다수당이 바뀌고 새 대통령이 나와도 집권 세력이 일을 추진하기 어렵다. 소통을 통한 협치(協治)가 미덕이라지만 소수가 다수의 정책 집행을 가로막고 권력 지분을 협상하려 드는 것은 민주주의 의회정치가 아니다.

국가의 존립 자체를 부정하는 주장도 표현의 자유라는 명분으로 그럴싸하게 포장된다. 유권자의 관심만 끌 수 있다면 나랏돈을 탕진하고 안보를 위험에 빠뜨리는 결과를 마다하지 않는다. 소수의 선동이 사회를 위태롭게 만들고 다수의 시민은 이를 언짢게 바라볼 뿐 효과적인 대응 수단을 찾지 못한다. 책임에 인색한 방종이 득세하면 민주주의는 위기에 빠진다.

한반도, 동중국해, 남중국해에서 미국과 중국의 기(氣) 싸움이 가중되는 가운데 이들보다 상대적으로 작은 한국이 표방해야 할 외교 노선은 무엇인가. 사드(THAAD)를 배치하면 중국의 노여움을 살 것이라든지, 일본이 평화헌법을 개정하고 미국이 이를 지지하면 어쩌나 하는 생각들은 외교의 중심 철학 없이 강대국 간 힘의 역학관계에 편의적으로 대응하는 사고의 습관에서 비롯된다.

한·중 우호 협력 관계를 발전시켜 나가되 북한의 군사위협으로부터 자유와 평화를 지켜내기 위한 노력을 오도(誤導)하지 말라고 자신 있게 말할 수 있어야 한다. 과거사를 책임 있게 청산하자고 역설해야 하지만 인권과 자유민주주의를 함께 담금질해온 우방 관계를 경시해도 곤란하다.

스스로의 체제와 가치에 대한 자부심이 결여된 정치와 외교는 설득력과 일관성을 갖추기 어렵다. 앞만 보고 여기까지 쉴 새 없이 달려온 한국이다. 더 성장하려면 그만큼 안으로 성숙해져야 한다.

(조선일보 2016년 7월 20일자 칼럼원고를 수정함)

"일하다가 바빠서 죽는 사람은 못 봤다." 이명박 전 대통령이 재임 시절 참모들과 얘기하다가 종종 하던 말이다. 마음의 스트레스는 건강을 해칠 수 있어도, 일을 신나고 즐겁게 하면 몸의 피로함보다 마음의 행복이 더 크다는 말일 것이다. 필자도 이 책을 기쁘고 설레는 마음으로 썼다. 책 한 권에 중요한 내용을 되도록 많이 넣고 싶다는 욕심과 서설(序說)과 부연(敷衍)을 최소화하겠다는 절제의 마음이 글 쓰는 내내 공존했다.

외교정책론은 국제정치학의 실천 영역이자 사회과학이다. 사회과학은 목표의 정당성과 수단의 효율성을 이론적 탐구를 통해 검증하는 공부다. 자연과학 수준까지는 아니어도 사회과학도 엄연히 과학적 객관성을 추구한다. 그런데 외교정책론에서는 이론적으로 검증된 주장일지라도 실제 정책에 제대로 반영되지 않는 경우가 종종 발생한다. 외교 영역에 어떤 외부 요인이 개입해 본래 형질(形質)과 다른 새로운 외교를 낳는다면 그것마저 설명해내는 외교정책 연구가 이루어져야 한다고 믿는다.

이 책은 이러한 문제의식을 초보적으로 담아낸 정책평론집이라고 할 수 있다. 이론의 깊이와 현장의 생동감을 함께 담아 이야기로 풀어내는 노력을 계속할 생각이다.

그들은 왜 정답이 있어도 논쟁하는가

그들은 왜 정답이 있어도 논쟁하는가

그들은 왜 정답이 있어도 논쟁하는가

그들은 왜 정답이 있어도 논쟁하는가

초 판 1쇄 발행 2019년 12월 31일
초 판 3쇄 발행 2022년 6월 10일

지은이 김태효
펴낸이 신동렬
책임편집 신철호
편집 현상철 · 구남희
마케팅 박정수 · 김지현

펴낸곳 성균관대학교 출판부
등록 1975년 5월 21일 제1975-9호
주소 03063 서울특별시 종로구 성균관로 25-2
전화 760-1253~4
팩스 762-7452
홈페이지 press.skku.edu

ⓒ 2019, 김태효

ISBN 979-11-5550-370-6 93340

잘못된 책은 구입한 곳에서 교환해드립니다.